国情教育研究书系

袁振国◎主编

中国学前教育发展报告 *2012*

刘占兰 等 著

教育科学出版社

·北 京·

丛书编委会

（按姓氏笔画为序）

　　为打造具有国家水准、国际视野的教育科研成果，更好地服务于办好人民满意的教育，服务于全面建成小康社会，在中央级公益性科研院所基本科研业务费专项基金的支持下，我院系统开展了对国内国际重大教育理论与实践问题的研究，形成了"国情、国视、国菁、国际"四大书系。

　　"国情"书系以年度发展报告的形式，全面反映我国各级各类教育的成就、经验和挑战，对全国各省、自治区、直辖市教育发展和政策进行区域比较，对我国各级各类教育的发展水平进行国际比较，力求对我国教育的数量、规模、结构、效益和质量做出科学判断。

　　"国视"书系着眼于社会关注的教育热点问题，着眼于基础性、前瞻性问题，以了解事实、回应关切、提供政策建议为主要目的，探索教育发展规律。

　　"国菁"书系专门研究大中小学生的生活状态，涉及学校生活、家庭生活、社会生活、网络生活等，通过调查研究，了解当代学生的行为特点和思想情感，为研究如何促进学生的全面发展提供科学依据。

　　"国际"书系分为著作和译作两类，主要反映国际教育改革发展动态，回顾国际教育的历史进程，跟踪国际教育的改革动态，把握国际教育的发展趋势。

　　四大书系既各自独立又相互联系，在保持各书系特点的同时，力求做到：

一、"用数据说话"。数据是研究和决策的基础。四大书系力图建立在数据和事实的基础之上，通过对数据的搜集、提炼、整合、分析，发现问题，探索规律。

二、"通过比较说话"。没有比较就没有鉴别。书系力求通过国别比较、区域比较、类型比较、结构比较，发现真知，提供卓见。

三、"协同创新"。协同创新是提高创新效率和创新水平的战略要求。书系研究调动院内外、系统内外、国内外资源，注重人员交叉、学科交叉、方法交叉，力求有所创新、有所突破。

四大书系的编辑出版是我院全面提高教育科研水平的一项整体努力，也是建设国家一流教育智库的客观要求。在研究和写作过程中，书系得到了相关机构和同仁的大力支持，特别是得到了教育部相关司局及有关部委的大力支持，在此一并致谢！我们将以此为起点，不懈努力，为推动中国教育事业在新的历史起点上向前发展发挥不可替代的作用。

编者

2012 年 12 月

目　录
CONTENTS

进入新世纪以来，我国学前教育取得了长足发展，普及程度逐步提高。但就总体而言，政府对学前教育投入不足、重视不够，学前教育资源短缺，城乡发展差异大，师资队伍不健全，体制机制不完善等问题日益凸显，严重制约着我国学前教育的发展速度和质量提升。幼儿园总量不足、符合百姓期望的质量优良且价格合理的幼儿园短缺使近年来"入园难"、"入园贵"问题日益突出，学前教育已成为百姓关心的重大教育问题之一。为了破解学前教育发展的难题，2010 年以来国家和地方出台了一系列政策措施，制定和全面实施了学前教育三年行动计划，我国学前教育迎来了快速发展的新时期。

在当前我国学前教育发展从缓慢到加速、从平稳到跨越转变的历史时期，积极而客观理性地分析过去 10 年我国学前教育的发展历程，深入而全面细致地研究影响学前教育事业发展的关键因素，才能承前启后，看清脚下的道路，迈出更加快速而坚实的步伐。

一、研究的基本思路和主要方法

本研究以数据和证据为基础，以核心指标为纽带，以国情和国际为视角，全面客观地描述和分析我国学前教育的发展状况与面临的挑战。

（一）研究的基本思路

本研究以实证研究、国际比较和政策分析为主要研究方法。具体运用数据统计分析描述我国学前教育发展的现状与问题，运用案例研究的方法描述我国学前教育的地方性探索和经验，运用比较研究的方法比较分析我国学前教育在国际中的地位和水平，运用政策分析的方法预测我国学前教育发展的基本走向和面临的挑战。

本研究选取反映学前教育发展的具有典型意义的核心指标，并以此为纽带，纵向地分析2001—2010年10年间尤其是2005—2010年我国学前教育事业发展的历程与进展，横向地比较我国与世界各主要国家和经济体学前教育的发展水平及差距，客观地呈现和分析2010年《国家中长期教育改革和发展规划纲要（2010—2020年)》（以下简称《教育规划纲要》）颁布以来我国学前教育发展的政策框架，学前教育三年行动计划制定和实施以来的重大举措，取得的重要成就和突破性进展，以及仍然面临的突出问题，清醒地认识现状，科学地预测未来。

（二）研究的核心指标和主要内容框架

本研究选取了五项具有典型意义的核心指标作为描述学前教育发展的重要指标，分别是学前教育普及程度、幼儿园格局、学前教育投入、幼儿园师资队伍状况和办园条件。每项指标又分为若干个子指标，以深入细致地反映该指标的内涵变化。各项指标的具体内容如下。

1. 学前教育普及程度：入园率（学前三年和一年毛入园率）、园所数量与规模、班级数量与规模、在园儿童数。

2. 幼儿园格局：四类幼儿园（教育部门办园、集体办园、民办园和其他部门办园）的格局、公办园和民办园的比例。

3. 学前教育投入：学前教育经费总量、学前教育经费的相对量（财政性学前教育投入、预算内学前教育投入）、经费投入渠道、生均学前教育经费。

4. 幼儿园师资队伍状况：师资队伍总量、师资队伍学历结构、师资队伍职称结构、师幼比。这四项指标又分别从专任教师、四种类型幼儿园比例、公办园与民办园等不同的角度进行了统计比较和分析。

5. 办园条件：幼儿园占地面积和建筑面积、幼儿园各种用房、幼儿园户外活动场地和教学资源。

本书前三章对2001—2010年我国学前教育事业发展总体状况和分地区学前教育状况的描述，均以上述五大类指标的分析为基础。为了更好地分析我国学前教育发展在世界中的位置，本研究也使用了上述五类核心指标中的前四类指标（办园条件无法获得相应的国际比较数据），将我国学前教育的发展与OECD国家进行分析比较，并将我国学前教育的发展置于九个发展中人口大国和金砖四国之中进行分析比较。此外，还根据可得的数据将我国学前教育的发展与世界平均水平、发达国家、转型国家、发展中国家进行了比较分析，以期更全面地在国际视野中了解中国学前教育发展所处的地位和水平。

本书第四章重点呈现和分析《教育规划纲要》颁布以来国家出台的一系列促进学前教育发展的政策文件，分析国家层面的学前教育政策框架，学前教育发展的战略目标、性质定位和基本方向，发展学前教育的具体措施和各级政府发展学前教育的职责，以及制定和实施学前教育三年行动计划的重大举措。本章还选取了七个典型案例，说明了在国家政策框架下，各地在构建公益普惠的学前教育发展模式和创新体制机制方面的探索。

本书第五章用典型的数据和证据描述了《教育规划纲要》颁布以来特别是学前教育三年行动计划实施以来，我国学前教育实现的跨越发展和取得的突出成就，并分析了当前和今后一个时期仍然面临的突出问题。

（三）主要推进方式

本报告以专题研究为基础，并在专题研究获得全面深入的研究数据资料基础上进行全面分析提炼，形成研究报告。研究共分三个专题展开。

专题一是我国学前教育发展的现状研究。重点收集有关五大类核心指标的相关数据资料，从国家总体层面和地区层面分别对我国学前教育发展的现状进行研究。

在国家总体层面，全面分析了我国学前一年和学前三年教育的普及情况、四类园的比例变化以及公办园与民办园的格局变化、学前教育投入总量与相对量的变化以及生均经费的变化、幼儿园教师数量与专业水平的发展以及师幼比的变化，比较深入、系统、全面地反映了我国学前教育近10年的发展变化与基本现状。

我国学前教育发展的分地区比较是本研究在相关研究基础上的新探索。本研究不仅用五大类核心指标对30个省份①的学前教育状况进行了比较深入细致的描述分析，而且根据国家统计局2011年的区域划分标准②对我国东中西部地区的学前教育发展状况进行了分析比较。此外，还对各省份城乡学前教育发展状况进行了对比分析。本研究创造性地构建了我国地区学前教育发展综合水平分析框架和分析方法，根据可得的具有典型意义的数据进行了30个省份学前教育综合发展指数的计算，并尝试对30个省份的学前教育发展水平进行了比较。

专题二是国际比较研究。这一专题研究以以往的分国别研究为基础，在充分掌握各国数据资料的基础上，选取具有典型意义的、可分析考量我国学前教育发展水平的四类核心指标进行比较分析。最重要的目的不是为了比较各国的长短优劣，而是将我国学前教育发展的各项指标置于国际视野之下进行比较研究，重点考察我国学前教育发展的各项指标在世界各重要组织尤其是经济体中的位置，以期真实客观地反映我国学前教育在世界中的地位与水平，发现差距与问题。当然，由于数据有限，有些结论是相对的或参考性的，但这种尝试是必要的也是特别有意义的。

专题三是我国学前教育发展的新政策体系研究。这一专题研究分为三项主要内容：一是分析研究2010年《教育规划纲要》颁布以来我国学前

---

① 本报告研究范围主要涉及中国大陆地区，不含港澳台地区。西藏由于数据不全，不在排名之列。

② 根据国家统计局的划分标准，东部地区包括北京、天津、河北、辽宁、上海、江苏、浙江、福建、山东、广东和海南11个省（直辖市），中部地区包括山西、吉林、黑龙江、安徽、江西、河南、湖北和湖南8个省，西部地区包括内蒙古、广西、重庆、四川、贵州、云南、西藏、陕西、甘肃、青海、宁夏和新疆12个省（自治区、直辖市）。

教育出台的一系列政策文件及其所呈现的政策框架，学前教育发展的战略目标、基本方向与路径、重大战略举措等。二是比较分析《教育规划纲要》和 2010 年《国务院关于当前发展学前教育的若干意见》（以下简称学前教育"国十条"）颁布实施以来，特别是学前教育三年行动计划研制和实施以来学前教育的重大进展和突出成就。三是思考研究未来的挑战，重点分析在新的政策框架和新的发展形势下，我国学前教育当前和今后一个时期仍然面临的突出问题，并在分析原因和现状的基础上，提出相应的对策和建议。

专题四是我国学前教育发展的地方经验研究。长期以来，我国学前教育以地方为主的管理和运作方式使各地学前教育呈现出多元发展的态势。然而，随着《教育规划纲要》的颁布、学前教育"国十条"的出台以及各地方学前教育三年行动计划的制定与实施，符合国家政策体系和具有地方特点的创造性经验不断浮现。本研究正是在这样的形势下深入研究一些可以推广借鉴的成功经验。地方经验的研究以案例研究的形式展开。为了反映个案经验的全貌，本研究呈现的主要内容包括五个方面，即地区社会经济、人口状况和文化背景，政策框架体系，具体措施举措，已经取得的成效，以及推广应用的条件。这一研究既为各地学习借鉴提供了全方位的信息，避免机械照搬和盲目使用，也为地方经验向国家政策的提升提供了全新的依据。

（四）研究中遇到的突出问题

研究中首先遇到的突出问题是我国学前教育发展的相关数据不完善，如分省数据比较缺乏。除财政投入外，各省份的入园率、不同部门办幼儿园的数量等基础数据都没有公开发表，而且在各省份教育部门的官方网站上都缺乏相关的数据信息，致使一些有价值的分析研究无法进行。

数据的统计口径不一致也是一个比较突出的问题。不同统计年鉴对相同内涵的信息统计结果存在着不同程度的出入。因此，健全我国学前教育事业发展的数据统计系统，及时准确地公开发表相关统计数据信息非常紧迫。

二、研究的主要特点

本研究具有本系列报告的共同特点，即客观性、真实性和国际视野。《中国学前教育发展报告 2012》作为中国教育科学研究院集体推出的研究成果，与 2010 年出版的《中国学前教育发展战略研究》的相关数据具有很强的一致性和衔接性，还可以进行相关的比较研究。由于本研究所用统计数据的时间节点是 2010 年，因此，本研究也可作为学前教育三年行动计划效果评估的前期基础性起始数据，今后可与 2013 年学前教育三年行动计划结束时的数据进行比较分析，对全国及各省份学前教育三年行动计划进行终结性评估，全面分析和评价学前教育三年行动计划的实施效果。

（一）数据力求真实

本研究的基础数据主要来源于《中国教育统计年鉴》、《中国教育经费统计年鉴》、《全国教育事业发展统计公报》、《全国教育事业发展简明统计分析》以及国家和地方政府的官方网站等。本研究在图表中呈现的数据都是由基础数据转化而来，是依据这些基础数据进行归类统计、计算和比较分析的结果。

本研究以 2000—2010 年的数据为主。由于研究内容和说明问题的需要，个别数据时间略早或略晚 1—3 年。相对而言，国内数据比较整齐，国际数据由于来源有限而略有参差，但均已做了特别说明，以便审慎地使用和得出结论。

（二）证据确保客观

本书第二章对 30 个省份学前教育发展综合水平的排名进行了特别的说明（参见第二章第四部分）。尽管数据客观，但指标数量有限而且有个别替代性指标，因此排名仅是一种探索尝试和学术研究，不代表官方意见。

本书第四章所选取的具有典型意义的地方经验以案例的形式呈现，参与案例收集和撰写的人员均为当地的或进行过实地考察的专家学者。这一章所列举的地方政策、实际举措、数据资料均经过了地方相关部门的审核或转引自各地方政府官方网站及相关研究结果的公开信息。评论性的观点仅代表学术观点，不代表官方意见。

（三）国家政策引领

2010 年以来，国家相继出台的一系列有关学前教育发展的政策文件，明确了我国学前教育今后的发展方向和工作重点。《教育规划纲要》的颁布和国务院常务会议为破解"入园难"问题提出的学前教育"国五条"、"国十条"，全国学前教育工作电视电话会议的召开，清晰地描绘了我国学前教育未来 10 年的发展蓝图：建立覆盖城乡的学前教育公共服务体系，大力发展普及普惠的学前教育。因此，本研究在构建研究框架、选择核心指标、判断典型地方经验时，也依循了这些国家政策。

三、研究的主要结论

本研究显示：2000—2010 年的 10 年间，我国学前教育事业持续发展但速度缓慢，无论从国民需求来看还是从国际视野来看，我国学前教育资源仍然总体不足，公共资源尤其短缺；国内地区之间、省际和省域内的差距不断加大；虽然在九个人口大国中居于中间水平，但在金砖四国中及与 OECD 国家相比，普及程度、财政投入和公共资源等各项发展指标都还处于较低水平。

（一）学前教育事业持续发展，但资源总体不足，公共资源尤其短缺

2000—2010 年 10 年间，我国幼儿园总数、班级数、在园儿童数不断增加，入园率以平均每年 2—3 个百分点的速度不断增长。应该说，我国学前教育事业在经历了 20 世纪 90 年代中后期的大幅度滑坡之后，进入了稳定缓慢增长的时期。

但总体而言，学前教育资源仍然不足。2010 年我国学前三年毛入园率为 56.6%，学前一年受教育率为 75% 左右，农村的相应比例更低。这就意味着仍有两成半的适龄学前儿童不能接受学前一年教育，四成多的幼儿不能接受学前三年教育。这种学前教育的普及程度所反映出的学前教育总量与城乡广大民众日益增长的让孩子尽早接受学前教育的迫切需求不协调，供需缺口很大，总量严重不足。

自 2003 年民办园开始急剧增长以来，民办园的园所数量在 2004 年就超过了公办园且继续快速增长，2010 年已经占到 68% 的比例。不仅如此，民办园一直以来规模小、在园儿童数少的格局也被打破，2010 年民办园和公办园在园儿童数已经基本形成了各占一半的格局。民办园"自定价、备案制"的收费体制致使有质量的民办园价格昂贵，收费低、质量差的民办园少有人问津。因此，广大民众对价格合理、有质量保证的公办幼儿园趋之若鹜，这使得在数量上占比不到 1/3 的公办园供不应求，更加剧了公办学前教育资源短缺的局面。

2010 年 7 月《教育规划纲要》和 11 月学前教育"国十条"颁布以来，学前教育资源增加迅速，2011 年学前三年的入园率已经达到 62.3%，比 2010 年增长了 5.7 个百分点，比 2009 年增长了 11.4 个百分点。在园幼儿人数 2010—2011 两年的增长达到 766 万人，超过了此前 10 年增长量总和的两倍多。学前教育三年行动计划制定和实施以来，中央和地方各级政府加大了财政投入力度，面向大众提供普惠性服务的公办园和民办园得到了有力扶持，公益普惠的学前教育资源迅速增加，"入园难"、"入园贵"问题得到明显缓解。但总体上，学前教育资源仍然短缺，公共资源尤其短缺的局面还没有得到根本的扭转。

（二）学前教育发展的区域差异巨大，中部凹陷，县镇相对滞后

以 2001—2010 年为考察时间段的分析研究可见，尽管东中西部学前教育事业都有不同程度的发展，但相比较而言，东部学前教育发展水平较高，西部学前教育发展较快，而中部学前教育发展比较缓慢。从入园率的平均水平来看，尽管当前中部比西部高 3 个百分点，但西部发展的势头和速度更加强劲，而中部与东部相比更是形成了 28 个百分点的巨大落差。

进一步分析发现，当前中部各省份的民办园比例最高，无论是民办园所数量还是在园儿童数的比例都高于东西部；中部学前教育的投入也明显落后于东西部，学前教育总体投入占教育总投入的比例、财政性学前教育投入占财政性教育投入的比例、预算内学前教育经费占预算内教育经费的比例以及各项生均教育经费明显地低于东西部，成为"V"形的低端。与 2005 年相比较，2010 年中部学前教育发展的多项核心指标都明显地滞后于东西部，仅专任教师专科以上学历比例的增长率就比东部和西部低 10—15 个百分点。未评职称的教师比例中部最高，而且增长最快。

从 2005—2010 年 5 年间城乡学前教育的发展状况来看，县镇的幼儿园数量发展最快，5 年间增长了 39.2%，远大于城市 7.65% 和农村 18.88% 的增幅。目前县镇在园儿童数也占到了 33.93% 的比例，而且以每年 14% 的增幅快速增长，远大于城市 6.44% 和农村 3.88% 的增幅。然而进一步分析还发现，相对于城市和农村而言，县镇的办园条件改善比较缓慢，教师队伍中专科以上学历教师比例的增长也最慢。因此，县镇学前教育的发展已经明显地滞后。

2010 年的数据显示，中部地区整体及中部各省份学前教育的发展已经在多方面落后，县镇学前教育的快速发展也将面临诸多的挑战。为了避免形成学前教育事业发展新的区域性凹陷，国家必须关注和加大扶持力度，促进中部和东西部地区的协调发展，促进县镇和城市与农村地区的同步提高。

自 2011 年 9 月财政部、教育部下发《关于加大财政投入支持学前教育发展的通知》，以及相应的 4 大类 7 个项目重点支持中西部地区和东部困难地区发展学前教育以来，在中央财政支持和国家项目的引领下，广大中西部地区和全国农村地区以乡镇中心园建设为着力点，推动学前教育迅速发展。但区域性凹陷以及城镇化进程中出现的流动儿童和留守儿童问题仍需加大关注的力度。

（三）学前教育发展的地方性实践和探索活跃，但地方性差别显著

学前教育的发展多年来具有地方依赖性，在很大程度上取决于地方政

府的重视程度、财政投入力度和管理体制的健全程度。也正是由于这些决定性因素的不同，全国各地学前教育的发展呈现出多元化、多层次的发展状况，学前教育事业的发展水平和保教质量都存在着很大的差异。

多年来，上海市形成了普及普惠的学前教育体系和0—6岁托幼一体化的学前教育发展模式，并在新课改基础上形成了新的保教质量评估体系，成为学前教育事业发展和保教质量提高的榜样。河北省从21世纪初以来探索、改进和不断完善的以财政投入为主、公办幼儿园为主和公办幼儿教师为主的"三为主"学前教育发展模式，成为各地可资借鉴的成功经验。而杭州市多年来探索并形成的乡镇中心园"公立化"的农村学前教育模式，也为各地发展农村学前教育探索出了一条新路。

随着学前教育三年行动计划的全面实施和深入推进，各地对学前教育发展的创造性探索和实践也更加活跃，包括学前教育公共服务体系建构、财政性经费支持学前教育普及的途径与方式实践、引导和支持民办园提供普惠性服务以及实施国培计划的模式创新等几个方面的重点和难点问题都有一定的突破。陕西省的学前一年免费教育、杭州市财政保障与生均补助政策、青岛市的普惠性民办园认定办法与财政扶持政策等，都为各地构建普及普惠的学前教育公共服务体系提供了有益的经验。

当然，我们也应该清醒地看到省份之间存在的巨大差异，各省份在学前教育的普及程度、财政投入水平、办园格局、师资水平、园所条件和保教质量等各个方面，都呈现出显著的差异。不仅如此，省域内各区县之间由于以县为主的管理体制，也在上述各个方面呈现出明显的差距。可以说，促进学前教育的均衡发展和学前教育的公平才刚刚开始，而且有些做法仍在进一步加大这种差距。

特别应该看到的是，一些省份的学前教育发展水平与教育整体发展水平之间出现了不协调的情况。教育整体发展水平比较前位，但学前教育的发展却明显滞后于教育的整体发展水平。从可持续发展的角度来看，改善学前教育的发展使之与整个教育的发展相协调具有重要的意义，这也是教育事业科学发展的必然要求。

（四）我国学前教育在世界中的地位还相对较低，需进一步加快发展

如前所述，进入新世纪以来，随着我国社会经济的快速发展，我国学前教育进入了稳步发展的时期，学前教育的普及水平、财政投入、办园条件和师资水平都有了明显提高。特别是 2010 年《教育规划纲要》和学前教育"国十条"发布以来，我国学前教育基本公共服务体系的政策框架已经建立。但将我国学前教育的发展置于国际视野之中，我们会更加客观而清晰地看到现实存在的问题和差距。

从学前教育的普及程度来看，我国还相对落后。虽然在九个人口大国中我国的毛入园率居于中等水平，但在金砖四国中我国的毛入园率最低，俄罗斯 2009 年就达到了 90%，巴西达到 65%，印度也比我国高 6 个百分点。2008 年，OECD 国家除土耳其低于我国外，其他各国的毛入园率均高于我国，其中 8 个国家的毛入园率超过了 100%，另有 11 个国家的毛入园率在 90%—99%；毛入园率在 80% 以上的国家共有 26 个。而同年我国学前三年入园率为 45.1%，2010 年也仅为 56.6%，与多数 OECD 国家还相差甚远。

从代表公共学前教育资源的公办幼儿园比例来看，我国公办学前教育资源还极其匮乏。在九个人口大国中，各国公立园数量居多，占学前教育机构总数的绝大多数，儿童在公办园接受教育的比例较高且有上升趋势。而我国的情况正好相反，2001—2010 年 10 年来公办园比例持续减少。在金砖国家中，中国民办幼儿园儿童占在园儿童数的比例是最大的，达 47%，高出巴西近 20 个百分点（巴西私立园儿童占 27.3%）。俄罗斯和印度公立幼儿园在园幼儿占绝大多数，私立幼儿园儿童所占比例极小。多数 OECD 国家公立幼儿园比例超过六成，其中比例在 66%—100% 的国家有 11 个，在 OECD 国家中占 61.1%，而我国公办幼儿园的比例仅有三成。与其他经济体相比，中国民办幼儿园在园幼儿所占比例也很大，与发展中国家平均水平基本持平，超过世界平均水平 15 个百分点，更远远超过转型国家（1%）和发达国家（10%）的平均比例。换言之，我国公办园比例与发展中国家相近，低于世界平均水平，更低于转型国家和发达国家的水

平。可见，我国的学前教育公共资源还特别缺乏，必须进一步加快扩大公办学前教育资源的步伐。

我国学前教育投入尤其是财政性投入的水平极低。从 2008 年的数据来看，OECD 国家中学前教育投入占 GDP 的比重在 0.4%—1% 的国家有 23 个，而同年我国仅为 0.066%，与投入水平最低的澳大利亚相差 0.034 个百分点，仅相当于 OECD 平均的 12%。各国的学前教育财政性投入和生均投入也都差距巨大。从九个发展中人口大国来看，在墨西哥、巴西、印度尼西亚、印度、中国这几个国家中，印度尼西亚财政性学前教育经费占财政性教育经费的比例最低（只有 0.7%），其次为中国（比例为 1%），墨西哥财政性学前教育经费在 GDP 中所占比例最高（达到 10%），巴西为 7%。印度 2006 年的比例比我国 2009 年的比例仍高出 0.1 个百分点。我国学前教育投入占 GDP 的比例也远低于巴西（0.41%）和墨西哥（0.69%）。在金砖四国中，在学前教育经费投入占教育经费比例和占 GDP 比例两项指标上，我国与俄罗斯相差极其悬殊，我国学前教育经费占国家教育总经费的比例（2009 年只有 1.48%）远远低于俄罗斯（15%）。从财政性学前教育经费占 GDP 的比例来看，俄罗斯比例最高，2008 年超过了 GDP 的 0.6% 且近年来呈现增加趋势，最低的是中国，2001—2010 年 10 年来一直在 0.03%—0.05%。

可见，随着我国社会经济快速发展和跃居领先地位，必须进一步加大对学前教育的投入，使学前教育经费有稳定的来源，以促进我国学前教育的持续发展。必须快速增加学前教育公共资源，使覆盖城乡的学前教育公共体系得以建立，确保广大幼儿受到收费合理且有质量保证的普惠性学前教育。

（五）我国学前教育已经进入跨越式发展新阶段，但四大问题仍需关注

2010 年尤其是 2011 年学前教育三年行动计划制定和实施以来，我国学前教育呈现出前所未有的发展势头和大好局面。从国家到地方各级政府，对学前教育的重视程度、政策出台的密度、财政投入的力度、学前教育资源尤其是普惠性资源增加的速度，都是前所未有的。

在园幼儿规模迅速扩大，在园幼儿人数增长超过了前10年增长量总和的两倍多。2011年全国三年毛入园率比上一年增长了5.7个百分点，两年增长了11.4个百分点。从各地学前教育的普及情况来看，学前三年入园率也在短短的一年内迅速提高，有些省份甚至提高了10个百分点以上。2012年发布的《国家教育事业发展第十二个五年规划》已经将《教育规划纲要》中2015年学前三年毛入园率60%的发展目标提高到了65%。

中央财政加大了扶持和引导力度，2010年，教育部和国家发改委启动了中西部农村学前教育推进工程试点项目，三年来国家已投入55.6亿元。2011年9月，财政部、教育部印发了《关于加大财政投入支持学前教育发展的通知》和《支持中西部地区利用农村闲置校舍改建幼儿园的实施方案》等7个项目方案。中央财政计划在"十二五"期间安排500亿元，通过4大类7个项目重点支持中西部地区和东部困难地区发展农村学前教育。中央财政的直接投入和引导力度也是共和国成立以来未曾有过的。根据学前教育"国十条"的要求，2011年各地均不同程度地加大了对学前教育的财政性投入，普遍设立了学前教育专项经费，一些省份还突破性地将学前教育经费列入财政预算，确立了财政性学前教育经费的投入比例和生均公用经费财政拨款标准。

在国家及地方各级政府共同努力和各部门的通力合作下，面向大众的公办幼儿园、集体和企事业单位办幼儿园、价格合理且有质量保证的普惠性民办园，得到了前所未有的积极鼓励、引导和扶持，全国各地公办幼儿园的比例有明显增长，普惠性学前教育资源迅速增加。广大农村通过以乡镇中心园建设为重点，县乡村三级学前教育公共服务网络正在形成。此外，学前教师队伍随着事业的快速发展也在迅速壮大，专业水平尤其是学历水平明显提高。学前教育事业整体上呈现出健康快速发展的态势。

可以说，我国学前教育进入了跨越式发展的新阶段。"入园难"、"入园贵"问题得到明显缓解。但是，由于学前教育发展长期积累起来的问题比较多，很难在短时间内解决。尤其是"入园难"、"入园贵"的问题，幼儿园教育的科学化和保教质量提高问题，进一步强化和落实政府责任的问题，学前教育的公平性问题，这些仍然是当前和今后一个时期的突出问题。因此，还需要进一步扩大普惠性学前教育资源，尤其是公办学前教育资源，不断增加对学前教育的财政投入，本着"边普及，边提高"的原则加快学前教育普及和保教质量提高，真正保证学前教育成为教育公平的起点，社会公平的良好开端。

当前，我国学前教育三年行动计划即将完成第二年度的工作任务。相信随着学前教育三年行动计划的全面实施和接近完成，各地将涌现出更多的体制机制创新和成功经验，我国学前教育发展的各项指标将得到快速提高，我国学前教育发展的整体水平将得到持续提升，我国学前教育在世界中的地位排名将全面上升。

第一章

中国学前教育事业发展概况

近十几年来，我国学前教育在经历了大幅度滑坡之后开始缓慢回升，进入了恢复性发展时期，特别是在 2011 年各地学前教育三年行动计划实施之后进入了跨越式发展的新阶段。本章根据《中国教育统计年鉴》、《中国教育经费统计年鉴》和《全国教育事业发展简明统计分析》等相关统计数据，从学前教育普及情况、幼儿园的格局与发展状况、学前教育投入状况、幼儿园师资队伍状况、幼儿园办园条件五个主要方面，对从 20 世纪末至 2010 年我国学前教育事业发展变化状况进行了深入具体的分析，以期探索我国学前教育发展的现状及近期变化过程，为预测我国学前教育的未来趋势和提出发展建议奠定基础。

一、学前教育普及情况

学前教育的普及程度是衡量一个国家或地区学前教育发展水平的主要指标，直接体现了学前教育的供给水平以及供求关系的协调性。关于我国学前教育的普及情况，本研究主要从学前教育普及率、幼儿园园所数量和学前班数量、幼儿园班级数量和班级规模、幼儿园在园儿童数和学前班儿童数等四个方面进行分析。

（一）学前教育普及率不断增长

学前教育普及率可以从学前三年毛入园率、学前一年毛入园率以及小学招生中接受过学前教育的比例这三个指标来进行衡量。数据表明，近年来我国学前教育普及率在不断增长。

1. 学前三年毛入园率不断提高，学前一年毛入园率基本保持稳定

入园率表明了适龄儿童进入正规学前教育机构接受正式学前教育的情况。从图 1 - 1 可以看出，2000—2010 年，学前三年毛入园率呈不断提高的趋势。2010 年全国学前三年毛入园率达到了 56.6%，比 2000 年提高了 18.9 个百分点，平均每年增长近 2%。其中，2010 年的提高速度最快，比 2009 年提高了 5.7 个百分点。在此期间，2001 年的情况较为特殊，2001 年的学前三年毛入园率比 2000 年还降低了 1.8 个百分点。当然，这并未影响学前三年毛入园率提高的趋势，因为从 2002 年开始，学前三年毛入园率均为逐年提高。

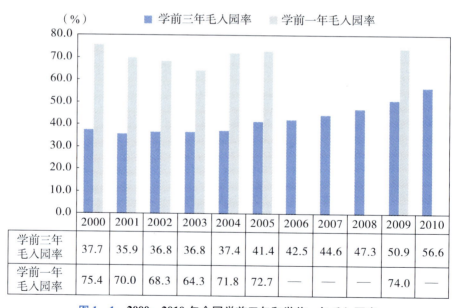

	2000	2001	2002	2003	2004	2005	2006	2007	2008	2009	2010
学前三年毛入园率	37.7	35.9	36.8	36.8	37.4	41.4	42.5	44.6	47.3	50.9	56.6
学前一年毛入园率	75.4	70.0	68.3	64.3	71.8	72.7	—	—	—	74.0	—

图 1 - 1 2000—2010 年全国学前三年和学前一年毛入园率

【数据来源】教育部发展规划司. 全国教育事业发展简明统计分析［Z］. 2008—2010. 北京：教育部发展规划司，2008—2010；中国学前教育发展战略研究课题组. 中国学前教育发展战略研究［M］. 北京：教育科学出版社，2010.

虽然数据不齐全，但比较 2000 年和 2009 年的学前一年毛入园率，可以发现 10 年来学前一年毛入园率基本保持稳定。从图 1－1 可以看出，在此 10 年期间，学前一年入园率发展变化的情况可以分为两个阶段：在 2000—2003 年的 4 年间，学前一年入园率略有下降，但以 2004 年为转折点，又呈现小幅上升趋势。

当然，虽然我国学前教育入园率在不断上升，但总的来说从学前三年毛入园率和学前一年毛入园率的变化可以看出，我国学前教育阶段入园率的变化趋势与我国近 10 年来社会经济发展变化以及国家所颁布制定的一系列学前教育政策密切相关。

2. 小学招生中接受过学前教育的儿童的比例逐年增加

小学招生中接受过学前教育的儿童的比例既包括接受正规学前教育儿童的比例，也包括接受非正规学前教育儿童的比例。图 1－2 显示，2007—

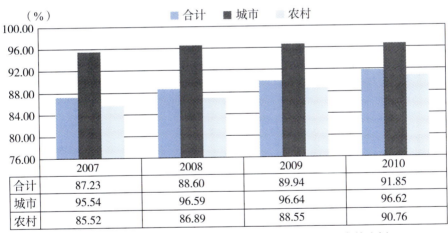

（%）	2007	2008	2009	2010
合计	87.23	88.60	89.94	91.85
城市	95.54	96.59	96.64	96.62
农村	85.52	86.89	88.55	90.76

图 1－2　2007—2010 年小学招生中接受过学前教育儿童的比例

【数据来源】中国教育统计年鉴 ［M］. 2007—2010. 北京：人民教育出版社，2008—2011.

2010 年，全国小学招生中接受过学前教育的儿童比例逐年增加，2010 年比 2007 年增加了 4.62 个百分点，年均增长率约为 1.16%，到 2010 年已经达到 91.85%。这说明我国绝大部分适龄儿童在上小学以前已经接受过或长或短的正式和非正式的学前教育。具体来说，城市地区小学招生中接受过学前教育的比例 4 年间一直在 95% 以上且还在缓慢上升。农村地区小学招生中接受过学前教育的儿童比例则呈现出逐年上升的趋势，这一比例在 4 年间增加了 5.22 个百分点，至 2010 年也达到了 90.76% 的比例。对比城乡地区小学招生中接受过学前教育的儿童的比例变化，可以看到，虽然城乡之间还存在着一定的差距，但这种差异正在一步步缩小。

（二）幼儿园园所数量和学前班数量变化情况不一

我国幼儿园园所数量和幼儿园班级数量在近十几年均呈缓慢增长趋势，但学前班的数量变化却与此相反，呈现出逐年减少的趋势。并且，城乡学前班数量的变化差异显著，城市学前班数量急剧减少，但农村学前班还依然发挥着作用。

1. 幼儿园园所数量经历下降后缓慢增长

从图 1-3 中可以看出，1997—2010 年，我国幼儿园园所数量的变化

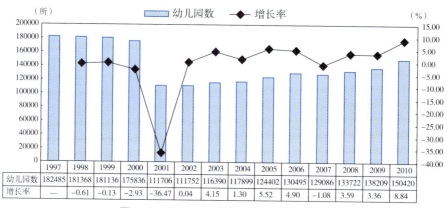

	1997	1998	1999	2000	2001	2002	2003	2004	2005	2006	2007	2008	2009	2010
幼儿园数	182485	181368	181136	175836	111706	111752	116390	117899	124402	130495	129086	133722	138209	150420
增长率	—	-0.61	-0.13	-2.93	-36.47	0.04	4.15	1.30	5.52	4.90	-1.08	3.59	3.36	8.84

图 1-3　1997—2010 年全国幼儿园数量

【数据来源】中国教育事业统计年鉴 1997［M］. 北京：人民教育出版社，1998；中国教育统计年鉴［M］. 1998—2010. 北京：人民教育出版社，1999—2011.

分为两个截然不同的阶段。1997—2001 年，全国幼儿园数量逐年减少。到 2001 年时，全国幼儿园数量已经由 1997 年的 182485 所减少到 111706 所，减少了 32065 所，减幅达 17.57%。特别是在 2001 年这一年间，全国幼儿园数量从 175836 所剧减到 111716 所，减少了 64103 所，减幅达 36.47%。

随后，2002—2010 年全国幼儿园园所数量又呈增长趋势，2010 年增加到 150420 所，比 2001 年增加了 38714 所，10 年间增加了 34.65%，但还未达到 2000 年或 1997 年的园所数量。当然，这一恢复性的增长阶段还未结束。

2. 幼儿园班级数量有所增长，但学前班数量逐年减少

从图 1−4 可以看出，总体来说，幼儿园班级数量有所增长，但 1997—2010 年的 14 年间，幼儿园班级数量也经历了一个缓慢下降然后缓慢上升的过程。1997—2003 年，全国幼儿园班级数量逐年减少，从 2003—2010 年又逐年增加，其中 2010 年的增幅最大，较 2009 年增长了 11.94%。可以发现，虽然全国幼儿园班级数量的变化与全国幼儿园园所数量的变化在关键的变化年限上存在差异，但基本的发展变化趋势是一致的。2010 年我国幼儿园班级数量达到了 971525 个，比 2003 年最少时的 728511 个增加了 243014 个，增幅达 33.36%。

学前班是我国学前教育中的一支重要力量。根据相关统计数据，我们对 1997—2010 年全国学前班的发展状况进行了分析。如图 1−4 所示，学前班数量呈现逐年减少的趋势。1997 年全国学前班数量为 424518 个，到

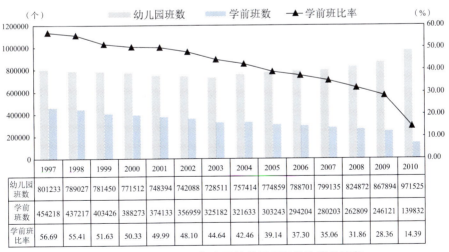

图 1−4　1997—2010 年全国幼儿园班级数和学前班数

	1997	1998	1999	2000	2001	2002	2003	2004	2005	2006	2007	2008	2009	2010
幼儿园班数	801233	789027	781450	771512	748394	742088	728511	757414	774859	788701	799135	824872	867894	971525
学前班数	454218	437217	403426	388273	374133	356959	325182	321633	303243	294204	280203	262809	246121	139832
学前班比率	56.69	55.41	51.63	50.33	49.99	48.10	44.64	42.46	39.14	37.30	35.06	31.86	28.36	14.39

【数据来源】中国教育事业统计年鉴 1997［M］. 北京：人民教育出版社，1998；中国教育统计年鉴［M］. 1998—2010. 北京：人民教育出版社，1999—2011.

2010 年减少到 139832 个，减少了 263594 个，减幅达到 67.06%，年均减幅达 4.79%。同时，学前班占幼儿园班级数的比例逐年下降，从 1997 年的 56.69% 下降到 2010 年的 14.39%，年均降幅达 3.02%。

幼儿园班级数量和学前班数量的变化趋势表明，我国学前教育已经从以学前班为主要形式的学前一年教育转变为以幼儿园为主要形式的学前三年教育。

3. 学前班数量变化的城乡差异显著

从学前班数量来看，农村多于县镇，县镇多于城市，农村学前班的数量一直在全国学前班总量中占绝对主体的地位。2001 年，农村学前班数量占全国学前班总量的 76.98%，2010 年时这一比例上升到 82.75%。从图 1 – 5

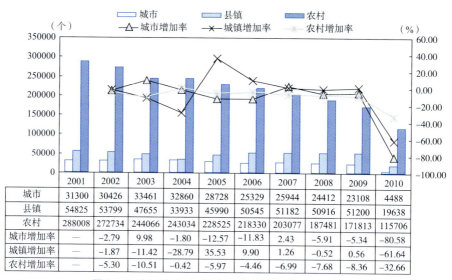

	2001	2002	2003	2004	2005	2006	2007	2008	2009	2010
城市	31300	30426	33461	32860	28728	25329	25944	24412	23108	4488
县镇	54825	53799	47655	33933	45990	50545	51182	50916	51200	19638
农村	288008	272734	244066	243034	228525	218330	203077	187481	171813	115706
城市增加率	—	-2.79	9.98	-1.80	-12.57	-11.83	2.43	-5.91	-5.34	-80.58
城镇增加率	—	-1.87	-11.42	-28.79	35.53	9.90	1.26	-0.52	0.56	-61.64
农村增加率	—	-5.30	-10.51	-0.42	-5.97	-4.46	-6.99	-7.68	-8.36	-32.66

图 1 – 5　2001—2010 年全国学前班数量的城乡差异

【数据来源】中国教育事业统计年鉴 1997［M］. 北京：人民教育出版社，1998；中国教育统计年鉴［M］. 1998—2010. 北京：人民教育出版社，1999—2011.

可以看出学前班数量的发展趋势，总体上城市、县镇和农村学前班数量都呈减少的趋势。其中，2001—2010 年的 10 年间，农村学前班的减幅达到 59.83%，尤其 2010 年比 2009 年减少了 56107 所，减幅达到 32.66%。城市学前班数量 10 年间减幅达 85.66%，减少的幅度最大。县镇学前班数量在 10 年间减幅也达到 64.18% 。可见，在全国学前班总量逐渐减少的前提下，城市学前班数量减少最快，这和城市幼儿园数量的快速增加密切相关。在城镇化的过程中，县镇也在加大幼儿园的建设力度，导致学前班数量也不断减少。同时，农村地区的学前班还在普及学前教育中发挥着一定的作用。

（三）幼儿园班级数不断增加，班均儿童数基本保持稳定

近年来幼儿园的班级数在不断增加，幼儿园规模在逐渐扩大，但幼儿园的班均儿童数基本保持稳定。

1. 幼儿园园均班级数和在园儿童数有所增长

从图 1-6 可以看出，1997—2010 年，幼儿园园均班级数和在园儿童数的变化时起时伏，但总体上二者都有所增加。具体来说，园均班级数由 1997 年的 4.39 个增加到 2010 年的 6.46 个，园均幼儿数也由 1997 年的 138 人增加到 2010 年的 198 人。这说明幼儿园的园均规模在逐渐扩大。

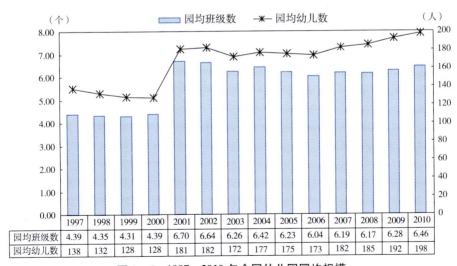

	1997	1998	1999	2000	2001	2002	2003	2004	2005	2006	2007	2008	2009	2010
园均班级数	4.39	4.35	4.31	4.39	6.70	6.64	6.26	6.42	6.23	6.04	6.19	6.17	6.28	6.46
园均幼儿数	138	132	128	128	181	182	172	177	175	173	182	185	192	198

图 1-6　1997—2010 年全国幼儿园园均规模

注：图中数据根据《中国教育统计年鉴》相关数据计算得出。

【数据来源】中国教育事业统计年鉴 1997 ［M］. 北京：人民教育出版社，1998；中国教育统计年鉴 ［M］. 1998—2010. 北京：人民教育出版社，1999—2011.

2. 幼儿园班均儿童数基本保持稳定

从图 1-7 可以看出，总体来说，和 1997 年相比，2010 年的幼儿园班均儿童数变化不大，班均儿童数平均只减少了约 1 人。和 1997 年相比，2010 年的学前班的班均儿童数的变化也不大，班均儿童数平均只减少了 0.38 人。在这期间，1997—2001 年幼儿园班均儿童数和学前班班均儿童数均略有下降，但 2001 年之后又有所回升并逐年缓慢增加。

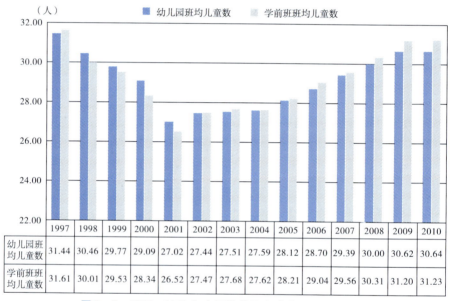

	1997	1998	1999	2000	2001	2002	2003	2004	2005	2006	2007	2008	2009	2010
幼儿园班均儿童数	31.44	30.46	29.77	29.09	27.02	27.44	27.51	27.59	28.12	28.70	29.39	30.00	30.62	30.64
学前班班均儿童数	31.61	30.01	29.53	28.34	26.52	27.47	27.68	27.62	28.21	29.04	29.56	30.31	31.20	31.23

图 1-7　1997—2010 年全国幼儿园和学前班班均儿童数

注：图中数据根据《中国教育统计年鉴》相关数据计算得出。

【数据来源】中国教育事业统计年鉴 1997 [M]. 北京：人民教育出版社，1998；中国教育统计年鉴 [M]. 1998—2010. 北京：人民教育出版社，1999—2011.

从幼儿园园均班级数和班均儿童数的变化来看，近 10 年来全国幼儿园都通过盘活内部资源扩大班级数和儿童学位数，使更多的孩子能够进入幼儿园，但园所班级规模以及班级容量仍在合理的范围之内。

（四）幼儿园在园儿童数不断增加，学前班儿童数逐年减少

从图 1-8 可以看出，1997—2010 年，全国幼儿园在园儿童数呈现出

	1997	1998	1999	2000	2001	2002	2003	2004	2005	2006	2007	2008	2009	2010
幼儿园在园儿童数	25189638	24030344	23262588	22441806	20218371	20360245	20039061	20894002	21790290	22638509	23488300	24749600	26578141	29766695
学前班儿童数	14359886	13120577	11911894	11005548	9921170	9806398	9002399	8882683	8554212	8542795	8283007	7967054	7679301	4366957

■ 幼儿园在园儿童数　　□ 学前班儿童数

图1—8　1997—2010年全国幼儿园在园儿童数和学前班儿童数

【数据来源】中国教育事业统计年鉴1997［M］.北京：人民教育出版社，1998；中国教育统计年鉴［M］.1998—2010.北京：人民教育出版社，1999—2011.

先降后升的趋势。1997—2003 年,全国幼儿园在园儿童数不断下降,2003 年的在园儿童数较之 1997 年下降了 20.45% ;2003 年以后,全国在园儿童数逐年增加,到 2010 年达到 29766695 人,比 2003 年增长了 48.54% 。全国幼儿园在园儿童数的变化发展状况与幼儿园班级数量的变化发展状况基本一致。

1997—2010 年,全国学前班儿童数逐年减少。13 年间减少了 9992929 人,减幅达 69.59% 。这种变化趋势与学前班数量的变化趋势完全一致。

总的来说,近十几年以来我国学前教育的普及情况在不断改善。学前教育普及率不断提高,幼儿园园所数量有所增长,幼儿园在园儿童数不断增加,幼儿园园均规模逐渐扩大。

二、幼儿园格局与发展状况

幼儿园的格局与发展状况直接体现了国家的办园体制和学前教育的供给模式,也在一定程度上反映着学前教育公共服务体系的特点和水平。关于我国幼儿园的格局与发展情况,本研究主要从教育部门办园(以下简称教办园)、集体办园、其他部门办园和民办园四种不同类型幼儿园发展状况,以及公办园和民办园两种不同性质幼儿园[1]发展状况两个角度来进行具体分析。

(一)四种不同类型幼儿园数量变化趋势不同,园所格局发生显著变化

四种不同类型幼儿园在幼儿园数量、幼儿园班级数量、幼儿园在园儿童数上,均呈现出不同的变化趋势。民办园数量和民办园班级数、民办园在园儿童数均快速增长,集体和其他部门办幼儿园的园所数量、班级数量和在园儿童数急剧减少,教育部门办园的班级数和在园儿童数有所增加。我国幼儿园的园所格局已经发生了显著的改变。同时,四类幼儿园的办园

---

① 公办园指公办性质的幼儿园,包括教育部门办园、集体办园以及其他部门办园三类。

规模不断扩大，班级规模基本保持稳定。

1. 幼儿园数量：民办园快速增长，其他三类园不同程度减少

从表1–1可以看出，四种不同类型的幼儿园形成了我国多元化的办园格局。1997—2010年，不同类型的幼儿园呈现出不同的发展变化趋势。其中，教育部门办园略有减少，2010年的幼儿园数较1999年减少了18.07%。集体办和其他部门办园数量急剧减少，2010年的集体办园数较1999年减少了85.87%，其他部门办园数在这14年间的减幅达到了81.39%。与这三类幼儿园数量均有不同程度的减少情况形成对比的是，民办园的数量逐年快速增长，2010年的民办幼儿园数量达到102289所，比1997年的24643所增加了77646所，增幅达到了315.08%。

表1–1　1997—2010年全国四种不同类型幼儿园的数量

（单位：所）

类型	1997	1998	1999	2000	2001	2002	2003
教育部门办	30694	31741	35710	35219	55682	53838	51774
集体办	106738	99649	90979	80722			
民办	24643	30824	37020	44317	44526	48365	55536
其他部门办	20410	19154	17427	15578	11498	9549	9080
合计	182485	181368	181136	175836	111706	111752	116390

类型	2004	2005	2006	2007	2008	2009	2010
教育部门办	47575	25688	26877	26697	27449	26958	29257
集体办		24054	22680	19710	18432	17542	15077
民办	62167	68835	75426	77616	83119	89304	102289
其他部门办	8157	5825	5512	5063	4722	4405	3797
合计	117899	124402	130495	129086	133722	138209	150420

【数据来源】中国教育事业统计年鉴1997［M］. 北京：人民教育出版社，1998；中国教育统计年鉴［M］. 1998—2010. 北京：人民教育出版社，1999—2011.

由于不同类型幼儿园数量呈现出不同的变化趋势，幼儿园的办园格局也随之发生了根本性的改变。从图1–9可以看出，和1997年相比，2010

年不同类型幼儿园所占比例发生了显著的变化。1997 年我国幼儿园以集体办园为主，其在幼儿园总数中的比重为 58%；其次是教育部门办园和民办园，分别占 17% 和 14%。到了 2010 年，民办园在幼儿园总数中的比重显著上升，达到 68%，成为主要的办园形式。我国的办园格局已经从以集体办园为主的格局发展为以民办园为主的格局。

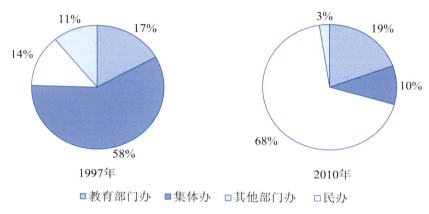

图 1-9　1997 年和 2010 年全国四种不同类型幼儿园的比例分布

注：图中数据根据《中国教育统计年鉴》相关数据计算得出。

【数据来源】中国教育事业统计年鉴 1997［M］. 北京：人民教育出版社，1998；中国教育统计年鉴 2010［M］. 北京：人民教育出版社，2011.

2. 幼儿园班级数：教办园有所增加，民办园急剧上升，其他两类园急剧减少

从表 1-2 可以看出，1997—2010 年，四种类型幼儿园班级数的变化趋势各不相同。其中，教育部门办园班级数起伏变化，时增时减，但总体来说 2010 年较之 1997 年有所增加，增幅达到了 40.93%. 而且，结合教育部门办园数量略有减少的趋势来看，说明教育部门办园的园所规模在不断扩大。集体办园班级数急剧减少，与 1997 年相比，2010 年集体办园班级数减幅达到了 82.28%。其他部门办园班级数在 14 年间逐年减少，2010 年与 1997 年相比减幅已经达到了 64.14%。民办园班级数则呈现出逐年急剧增加的趋势，2010 年较之 1997 年增幅达到了 875.12%。

表1－2　**1997—2010 年全国四种不同类型幼儿园的班级数量**

（单位：个）

类型	1997	1998	1999	2000	2001	2002	2003
教育部门办	271816	274749	281028	288006	542681	521140	479541
集体办	386313	358574	328075	293420			
民办	49898	64579	86070	109563	137083	157923	188618
其他部门办	93206	91125	86277	80523	68630	63025	60352
合计	801233	789027	781450	771512	748394	742088	728511
类型	2004	2005	2006	2007	2008	2009	2010
教育部门办	475019	395038	386053	374936	368934	366980	383067
集体办		84163	77607	74074	71818	70918	68473
民办	227298	253003	285746	312802	347934	395050	486564
其他部门办	55097	42655	39295	37323	36186	34946	33421
合计	757414	774859	788701	799135	824872	867894	971525

【数据来源】中国教育事业统计年鉴 1997［M］. 北京：人民教育出版社，1998；中国教育统计年鉴［M］. 1998—2010. 北京：人民教育出版社，1999—2011.

从图 1－10 可以看出，与四种不同类型幼儿园数量变化基本一致，1997—2010 年，我国不同类型幼儿园班级数的格局发生了根本性的转变。1997 年我国幼儿园班级还主要以集体办园班级为主，其在幼儿园班级总数中的比重为 48％；其次是教育部门办园和民办园，分别占 34％ 和 6％。到

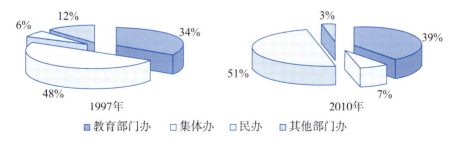

图 1－10　**1997 年和 2010 年全国四种不同类型幼儿园班级数量的比例分布**

【数据来源】中国教育事业统计年鉴 1997［M］. 北京：人民教育出版社，1998；中国教育统计年鉴 2010［M］. 北京：人民教育出版社，2011.

了 2010 年，民办园班级数在幼儿园班级总量中的比重显著上升，达到了 51%；集体办园和其他部门办园班级数所占比重急剧下降，分别只占 7% 和 3%；教育部门办园班级数的比重略有上升，占到 39%。

3. 在园儿童数：教办园有所增加，民办园急剧增加，其他两类园急剧减少

从表 1−3 可以看到，四种不同类型幼儿园在园儿童数的变化与不同类型幼儿园班级数的变化基本一致。其中，教办园在园儿童数在 14 年间有所增加，从 1997 年的 9415368 人增加到 2010 年的 12585459 人，增幅为 33.67%。集体办园在园儿童数急剧减少，2010 年为 2090799 人，较之 1997 年的 11480247 人已经减少了 81.79%。其他部门办园在园儿童数 1997—2010 年呈逐年减少的趋势，减幅达 62.79%。民办园在园儿童数 1997—2010 年呈现逐年增加的趋势，2010 年为 13994694 人，比 1997 年的 1348830 人增加了 12645864 人，增幅达到了 937.54%。

表 1−3　**1997—2010 年全国四种不同类型幼儿园在园儿童数**

（单位：所）

类型	1997	1998	1999	2000	2001	2002	2003
教育部门办	9415368	9226311	9246571	9095389	14726423	14463552	13423070
集体办	11480247	10183109	9062073	7948837			
民办	1348830	1707810	2224282	2842600	3419310	4005204	4802297
其他部门办	2945193	2913114	2729662	2554980	2072638	1891489	1813694
合计	25189638	24030344	23262588	22441806	20218371	20360245	20039061

类型	2004	2005	2006	2007	2008	2009	2010
教育部门办	13410073	11475425	11462242	11484546	11651142	11988076	12585459
集体办		2343912	2223136	2160492	2145514	2140638	2090799
民办	5841073	6680925	7756871	8687481	9820338	11341694	13994694
其他部门办	1642856	1290028	1196260	1155781	1132606	1107733	1095743
合计	20894002	21790290	22638509	23488300	24749600	26578141	29766695

【数据来源】中国教育事业统计年鉴 1997［M］. 北京：人民教育出版社，1998；中国教育统计年鉴［M］. 1998—2010. 北京：人民教育出版社，1999—2011.

通过比较不同类型幼儿园在园儿童数占全国在园儿童总数的比例可以看到，1997 年我国幼儿园儿童主要入读集体办园，集体办园在园儿童数占在园儿童总数的46%；其次是教育部门办园和其他部门办园，分别占37% 和12%；民办园在园儿童数只占到5%。到了2010 年，民办园在园儿童数占在园儿童总数的比重显著上升，达到了47%；教育部门办园儿童数所占比重为42%；而集体办园和其他部门办园儿童数所占比重急剧下降，分别只占7% 和4%（图 1 –11）。

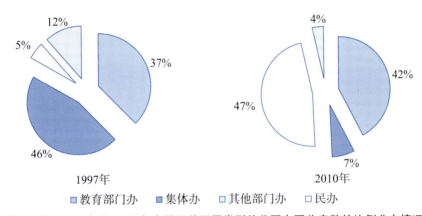

图 1－11　**1997 年和 2010 年全国四种不同类型幼儿园在园儿童数的比例分布情况**

【数据来源】中国教育事业统计年鉴1997 ［M］. 北京：人民教育出版社，1998；中国教育统计年鉴2010 ［M］. 北京：人民教育出版社，2011.

4. 办园规模：四类园都呈不断扩大趋势，班级规模略有增减

我们主要从园均在园儿童数和班均儿童数两个指标来分析幼儿园的办园规模。表1 –4 显示，四种不同类型幼儿园的园均在园儿童数都呈不断增加的趋势，教育部门办园园均在园儿童数最高，但民办园园均在园儿童数增长速度最快。教育部门办园园均在园儿童数由 1997 年的306.75 人增加到2010 年的 430.17 人，增幅达 40.23%；集体办园园均在园儿童数由1997 年的107.56 人增加到138.67 人，增幅为 28.92%；其他部门办园园均在园儿童数增加了约99.98%；民办园园均在园儿童数增加了149.95%。可以看出，教育部门办园园均在园儿童数远远高于其他类型幼儿园，这表明教育部门办园园所规模最大，这和前面数据显示的教育部门办园园所数

量增加不多但在园儿童数增加较多的情形完全一致。四种不同类型的幼儿园中，民办园的园均在园儿童数最少。

表 1 – 4　1997—2010 年全国四种不同类型幼儿园的园均在园儿童数

（单位：人）

类型	1997	1998	1999	2000	2001	2002	2003
教育部门办	306.75	290.67	258.94	258.25	264.47	268.65	259.26
集体办	107.56	102.19	99.61	98.47			
民办	54.73	55.41	60.08	64.14	76.79	82.81	86.47
其他部门办	144.30	152.09	156.63	164.01	180.26	198.08	199.75
合计	138.04	132.49	128.43	127.63	181.00	182.19	172.17

类型	2004	2005	2006	2007	2008	2009	2010
教育部门办	281.87	446.72	426.47	430.18	424.47	444.69	430.17
集体办		97.44	98.02	109.61	116.40	122.03	138.67
民办	93.96	97.06	102.84	111.93	118.15	127.00	136.82
其他部门办	201.40	221.46	217.03	228.28	239.86	251.47	288.58
合计	177.22	175.16	173.48	181.96	185.08	192.30	197.89

【数据来源】中国教育事业统计年鉴 1997 ［M］. 北京：人民教育出版社，1998；中国教育统计年鉴 ［M］. 1998—2010. 北京：人民教育出版社，1999—2011.

同时，从班均规模来看，不同类型幼儿园的班均规模略有增减，但相差不大。相对而言，教育部门办园班均规模略大于其他三种幼儿园，民办园班均儿童数最少。各类型幼儿园的班均规模均在合理范围内（表 1 – 5）。

表 1 – 5　1997—2010 年全国不同类型幼儿园的班均儿童数

（单位：人）

类型	1997	1998	1999	2000	2001	2002	2003
教育部门办	34.64	33.58	32.90	31.58	27.14	27.75	27.99
集体办	29.72	28.40	27.62	27.09			
民办	27.03	26.45	25.84	25.94	24.94	25.36	25.46
其他部门办	31.60	31.97	31.64	31.73	30.20	30.01	30.05

续表

类型	2004	2005	2006	2007	2008	2009	2010
教育部门办	28.23	29.05	29.69	30.63	31.58	32.67	32.85
集体办		27.85	28.65	29.17	29.87	30.18	30.53
民办	25.70	26.41	27.15	27.77	28.22	28.71	28.76
其他部门办	29.82	30.24	30.44	30.97	31.30	31.70	32.79

【数据来源】中国教育事业统计年鉴 1997［M］. 北京：人民教育出版社，1998；中国教育统计年鉴［M］. 1998—2010. 北京：人民教育出版社，1999—2011.

（二）公办园和民办园数量此消彼长，现阶段民办园占主体

公办园的园所数量和班级数量急剧减少，公办园在园儿童数有所减少，民办园的园所数量、班级数量和在园儿童数均急剧增加。公办园和民办园的园均规模都呈不断扩大的趋势，但班均规模均没有显著变化。

1. 幼儿园数量：公办园急剧减少，民办园急剧增加

从图 1-12 可以看出，1997—2010 年，公办园数量逐年急剧减少，民办园数量逐年急剧增加。具体来说，2010 年公办园只有 48131 所，比 1997 年

	1997	1998	1999	2000	2001	2002	2003	2004	2005	2006	2007	2008	2009	2010
公办园数	157842	150544	144116	131519	67180	63387	60854	55732	55567	55069	51470	50603	48905	48131
民办园数	24643	30824	37020	44317	44526	48365	55536	62167	68835	75426	77616	83119	89304	102289

图 1-12　1997—2010 年全国公办和民办幼儿园的数量

【数据来源】中国教育事业统计年鉴 1997［M］. 北京：人民教育出版社，1998；中国教育统计年鉴［M］. 1998—2010. 北京：人民教育出版社，1999—2011.

时的 157842 所减少了 109711 所，减幅达到了 69.51%。特别是 2001 年，公办园数量由 2000 年的 131519 所锐减至 67180 所，一年间减少了 64339 所，减幅达到了 48.92%。与此同时，民办园数量逐渐增多，2010 年民办园数量达到 102289 所，比 1997 年时的 24643 所增加了 77646 所，增幅为 315.08%。

从全国公办园和民办园的比例变化来看，1997 年时，公办园占园所总量的比例为 86.5%，到 2010 年民办园占园所总量的比例已经为 68%。14 年来公办园和民办园的格局已经发生了根本性的变化，由以公办园为主体的办园格局逐步转变为以民办园为主体的办园格局（图 1-13）。

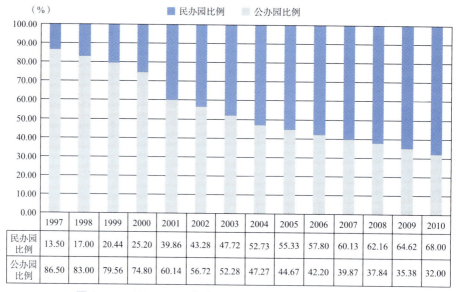

	1997	1998	1999	2000	2001	2002	2003	2004	2005	2006	2007	2008	2009	2010
民办园比例	13.50	17.00	20.44	25.20	39.86	43.28	47.72	52.73	55.33	57.80	60.13	62.16	64.62	68.00
公办园比例	86.50	83.00	79.56	74.80	60.14	56.72	52.28	47.27	44.67	42.20	39.87	37.84	35.38	32.00

图 1-13　1997—2010 年全国公办和民办幼儿园数量的比例

注：图中数据根据《中国教育统计年鉴》相关数据计算得出。

【数据来源】中国教育事业统计年鉴 1997 ［M］. 北京：人民教育出版社，1998；中国教育统计年鉴 ［M］. 1998—2010. 北京：人民教育出版社，1999—2011.

2. 幼儿园班级数：公办园大幅减少，民办园迅速增加

从图 1-14 可以看出，1997—2010 年我国公办园班级数量逐年减少，而民办园班级数量迅速增多。2010 年公办园班级数较 1997 年减少了 35.45%，而同时期的民办园班级数增长率达到了 875.12%。

（个）	1997	1998	1999	2000	2001	2002	2003	2004	2005	2006	2007	2008	2009	2010
公办园班级数	751335	724448	695380	661949	611311	584165	539893	530116	521856	502955	486333	476938	472844	484961
民办园班级数	49898	64579	86070	109563	137083	157923	188618	227298	253003	285746	312802	347934	395050	486564

图 1-14 1997—2010 年全国公办和民办幼儿园的班级数量

【数据来源】中国教育事业统计年鉴 1997 [M]. 北京：人民教育出版社，1998；中国教育统计年鉴 [M]. 1998—2010. 北京：人民教育出版社，1999—2011.

从公办园和民办园班级数的比例变化来看，1997 年公办园班级数占绝对优势，2010 年公办园和民办园在班级数上平分秋色。1997 年，公办园

（%）	1997	1998	1999	2000	2001	2002	2003	2004	2005	2006	2007	2008	2009	2010
民办园班级比例	6.23	8.18	11.01	14.20	18.32	21.28	25.89	30.01	32.65	36.23	39.14	42.18	45.52	50.08
公办园班级比例	93.77	91.82	88.99	85.80	81.68	78.72	74.11	69.99	67.35	63.77	60.86	57.82	54.48	49.92

图 1-15 1997—2010 年全国公办和民办幼儿园班级数的比例

【数据来源】中国教育事业统计年鉴 1997 [M]. 北京：人民教育出版社，1998；中国教育统计年鉴 [M]. 1998—2010. 北京：人民教育出版社，1999—2011.

班级数占全国幼儿园班级数的 93.77%，2010 年这一比例已经跌至 49.92%；而民办园班级数占全国幼儿园班级数的比例在 1997 年仅为 6.23%，在 2010 年则高达 50.08%，已经开始超过公办园班级数（图 1-15）。

3. 在园儿童数：公办园有所减少，民办园急剧增加

图 1-16 显示，1997—2010 年，公办园在园儿童数经历了一个急剧减少再缓慢回升的过程。1997—2007 年，公办园在园儿童数逐年减少，2007 年已经减至 14800819 人，比 1997 年减少了 37.92%；2008 年公办园在园儿童数开始逐步回升，至 2010 年已经达到 15772001 人，但还未达到 1997 年时的水平。与 1997 年相比，2010 年公办园在园儿童数减幅达 33.84%。与此同时，民办园在园儿童数呈现逐年增加的趋势。2010 年民办园儿童数比 1997 年增加了 937.54%。从全国公办园在园儿童数和民办园在园儿童数的比例变化来看，公办园在园儿童比例逐年减少，民办园在园儿童比例逐年增加。2010 年公办园在园儿童比例为 52.99%，比 1997 年时的 94.65% 减少了 41.66 个百分点；而 2010 年民办园的比例达到 47.02%，比 1997 年时的 5.35% 增加了 47.02 个百分点（图 1-17）。

4. 公办园和民办园园均规模不断扩大，班均规模无大变化

从全国公办园和民办园园均在园儿童数来看，公办园和民办园的园均在园儿童数都在不断增长。具体来说，公办园园均在园儿童数在 1997—2010 年经历了时增时减的变化，但总体趋势是不断增加的，2010 年的园均在园儿童数是 1997 年的 2.17 倍。特别是在 2001 年，公办园的园均在园儿童数出现了急剧增加，从 2000 年的 149.02 人剧增到 250.06 人，增幅达到了 67.80%。同时，民办园的园均在园儿童数也逐年增加。2010 年民办园园均在园儿童数达到了 136.82 人，比 1997 年的 54.74 人增加了 82.08 人，增幅达到了 149.95%。此外，从公办园和民办园的比较而言，公办园的园均在园儿童数一直大于民办园的园均在园儿童数，2010 年公办园的园均在园儿童数是民办园园均在园儿童数的 2.4 倍（图 1-18）。

从全国公办园和民办园的班均规模来看，总体来说，1997—2010 年公办园和民办园班均儿童数都出现了缓慢减少再缓慢增加的过程，但公办园和民办园的班均儿童数变化都不大，基本保持稳定。具体而言，在这 14 年

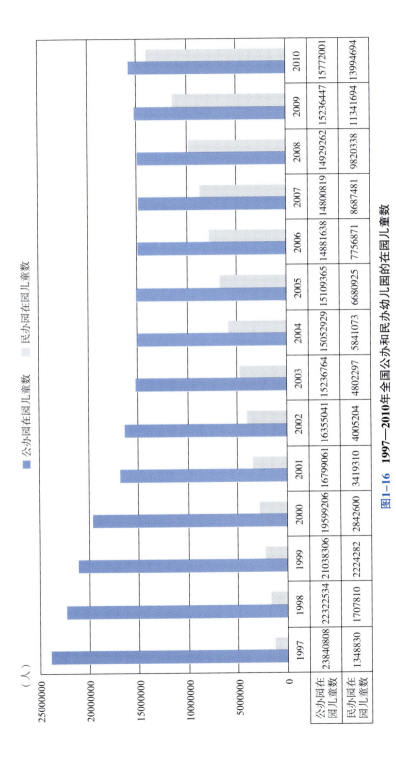

图1-16 1997—2010年全国公办和民办幼儿园的在园儿童数

	1997	1998	1999	2000	2001	2002	2003	2004	2005	2006	2007	2008	2009	2010
公办园在园儿童数	23840808	22322534	21038306	19599206	16799061	16355041	15236764	15052929	15109365	14881638	14800819	14929262	15236447	15772001
民办园在园儿童数	1348830	1707810	2224282	2842600	3419310	4005204	4802297	5841073	6680925	7756871	8687481	9820338	11341694	13994694

■ 公办园在园儿童数　　□ 民办园在园儿童数

【数据来源】中国教育事业统计年鉴1997[M].北京:人民教育出版社,1998;中国教育统计年鉴[M].1998—2010.北京:人民教育出版社,1999—2011.

	1997	1998	1999	2000	2001	2002	2003	2004	2005	2006	2007	2008	2009	2010
民办园儿童比例	5.35	7.11	9.56	12.67	16.91	19.67	23.96	27.96	30.66	34.26	36.99	39.68	42.67	47.01
公办园儿童比例	94.65	92.89	90.44	87.33	83.09	80.33	76.04	72.04	69.34	65.74	63.01	60.32	57.33	52.99

图 1-17　1997—2010 年全国公办和民办幼儿园在园儿童数的比例

【数据来源】中国教育事业统计年鉴 1997 ［M］. 北京：人民教育出版社，1998；中国教育统计年鉴 ［M］. 1998—2010. 北京：人民教育出版社，1999—2011.

的时间中，2001 年公办园和民办园的班均规模都达到了最小值。此外，从公办园和民办园的比较而言，公办园班均儿童数一直略大于民办园的班均儿童数（图 1-19）。

　　总的来说，近十几年以来我国幼儿园的格局已经发生了根本性的改变。一方面，集体办园和其他部门办园在园所数量、班级数量、在园儿童数等方面均急剧下降，民办园园所数量、班级数量、在园儿童数急剧上升，而教育部门办园虽然在园所数量上有所减少，但在班级数和在园儿童数上均有所增加，这意味着教育部门办园的园所规模在不断扩大。另一方面，虽然现阶段民办园的园所数量和班级数量均比公办园多，但公办园的在园儿童数还略高于民办园在园儿童数。这说明教育部门办园和公办园仍然承担着普及普惠以及示范引领的作用。

（人）
■ 公办园园均儿童数　　　□ 民办园园均儿童数

	1997	1998	1999	2000	2001	2002	2003	2004	2005	2006	2007	2008	2009	2010
公办园园均儿童数	151.04	148.28	145.98	149.02	250.06	258.02	250.38	270.09	271.91	270.24	287.56	295.03	311.55	327.69
民办园园均儿童数	54.73	55.41	60.08	64.14	76.79	82.81	86.47	93.96	97.06	102.84	111.93	118.15	127.00	136.82

图 1-18　1997—2010 年全国公办和民办幼儿园的园均在园儿童数

【数据来源】中国教育事业统计年鉴 1997 ［M］. 北京：人民教育出版社，1998；中国教育统计年鉴 ［M］. 1998—2010. 北京：人民教育出版社，1999—2011.

（人）
■ 公办园班均儿童数　　　□ 民办园班均儿童数

	1997	1998	1999	2000	2001	2002	2003	2004	2005	2006	2007	2008	2009	2010
公办园班均儿童数	31.73	30.81	30.25	29.61	27.48	28.00	28.22	28.40	28.95	29.59	30.43	31.30	32.22	32.52
民办园班均儿童数	27.03	26.45	25.84	25.94	24.94	25.36	25.46	25.70	26.41	27.15	27.77	28.22	28.71	28.76

图 1-19　1997—2010 年全国公办和民办幼儿园的班均儿童数

注：图中数据根据《中国教育统计年鉴》相关数据计算得出。

【数据来源】中国教育事业统计年鉴 1997 ［M］. 北京：人民教育出版社，1998；中国教育统计年鉴 ［M］. 1998—2010. 北京：人民教育出版社，1999—2011.

三、学前教育投入状况

学前教育经费是学前教育事业发展和质量提高的基础性保障条件，也反映了国家和社会对学前教育的重视程度。关于我国学前教育投入情况，本研究主要从学前教育经费投入情况、学前教育经费来源构成、生均学前教育经费等几个方面进行分析。

（一）学前教育经费投入不断增长

不管是从学前教育经费投入的绝对量来看，还是从学前教育经费投入的相对比例来看，学前教育经费投入都呈逐年增长趋势。

1. 学前教育经费投入的绝对量大幅增长

从全国学前教育经费投入情况来看，1997—2010 年幼儿园教育经费总投入、幼儿园财政性教育经费和幼儿园预算内教育经费逐年增加。2010 年全国幼儿园教育经费总投入、幼儿园财政性教育经费和幼儿园预算内教育经费分别是 1997 年的 21.29 倍、10.07 倍和 11.43 倍。特别是在 2010 年全国学前教育经费总投入剧增至 7280133 万元，比 2009 年的 2447892 万元增长了 4832241 万元，增幅达到了 197.4%（图 1 - 20）。

2. 学前教育经费投入的相对比例总体呈递增趋势

学前教育经费投入的相对比例总体呈递增趋势，中间略有波动。其中，从学前教育总投入占教育总投入的比例来看，1997—2009 年这一比例一直在 1.20%—1.48%，到 2010 年有一个骤然性的提高，达到了 3.72%，这可以说是一个质的飞跃。从财政性学前教育投入占财政性教育投入、预算内学前教育投入占预算内教育投入的比例来看，虽然 14 年中有增有减，但总体来说这两种比例都在不断提高（图 1 - 21）。

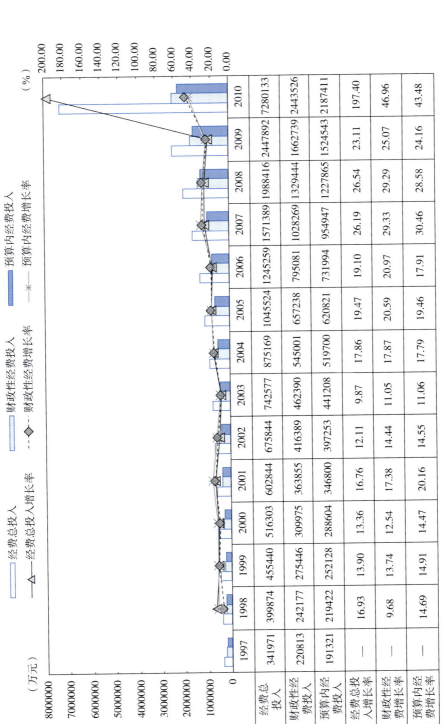

	1997	1998	1999	2000	2001	2002	2003	2004	2005	2006	2007	2008	2009	2010
经费总投入	341971	399874	455440	516303	602844	675844	742577	875169	1045524	1245259	1571389	1988416	2447892	7280133
财政性经费投入	220813	242177	275446	309975	363855	416389	462390	545001	657238	795081	1028269	1329444	1662739	2443526
预算内经费投入	191321	219422	252128	288604	346800	397253	441208	519700	620821	731994	954947	1227865	1524543	2187411
经费总投入增长率	—	16.93	13.90	13.36	16.76	12.11	9.87	17.86	19.47	19.10	26.19	26.54	23.11	197.40
财政性经费增长率	—	9.68	13.74	12.54	17.38	14.44	11.05	17.87	20.59	20.97	29.33	29.29	25.07	46.96
预算内经费增长率	—	14.69	14.91	14.47	20.16	14.55	11.06	17.79	19.46	17.91	30.46	28.58	24.16	43.48

图1-20 1997—2010年我国学前教育经费投入的绝对量

【数据来源】中国教育经费统计年鉴［M］. 1998—2011.北京：中国统计出版社，1998—2012.

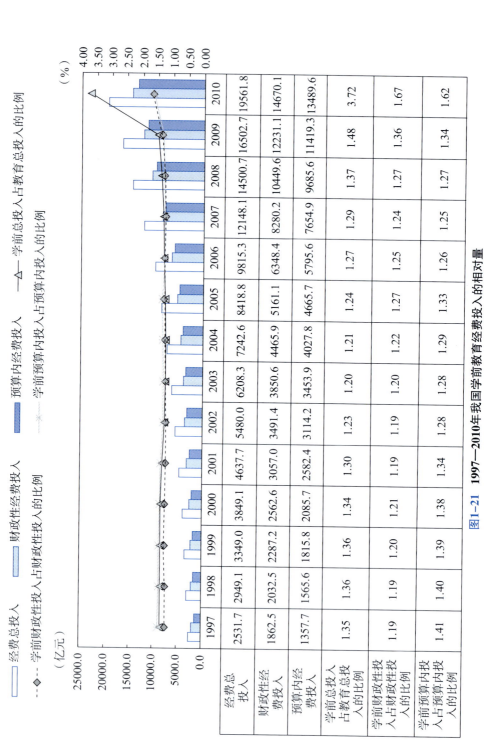

	1997	1998	1999	2000	2001	2002	2003	2004	2005	2006	2007	2008	2009	2010
经费总投入	2531.7	2949.1	3349.0	3849.1	4637.7	5480.0	6208.3	7242.6	8418.8	9815.3	12148.1	14500.7	16502.7	19561.8
财政性经费投入	1862.5	2032.5	2287.2	2562.6	3057.0	3491.4	3850.6	4465.9	5161.1	6348.4	8280.2	10449.6	12231.1	14670.1
预算内经费投入	1357.7	1565.6	1815.8	2085.7	2582.4	3114.2	3453.9	4027.8	4665.7	5795.6	7654.9	9685.6	11419.3	13489.6
学前总投入占教育总投入的比例	1.35	1.36	1.36	1.34	1.30	1.23	1.20	1.21	1.24	1.27	1.29	1.37	1.48	3.72
学前财政性投入占财政性投入的比例	1.19	1.19	1.20	1.21	1.19	1.19	1.20	1.22	1.27	1.25	1.24	1.27	1.36	1.67
学前预算内投入占预算内投入的比例	1.41	1.40	1.39	1.38	1.34	1.28	1.28	1.29	1.33	1.26	1.25	1.27	1.34	1.62

图1-21 1997—2010年我国学前教育经费投入的相对量

【数据来源】中国教育经费统计年鉴［M］. 1998—2011.北京：中国统计出版社, 1998—2012.

（二）学前教育经费投入渠道多元，财政性教育经费是最重要来源

我国学前教育经费通过各种渠道来筹措，并且各种不同来源经费所占的比例在不断变化着，但国家财政性教育经费一直是我国学前教育经费最重要也是最主要的来源。

1. 学前教育经费投入的来源构成多样化

我国学前教育经费投入主要来源于国家财政性学前教育经费（包括预算内学前教育经费、各级政府征用于学前教育的税费、国营企事业单位拨款、校办产业与社会服务投入）、社会捐赠和集资办学经费、社会和个人办学经费、家长缴纳的保教费等事业投入以及其他投入等。学前教育经费的投入方主要包括政府、幼儿家长、幼儿园主办方、企事业单位、社区以及民间团体和个人等。

对全国1997—2010年学前教育经费投入的来源进行分析可以发现，国家财政性教育经费、社会捐赠和集资办学经费、学费和杂费以及其他投入逐年增长。特别是在2010年，各种经费均比2009年有了明显的增长，其中国家财政性教育经费增长了0.47倍，社会捐赠和集资办学经费增长了1.73倍，学费和杂费增长了4.99倍，其他投入也增长了2.87倍。正是由于学费和杂费的快速增长，学费和杂费在教育经费投入中的比例首次超过了国家财政性教育经费的比例（图1-22）。

2. 不同渠道来源经费所占比例不断变化

从学前教育经费不同渠道来源所占的比重来看，各种不同渠道来源经费的变化较为复杂。具体来说，1997—2009年国家财政性学前教育经费占全国学前教育经费的比例呈现缓慢增长的趋势，且基本维持在60%以上，但在2010年，这一比例骤降至33.56%。1997—2010年，社会捐赠和集资办学经费的比重呈现逐年下降的趋势。此外，家长缴纳的学费和杂费的比重呈现先降后升的趋势，2006年以后占到30%左右，2010年骤增至59.64%。其他教育经费所占比例呈现先升后降的趋势（图1-23）。

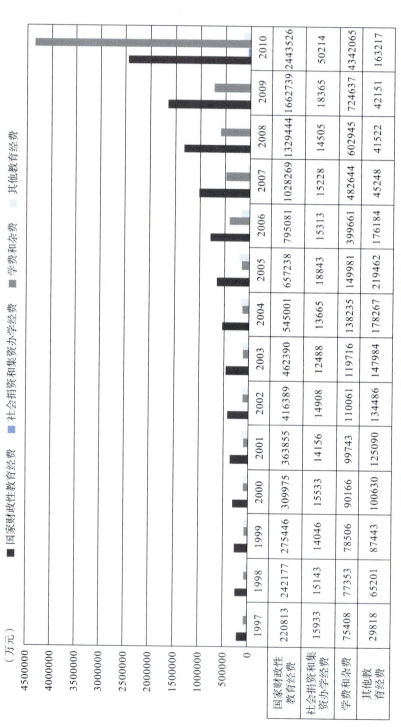

	1997	1998	1999	2000	2001	2002	2003	2004	2005	2006	2007	2008	2009	2010
国家财政性教育经费	220813	242177	275446	309975	363855	416389	462390	545001	657238	795081	1028269	1329444	1662739	2443526
社会捐资和集资办学经费	15933	15143	14046	15533	14156	14908	12488	13665	18843	15313	15228	14505	18365	50214
学费和杂费	75408	77353	78506	90166	99743	110061	119716	138235	149981	399661	482644	602945	724637	4342065
其他教育经费	29818	65201	87443	100630	125090	134486	147984	178267	219462	176184	45248	41522	42151	163217

■ 国家财政性教育经费　■ 社会捐资和集资办学经费　■ 学费和杂费　■ 其他教育经费

图1-22　1997—2010年我国学前教育经费经费来源构成

【数据来源】中国教育经费统计年鉴［M］.1998—2011.北京：中国统计出版社，1998—2012.

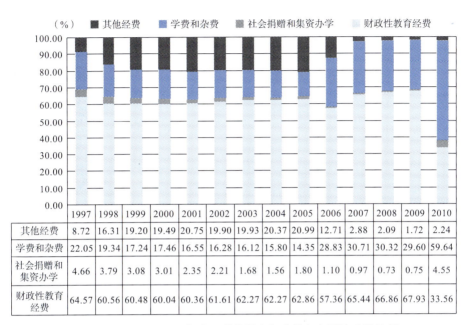

（%）	1997	1998	1999	2000	2001	2002	2003	2004	2005	2006	2007	2008	2009	2010
其他经费	8.72	16.31	19.20	19.49	20.75	19.90	19.93	20.37	20.99	12.71	2.88	2.09	1.72	2.24
学费和杂费	22.05	19.34	17.24	17.46	16.55	16.28	16.12	15.80	14.35	28.83	30.71	30.32	29.60	59.64
社会捐赠和集资办学	4.66	3.79	3.08	3.01	2.35	2.21	1.68	1.56	1.80	1.10	0.97	0.73	0.75	4.55
财政性教育经费	64.57	60.56	60.48	60.04	60.36	61.61	62.27	62.27	62.86	57.36	65.44	66.86	67.93	33.56

图 1－23　**1997—2010 年我国学前教育经费投入来源构成的比例**

【数据来源】中国教育经费统计年鉴 ［M］. 1998—2011. 北京：中国统计出版社，1998—2012.

（三）生均学前教育经费逐年递增

根据相关统计数据可以发现，1997—2010 年我国生均学前教育经费、生均财政性学前教育经费、生均预算内学前教育经费均呈现逐年递增的趋势。尤其在 2010 年，三者都迅速增加，与 2009 年相比增长率分别达到了 165.55%、31.22% 和 28.11%。这一骤然增长是学前教育投入迅速增长的必然反映。可以发现，2010 年与 1997 年相比，生均学前教育经费、生均财政性学前教育经费、生均预算内学前教育经费分别增长了 18 倍、9.36 倍和 9.68 倍（图 1－24）。

总的来说，我国学前教育经费的绝对量和相对比例都在不断增长，生均学前教育经费也在不断增加，这说明我国对学前教育的投入在不断增加。对学前教育越来越重视。特别是在 2010 年《教育规划纲要》颁布后，这一趋势更为明显。

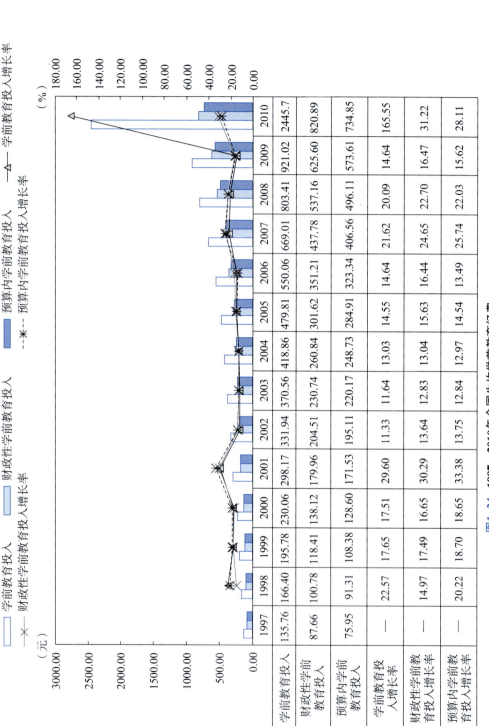

图1-24 1997—2010年全国生均学前教育经费

	1997	1998	1999	2000	2001	2002	2003	2004	2005	2006	2007	2008	2009	2010
学前教育投入	135.76	166.40	195.78	230.06	298.17	331.94	370.56	418.86	479.81	550.06	669.01	803.41	921.02	2445.7
财政性学前教育投入	87.66	100.78	118.41	138.12	179.96	204.51	230.74	260.84	301.62	351.21	437.78	537.16	625.60	820.89
预算内学前教育投入	75.95	91.31	108.38	128.60	171.53	195.11	220.17	248.73	284.91	323.34	406.56	496.11	573.61	734.85
学前教育投入增长率	—	22.57	17.65	17.51	29.60	11.33	11.64	13.03	14.55	14.64	21.62	20.09	14.64	165.55
财政性学前教育投入增长率	—	14.97	17.49	16.65	30.29	13.64	12.83	13.04	15.63	16.44	24.65	22.70	16.47	31.22
预算内学前教育投入增长率	—	20.22	18.70	18.65	33.38	13.75	12.84	12.97	14.54	13.49	25.74	22.03	15.62	28.11

注：生均学前教育经费根据《中国教育经费统计年鉴》中的相关数据计算得出。

【数据来源】中国教育经费统计年鉴［M］. 1998—2011. 北京：中国统计出版社，1998—2012.

四、幼儿园师资队伍状况

幼儿园师资队伍的结构和质量是影响幼儿园教育质量的重要条件，也是影响幼儿发展最为直接的关键性因素。关于全国幼儿园师资队伍状况，本研究主要从全国幼儿园师资队伍的人数、学历、职称及生师比情况等几个方面进行考察。

（一）幼儿园师资队伍总量增加，目前以民办园教职工为主体

近年来，幼儿园教职工队伍的总人数经历起伏后有所增加，其中尤以专任教师增加的人数最多。不同类型幼儿园的教职工人数变化情况各不相同，其中民办园教职工数量增长最快，教办园和集体办园教职工数量缓慢增加，其他部门办园教职工数量逐年减少。现阶段，民办园教职工已经成为我国幼儿园教职工的主体。

1. 幼儿园教职工总量有所增长，其中专任教师增长最多

幼儿园教职工主要包括园长、专任教师、保健员和其他人员。相关统计数据显示，1997—2010 年全国幼儿园教职工总量在经历了 2001 年的突然减少后逐年增长。1997—2000 年幼儿园教职工总量基本保持稳定，2001 年教职工的总量骤减，但此后数年一直到 2010 年均为逐年增长，2010 年的教职工总量相比 1997 年增幅达 57.66%。其中，园长的数量除个别年份外一直保持增长的趋势，2010 年的园长数量已经是 1997年的 2.08 倍。专任教师数量的发展趋势与幼儿园教职工总量的发展趋势完全一致，2010 年的专任教师数量是 1997 年的 1.29 倍。保健员的数量也在不断增加，相比于 1997 年，2010 年的保健员数量增长了 2.58 倍。此外，幼儿园其他人员的数量增加也很明显，特别是在 2001 年以后增长迅速（图 1-25）。

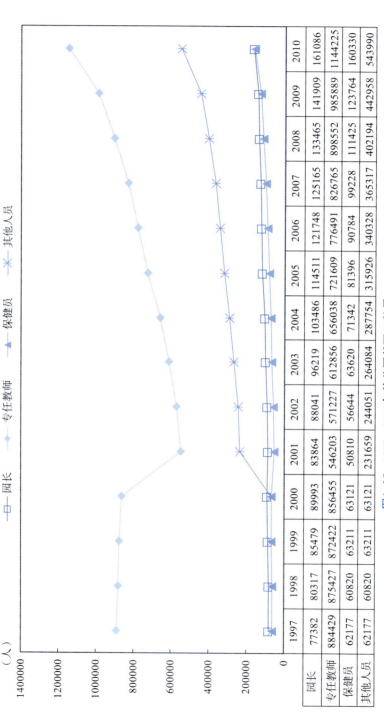

	1997	1998	1999	2000	2001	2002	2003	2004	2005	2006	2007	2008	2009	2010
园长	77382	80317	85479	89993	83864	88041	96219	103486	114511	121748	125165	133465	141909	161086
专任教师	884429	875427	872422	856455	546203	571227	612856	656038	721609	776491	826765	898552	985889	1144225
保健员	62177	60820	63211	63121	50810	56644	63620	71342	81396	90784	99228	111425	123764	160330
其他人员	62177	60820	63211	63121	231659	244051	264084	287754	315926	340328	365317	402194	442958	543990

图1-25 1997—2010年幼儿园教职工数量

【数据来源】中国教育事业统计年鉴1997［M］.北京：人民教育出版社，1998；中国教育统计年鉴［M］.1998—2010.北京：人民教育出版社，1999—2011.

2. 四种不同类型幼儿园的教职工数量增长情况不同

2001—2010 年，教育部门办园、集体部门办园、民办园和其他部门办园教师队伍数量的变化情况各不相同。具体来说，教育部门办园和集体办园教职工数量在 2001—2010 年缓慢增加，到 2010 年时比 2001 年增加了 156086 人，增长率达到 39.17%。民办园的教职工数量在此期间急剧增加，2010 年的教职工数量是 2001 年的 4.55 倍。此外，其他部门办园的教职工数量逐年减少，到 2010 年已经比 2001 年减少了 79992 人，减幅为 38.78%（表 1-6）。

表 1-6 **2001—2010 年不同类型幼儿园教职工数量**

（单位：人）

类型	2001	2002	2003	2004	2005	2006	2007	2008	2009	2010
总数	861726	903319	973159	1047323	1152046	1238567	1317247	1434211	1570756	1849301
教育部门办	398516	398278	398437	405340	297706	315976	326636	349994	364610	410971
集体办					169503	147531	144092	142907	144794	143631
民办	256948	311723	383942	466024	535984	636914	714152	808666	932783	1168429
其他部门办	206262	193318	190780	175959	148853	138146	132367	132644	128569	126270

【数据来源】中国教育统计年鉴［M］. 2001—2010. 北京：人民教育出版社，2002—2011.

3. 公办园教职工数量有一定增长，民办园教职工数量迅速增长

从图 1-26 可以看出，在幼儿园教职工总量增加的背景下，公办园和民办园教职工数量都呈现出增长的趋势，但增长速度不同。具体来说，2001—2010 年，公办园教职工数量时增时减，但总量有所增加，2001—2006 年公办园教职工数量的变化呈现小幅波浪式起伏状态，2006—2010 年呈现逐渐增长的趋势，2010 年的公办园教职工数量比 2001 年增长了 12.58%。在此期间，民办园教职工数量逐年增长，2010 年达到 1168429 人，比 2001 年时的 256948 人增加了 911481 人，增幅达到了 354.73%。

值得注意的是，2001—2005 年公办园教职工数量一直大于民办园教职工数量，2006 年民办园教职工数量首次超过公办园教职工数量，随后几年差距逐渐增大。到 2010 年，民办园教职工数量达到 1168429 人，占到教职

工总数的 63.18%。

图 1-26　**2001—2010 年公办和民办幼儿园教职工数量**

【数据来源】中国教育统计年鉴 [M]. 2001—2010. 北京：人民教育出版社，2002—2011.

（二）幼儿园师资队伍的学历总体提升，目前以大专学历为主

我国幼儿园师资队伍的整体学历已经从以高中学历为主提升到以大专学历为主。当然，高中学历的教师依然占很大的比例，本科和研究生学历的教师比例还需要进一步提升。

1. 幼儿园师资队伍的学历结构多元

幼儿园师资队伍的学历主要分为研究生、本科、专科、高中和高中以下五个层次。根据相关数据分析，2001—2010 年研究生、本科、专科学历教师人数呈现逐年增加的趋势，高中和高中以下学历教师人数则出现了先降后升的趋势。2010 年研究生学历人数比 2001 年增加了 572.28%，本科学历人数增长 1056.35%，专科学历人数增长 239.16%。高中学历人数在 2001—2004 年呈下降趋势，2005 年以后又逐年增加，2010 年达到 459356 人，比 2001 年的 380445 人增加了 78911 人，增幅为 20.74%。高中学历以下的人数在 2001—2007 年逐年下降，而后又有所增加，到 2010 年高中以

下学历人数达到 43558 人，比 2001 年的 48275 人减少 4717 人，减幅为 9.77%（图 1 – 27）。

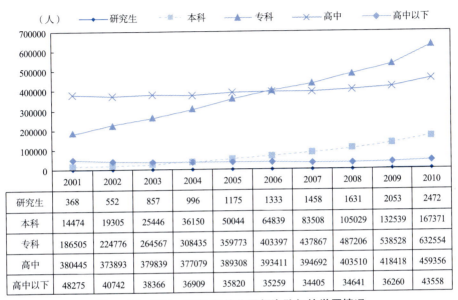

	2001	2002	2003	2004	2005	2006	2007	2008	2009	2010
研究生	368	552	857	996	1175	1333	1458	1631	2053	2472
本科	14474	19305	25446	36150	50044	64839	83508	105029	132539	167371
专科	186505	224776	264567	308435	359773	403397	437867	487206	538528	632554
高中	380445	373893	379839	377079	389308	393411	394692	403510	418418	459356
高中以下	48275	40742	38366	36909	35820	35259	34405	34641	36260	43558

图 1 – 27　2001—2010 年幼儿园师资队伍的学历情况

【数据来源】中国教育统计年鉴［M］. 2001—2010. 北京：人民教育出版社，2002—2011.

2. 幼儿园师资队伍以大专学历为主，高中学历也占较大比例

从不同学历教师所占比例来看，2001—2010 年，幼儿园师资队伍的学历已经从以高中学历为主发展到以大专学历为主。同时，研究生、本科、专科学历教师比例在逐年增加，高中及高中以下学历教师所占比重在逐年下降。2001 年，高中学历是幼儿园师资队伍的主体学历，高中学历的教师占幼儿园师资队伍的 60.38%，专科学历的教师占幼儿园师资队伍的 29.6%。到了 2010 年，专科学历的教师成为幼儿园师资队伍的主体，将近一半的教师拥有专科学历，同时高中学历的教师虽然比例有所下降，但还占到了 35.19%。值得注意的是，虽然研究生学历和本科学历的教师比例在不断增加，但增长的速度还比较慢，在教师总体中所占的比例还很小，这说明我国幼儿园教师的学历还需要不断提升（图 1 – 28）。

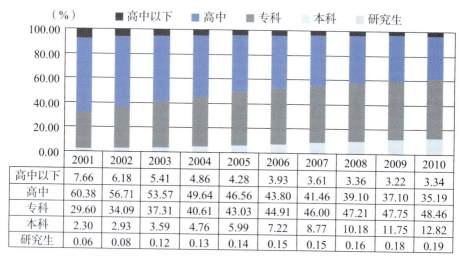

（%）	高中以下	高中	专科	本科	研究生

	2001	2002	2003	2004	2005	2006	2007	2008	2009	2010
高中以下	7.66	6.18	5.41	4.86	4.28	3.93	3.61	3.36	3.22	3.34
高中	60.38	56.71	53.57	49.64	46.56	43.80	41.46	39.10	37.10	35.19
专科	29.60	34.09	37.31	40.61	43.03	44.91	46.00	47.21	47.75	48.46
本科	2.30	2.93	3.59	4.76	5.99	7.22	8.77	10.18	11.75	12.82
研究生	0.06	0.08	0.12	0.13	0.14	0.15	0.15	0.16	0.18	0.19

图 1－28　2001—2010 年幼儿园师资队伍的学历结构

注：研究生学历教师由于比例过低，在图中很难体现出来。

【数据来源】中国教育统计年鉴［M］. 2001—2010. 北京：人民教育出版社，2002—2011.

（三）幼儿园师资队伍职称结构多元化，目前以未评职称教师为主

我国幼儿园师资队伍的职称多样，各类职称人数不断发生着变化。其中，中学高级、小学高级、小学一级教师的人数均有所增加。但值得关注的是，未评职称的人数逐年增加，新教师难以获得职称评审的机会，老教师也难以获得职称晋升的机会。

1. 各级职称人数均有所变化，其中未评职称人数增长迅速

幼儿园师资队伍的职称主要分为中学高级、小学高级、小学一级、小学二级、小学三级（共五个层级）和未评级六种情况。相关统计数据分析表明，2001—2010 年，中学高级、小学高级、小学一级教师人数有逐年增加的趋势，小学二级教师人数先递减而后缓慢增加，小学三级教师人数基本保持稳定，而未评级教师人数急剧增加。相比于 2001 年，中学高级、小学高级、小学一级教师人数的增长率分别达到了 235.51%、114.86%、26.41%。2010 年小学二级教师人数达到 64632 人，比 2001 年的 73213 人减少了 8581 人，减少 11.72%。同时需要看到，2010 年未评级人数达到

838715 人，比 2001 年的 302236 人增加了 536479 人，增加近 177.51%（图 1-29）。

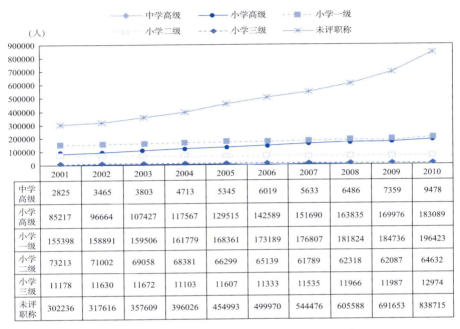

	2001	2002	2003	2004	2005	2006	2007	2008	2009	2010
中学高级	2825	3465	3803	4713	5345	6019	5633	6486	7359	9478
小学高级	85217	96664	107427	117567	129515	142589	151690	163835	169976	183089
小学一级	155398	158891	159506	161779	168361	173189	176807	181824	184736	196423
小学二级	73213	71002	69058	68381	66299	65139	61789	62318	62087	64632
小学三级	11178	11630	11672	11103	11607	11333	11535	11966	11987	12974
未评职称	302236	317616	357609	396026	454993	499970	544476	605588	691653	838715

图 1-29　2001—2010 年幼儿园师资队伍的职称情况

【数据来源】中国教育统计年鉴［M］.2001—2010.北京：人民教育出版社，2002—2011.

2. 未评职称教师所占比例逐年增加

从图 1-30 可以看出，2001—2010 年，未评职称的教师一直是幼儿园师资队伍的主体，且这一群体所占比例越来越大。2010 年未评级教师比例为 64.25%，比 2001 年的 47.97% 增加了 16.28 个百分点。此外，小学一级、小学二级、小学三级职称教师所占比例逐年下降，这说明新进入幼儿园的教师难以获得评职称的机会。与此同时，中学高级职称和小学高级职称教师所占的比例一直很少，2010 年二者所占比例分别仅为 0.73% 和 14.03%，这说明在职的老教师也很少获得职称晋升的机会。

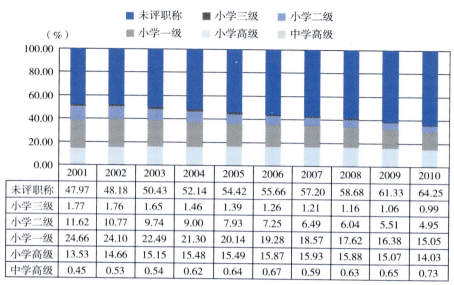

图 1-30　2001—2010 年幼儿园师资队伍的职称结构

	2001	2002	2003	2004	2005	2006	2007	2008	2009	2010
未评职称	47.97	48.18	50.43	52.14	54.42	55.66	57.20	58.68	61.33	64.25
小学三级	1.77	1.76	1.65	1.46	1.39	1.26	1.21	1.16	1.06	0.99
小学二级	11.62	10.77	9.74	9.00	7.93	7.25	6.49	6.04	5.51	4.95
小学一级	24.66	24.10	22.49	21.30	20.14	19.28	18.57	17.62	16.38	15.05
小学高级	13.53	14.66	15.15	15.48	15.49	15.87	15.93	15.88	15.07	14.03
中学高级	0.45	0.53	0.54	0.62	0.64	0.67	0.59	0.63	0.65	0.73

注：中等高级职称教师由于比例过低，在图中很难体现出来。

【数据来源】中国教育统计年鉴［M］. 2001—2010. 北京：人民教育出版社，2002—2011.

（四）幼儿园的生师比有所下降

生师比是指幼儿园在园幼儿与幼儿园专任教师之比。从图 1-31 可以看出，相比于 1997 年，2010 年全国幼儿园生师比有所下降，但期间有短暂的骤然性升高状况出现。具体来说，1997—2000 年，生师比逐年下降，但到 2001 年生师比骤然升高，达到了 37.02，这和前面提到的在这一年全国幼儿园教职工数量骤然减少有直接的关系。2001 年之后，幼儿园的生师比又呈现出了逐年下降的趋势，至 2010 年，生师比为 26.01，比 2001 年降低了 11.01，幼儿园生师比逐渐趋向合理。此外，1997—2010 年，幼儿与教职工比例、幼儿与教师比例和幼儿与专任教师比例的变化完全一致。

总之，幼儿园师资队伍的总人数逐年增长，随着民办园的增加，民办园幼儿教师逐渐成为幼儿园教师的主体。幼儿园教师的学历层次逐年提高，2010 年大约 62% 的幼儿教师达到了专科以上学历。幼儿园教师的职称结构略有上移，但未评职称的教师也逐年增加。2001 年以来，生师比有所下降。可以说，近 10 年来幼儿园师资队伍的数量在不断扩大，质量在不断提高。

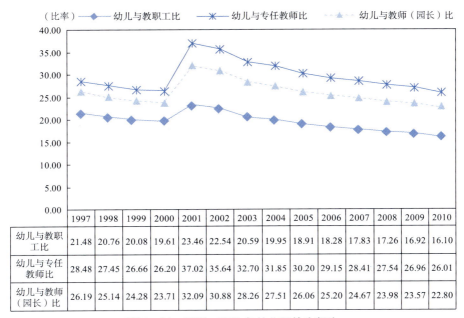

（比率）	1997	1998	1999	2000	2001	2002	2003	2004	2005	2006	2007	2008	2009	2010
幼儿与教职工比	21.48	20.76	20.08	19.61	23.46	22.54	20.59	19.95	18.91	18.28	17.83	17.26	16.92	16.10
幼儿与专任教师比	28.48	27.45	26.66	26.20	37.02	35.64	32.70	31.85	30.20	29.15	28.41	27.54	26.96	26.01
幼儿与教师（园长）比	26.19	25.14	24.28	23.71	32.09	30.88	28.26	27.51	26.06	25.20	24.67	23.98	23.57	22.80

图 1-31　1997—2010 年幼儿园的生师比

注：生师比根据《中国教育统计年鉴》中的相关数据计算得出。

【数据来源】中国教育事业统计年鉴 1997［M］. 北京：人民教育出版社，1998；中国教育统计年鉴［M］. 1998—2010. 北京：人民教育出版社，1999—2011.

五、幼儿园办园条件

幼儿园的办园条件是幼儿园教育质量的重要构成要素，直接影响着幼儿的生活、学习和发展。本研究主要从幼儿园占地面积和建筑面积、幼儿园各种用房情况、幼儿园户外活动场所以及幼儿园教学资源四个方面进行分析。

（一）幼儿园占地面积和建筑面积逐年增加

近年来，我国幼儿园的占地面积和建筑面积、园均占地面积和建筑面积、生均占地面积和建筑面积都在不断增加。

1. 幼儿园占地面积和建筑面积不断增加

如图 1-32 所示，2001—2010 年幼儿园的占地面积和建筑面积均呈逐

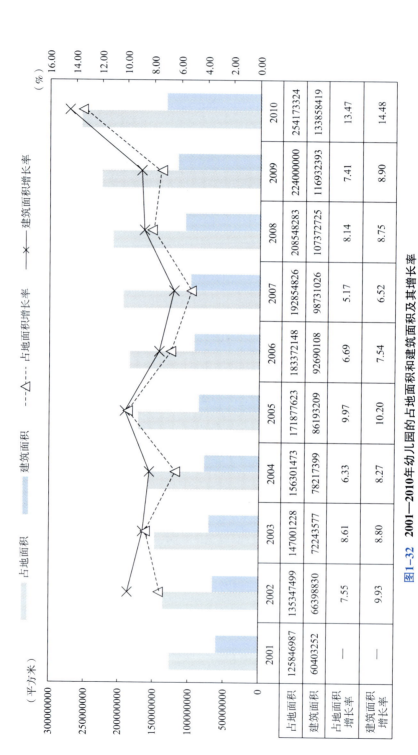

	2001	2002	2003	2004	2005	2006	2007	2008	2009	2010
占地面积	125846987	135347499	147001228	156301473	171877623	183372148	192854826	208548283	224000000	254173324
建筑面积	60403252	66398830	72243577	78217399	86193209	92690108	98731026	107372725	116932393	133858419
占地面积增长率	—	7.55	8.61	6.33	9.97	6.69	5.17	8.14	7.41	13.47
建筑面积增长率	—	9.93	8.80	8.27	10.20	7.54	6.52	8.75	8.90	14.48

图1-32 2001—2010年幼儿园的占地面积和建筑面积及其增长率

【数据来源】中国教育统计年鉴［M］.2001—2010.北京：人民教育出版社，2002—2011.

年增加的趋势。2010 年的幼儿园占地面积达到 254173324 平方米,比 2001 年的 125846987 平方米增加了 128326337 平方米,增幅为 101.97%。2010 年的建筑面积达到 133858419 平方米,比 2001 年的 60403252 平方米增加了 73455167 平方米,增幅为 121.61%。

2001—2010 年幼儿园占地面积和建筑面积呈现波浪式增加的趋势,建筑面积的增幅略大于占地面积的增幅。

2. 幼儿园生均占地面积和建筑面积持续增加

从图 1-33 可见,幼儿园生均占地面积和生均建筑面积也呈现出逐年增加的趋势。2010 年的生均占地面积达到 8.54 平方米,比 2001 年增加了 2.32 平方米,增幅为 37.30%。2010 年的生均建筑面积达到 4.50 平方米,比 2001 年增加了 1.51 平方米,增幅为 50.50%。

（平方米）　■ 生均占地面积　■ 生均建筑面积

	2001	2002	2003	2004	2005	2006	2007	2008	2009	2010
生均占地面积	6.22	6.65	7.34	7.48	7.89	8.10	8.21	8.43	8.43	8.54
生均建筑面积	2.99	3.26	3.61	3.74	3.96	4.09	4.20	4.34	4.40	4.50

图 1-33　**2001—2010 年幼儿园生均占地面积和建筑面积**

注：生均面积根据《中国教育统计年鉴》相关统计计算得出。
【数据来源】中国教育统计年鉴［M］.2001—2010.北京：人民教育出版社,2002—2011.

可见,2001—2010 年生均占地面积和生均建筑面积呈现逐年增加的趋势,生均建筑面积的增幅大于生均占地面积的增幅。

（二）幼儿园各种用房面积逐年增加

幼儿园的各种用房主要包括教学及辅助用房、行政办公用房、生活用房及其他用房等几种。幼儿园的教学及辅助用房、行政办公用房、生活用房等各种用房面积在不断增加，生均活动室和睡眠室面积也在逐年扩大。与此同时，幼儿园的师均办公面积有所减少。

1. 幼儿园各种用房面积不断增加

根据相关统计数据可以发现，2001—2010 年全国幼儿园各种用房面积均呈逐年增加的趋势。2010 年的教学及辅助用房达到 88837227 平方米，比 2001 年增加了 49381962 平方米，增幅为 125.16%。2010 年的行政办公用房相比于 2001 年增幅为 101.72%。2010 年的生活用房比 2001 年增加了 7368127 平方米，增幅为 100.01%。2010 年的其他用房达到 19646712 平方米，比 2001 年的 8306422 平方米增加了 11340290 平方米，增幅为 136.52%（图 1 - 34）。

2. 幼儿园各种教学用房面积逐年增加

幼儿园的教学用房主要包括活动室、睡眠室、保健室和图书室等。图 1 - 36 显示，幼儿园的各种教学用房 2001—2010 年逐年增加。2010 年与 2001 年相比，活动室面积增加了 28846010 平方米，增幅为 123.52%，睡眠室面积的增幅为 138.55%；保健室面积增幅为 186.55%，图书室面积增幅为 189.35%（图 1 - 35）。

3. 幼儿园师均办公面积有所减少，生均用房面积逐渐增加

对师均办公用房、生均活动室、生均睡眠室的相关数据进行分析，可以发现，2001—2010 年幼儿园的师均办公用房面积有所减少，但生均活动室和生均睡眠室面积呈逐渐增加的趋势。具体来说，师均办公面积在 2001—2002 年是增加的，2004—2010 年逐渐减少，2010 年的师均办公面积为 3.58 平方米，比 2002 年减少了 0.28 平方米，减幅为 7.25%。2010 年的生均活动室面积为 1.75 平方米，比 2001 年增加了 0.59 平方米，增幅为 50.86%。2010 年的生均睡眠室面积达到 0.80 平方米，比 2001 年增加了 60%（图 1 - 36）。

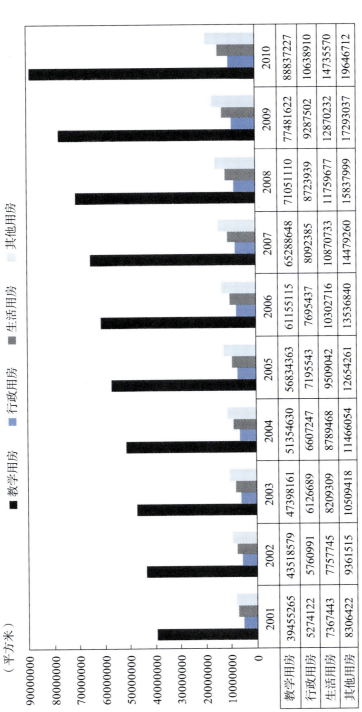

（平方米）

	2001	2002	2003	2004	2005	2006	2007	2008	2009	2010
教学用房	39455265	43518579	47398161	51354630	56834363	61155115	65288648	71051110	77481622	88837227
行政用房	5274122	5760991	6126689	6607247	7195543	7695437	8092385	8723939	9287502	10638910
生活用房	7367443	7757745	8209309	8789468	9509042	10302716	10870733	11759677	12870232	14735570
其他用房	8306422	9361515	10509418	11466054	12654261	13536840	14479260	15837999	17293037	19646712

图1-34 2001—2010年幼儿园各种用房面积

【数据来源】中国教育统计年鉴［M］.2001—2010.北京：人民教育出版社，2002—2011.

（平方米）

	2001	2002	2003	2004	2005	2006	2007	2008	2009	2010
活动室	23352648	25564905	27740756	30073274	33113710	35714686	38017614	41296089	44869611	52198658
睡眠室	10026763	10994729	12070832	13357657	14931889	16236806	17336363	18918748	20655647	23919020
保健室	1103988	1277761	1449363	1649343	1925658	2114789	2272420	2481218	2688876	3163521
图书室	1167299	1371260	1536522	1734224	2007483	2217538	2401084	2621903	2853780	3377548

■ 活动室　■ 睡眠室　■ 保健室　■ 图书室

图1-35　2001—2010年幼儿园各种教学用房面积

【数据来源】中国教育统计年鉴［M］. 2001—2010.北京：人民教育出版社，2002—2011.

　　值得注意的是，虽然师均办公用房面积在逐渐减少，生均活动室面积和生均睡眠室面积在逐渐增加，但是师均办公用房面积还是远远高于生均活动室面积与生均睡眠室面积的总和。

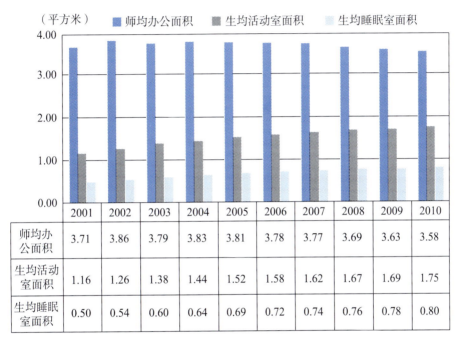

（平方米）	2001	2002	2003	2004	2005	2006	2007	2008	2009	2010
师均办公面积	3.71	3.86	3.79	3.83	3.81	3.78	3.77	3.69	3.63	3.58
生均活动室面积	1.16	1.26	1.38	1.44	1.52	1.58	1.62	1.67	1.69	1.75
生均睡眠室面积	0.50	0.54	0.60	0.64	0.69	0.72	0.74	0.76	0.78	0.80

图 1 - 36　2001—2010 年幼儿园师均办公面积和生均活动室、睡眠室面积

【数据来源】中国教育统计年鉴［M］. 2001—2010. 北京：人民教育出版社，2002—2011.

（三）幼儿园户外活动场所面积呈波浪式增加趋势

　　幼儿园的户外活动场所面积在 2001—2010 年呈现波浪式增加的趋势。2010 年的户外活动面积达到 100002348 平方米，比 2001 年的 51541965 平方米增加了 48460383 平方米，增幅为 94.02％。从幼儿园生均户外活动面积来看，2001—2010 年也是呈波浪式增加的趋势。2010 年的生均户外活动面积达到 3.36 平方米，比 2001 年的 2.55 平方米增加了 0.81 平方米，增幅为 31.79％（图 1 - 37）。

（平方米）

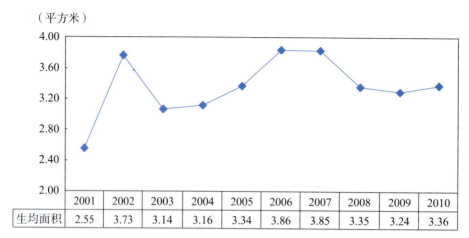

	2001	2002	2003	2004	2005	2006	2007	2008	2009	2010
生均面积	2.55	3.73	3.14	3.16	3.34	3.86	3.85	3.35	3.24	3.36

图 1-37　2001—2010 年幼儿园生均户外活动场所面积

【数据来源】中国教育统计年鉴［M］. 2001—2010. 北京：人民教育出版社，2002—2011.

（四）幼儿园教学资源不断增加

我国幼儿园的教学资源不断丰富，其中图书总量和生均图书量都在不断增加，教学录音带总量和生均教学录音带量也在逐年增加。

1. 幼儿园图书总量和生均图书量不断增加

统计显示，2001—2010 年幼儿园图书总量和生均图书量均呈逐渐增加的趋势。2010 年的图书总量比 2001 年增加了 175.16%。从生均图书量来看，2001—2010 年生均图书量呈现增加的趋势，2010 年达到了 3.87 本，比 2001 年时的 2.07 本增加了 1.8 本，增幅为 86.96%（表 1-7）。

表 1-7　2001—2010 年幼儿园教学资源

年份	图书（册）	生均图书（册）	录音带（盘）	生均录音带（盘）
2001	41816092	2.07	4746966	0.23
2002	46326300	2.28	5574568	0.27
2003	51989114	2.59	6508602	0.32
2004	61632129	2.95	7590467	0.36
2005	72257845	3.32	8939432	0.41

续表

年份	图书（册）	生均图书（册）	录音带（盘）	生均录音带（盘）
2006	76907999	3.40	10047963	0.44
2007	8535366	3.63	11204096	0.48
2008	94196071	3.81	12411884	0.50
2009	98891938	3.72	13821609	0.52
2010	115060623	3.87	16073543	0.54

注：生均图书量和录音带量根据《中国教育统计年鉴》相关统计计算得出。

【数据来源】中国教育统计年鉴［M］. 2001—2010. 北京：人民教育出版社，2002—2011.

2. 幼儿园教学录音带总量和生均录音带量逐渐增加

对 2001—2010 年全国幼儿园教学录音带情况进行分析表明，2001—2010 年幼儿园教学录音带总量和生均录音带量都呈逐渐增加的趋势。2010 年的幼儿园录音带总量达到了 16073543 盘，比 2001 年的 4746966 盘增加了 11326577 盘，增幅为 238.61%。从生均教学录音带量来看，2001—2010 年生均教学录音带量呈逐年增加的趋势。2010 年达到了 0.54 盘，比 2001 年时的 0.23 盘增加了 0.31 盘，增幅为 134.78%（表 1 – 7）。

总体而言，我国幼儿园的办园条件正在逐步改善，幼儿园占地面积和建筑面积、各种用房面积以及幼儿园的户外活动场地均有明显增加，幼儿园的教学资源也在不断丰富，但仍需继续提高办园条件，特别是增加幼儿学习、生活、活动和游戏等所需资源的数量。

第二章

中国各地区学前教育事业发展状况比较

近十多年来，我国学前教育管理遵循着"地方负责、分级管理"的原则，各地方行政部门具有较大的自主权，学前教育事业发展的状况和水平具有很大的地方依赖性。除各地社会经济条件和环境地理条件的差异影响着学前教育的发展以外，各地领导的重视程度、财政投入力度、教育管理水平等各方面差异，也使得各地区学前教育发展呈现出不同的特点。

本研究从普及程度、投入水平、教师队伍状况和幼儿园校舍条件等方面，客观呈现了我国各省份学前教育发展的状况与特点，还特别从东中西部、城市和农村两种地区性比较的视角，分析了我国学前教育发展的地区性水平与差异。

此外，本研究创造性地尝试构建了我国地区性学前教育发展综合指标体系，运用学前教育发展的综合指数对 30 个省份学前教育发展的综合水平进行了排名和分区域比较分析，为促进学前教育的普及、质量提高和均衡发展提供有力的依据。

一、各省份学前教育事业发展状况

各省份学前教育事业的发展状况是学前教育事业发展的效率性和结果

性指标，是各省份政府对学前教育的重视程度、投入水平和管理水平的综合性反映。本研究选取 2010 年这一时间节点，从各省份的入园率、办园格局、投入状况、师资队伍状况和园舍条件等五个主要方面，细致、客观地描述各省份学前教育事业的发展状况。在此基础上，还将各省份 2010 年的发展状况与 2005 年进行对比分析，以呈现各省份学前教育事业五年来的发展变化。

（一）三成省份完成"十二五"普及目标，但省际差异巨大

2010 年，学前三年毛入园率全国平均水平为 56.6%，有 17 个省份高于全国平均水平。11 个省份已经提前完成"十二五"到 2015 年学前三年毛入园率 65.0% 的普及目标，这 11 个省份分别为：上海、江苏、浙江、天津、福建、北京、辽宁、广东、山东、重庆和河北（除河北以外，前 10 个省份已经提前完成了到 2020 年学前三年毛入园率达到 70% 的普及目标）。其中，入园率最高的 5 个省份分别是上海（98.0%）、江苏（95.6%）、浙江（95.0%）、天津（91.5%）和福建（90%），均超过了 90%。入园率最低的 5 个省份分别是海南（47.8%）、青海（45.0%）、甘肃（39.7%）、云南（37.4%）和西藏（24.5%）。按年平均增长率 3% 的速度，云南和西藏仍有距离，如增速低于全国平均水平，完成普及目标仍有难度（图 2 - 1）。

（二）各省份幼儿园数量与格局差异悬殊

本研究从各省份幼儿园数量与在园儿童数、四种不同类型幼儿园数量及在园儿童数，公办和民办幼儿园数量及在园儿童数等方面，分析了各省份幼儿园数量及其格局。同时还将各省份 2010 年的幼儿园数量及其格局与 2005 年进行了对比分析，以呈现各省份幼儿园数量及其格局近 5 年来的发展变化。

1. 2010 年全国幼儿园和在园儿童数省际差异很大

2010 年全国共有幼儿园 150420 所。从各省分布情况来看，幼儿园数最多的 10 个省份分别为山东、广东、浙江、四川、辽宁、江西、湖南、河南、

各省份按入园率由高到低排列。

【数据来源】各省份学前教育三年行动计划。

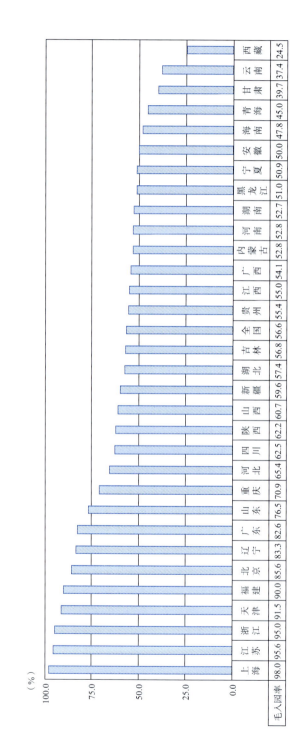

图2-1 2010年全国各省份学前三年毛入园率

	上海	江苏	浙江	天津	福建	北京	辽宁	广东	山东	重庆	河北	四川	陕西	山西	新疆	湖北	吉林	全国	贵州	江西	广西	内蒙古	河南	湖南	黑龙江	宁夏	安徽	海南	青海	甘肃	云南	西藏
毛入园率	98.0	95.6	95.0	91.5	90.0	85.6	83.3	82.6	76.5	70.9	65.4	62.5	62.2	60.7	59.6	57.4	56.8	56.6	55.4	55.0	54.1	52.8	52.8	52.7	51.0	50.9	50.0	47.8	45.0	39.7	37.4	24.5

河北和福建，10 个省份合计幼儿园数 94463 所，占全国幼儿园总数的 62.8%。其中，山东（17751）和广东（11161）幼儿园数逾万，浙江（9863）、四川（9483）和辽宁（8613）的幼儿园数也在八九千以上。幼儿园数最少的 5 个省份是：西藏（119）、宁夏（373）、青海（599）、海南（1005）和北京（1245），从百余所到千余所不等（图 2-2）。

2010 年全国共有在园幼儿 297.7 万人，从各省份分布情况来看，在园幼儿数最多的 10 个省份分别为广东、山东、江苏、河南、四川、浙江、河北、湖南、江西和广西。广东（277.2 万人）、山东（219.4 万人）、江苏（205.7 万人）、河南（196.7 万人）和四川（188.8 万人）5 省份在园儿童数均接近或超过 200 万。在园幼儿数最少的 5 个省份是天津（21.8 万人）、海南（18.2 万人）、宁夏（13.8 万人）、青海（11.2 万人）和西藏（2.3 万人），在 2 万人到 22 万人之间（图 2-2）。

综合分析可见，幼儿园和在园儿童主要集中在东部和中部的几个大省，其中山东最多，其园所数和在园幼儿数分别占全国的 11.8% 和 7.4%。广东、河南、浙江、河北、湖南和江西等东中部各省以及西部的四川省园所数和在园儿童数也都居全国前 10 位。然而，目前江西、河南、湖南 3 个中部省份的入园率还处于 52%—55% 这一比较低的水平，普及的任务比较艰巨。

2010 年全国在园儿童数中，学前班人数为 4366957 人，占在园儿童数的 14.67%。对各省的数据分析显示，学前班人数比例最低的 5 个省份是北京、山东、天津、上海和浙江，仅分别为 1.8%、1.0%、0.3%、0 和 0，而这些省份均为东部省份，学前三年普及率均在 76.5% 以上，其中上海和浙江分别达到了 98% 和 95%，天津和北京也分别达到 91.5% 和 85.6% 的高比例，学前三年已经成为主要学前教育形式，学前班数量极少。学前班儿童比例最高的 5 个省份是贵州、广西、宁夏、云南、新疆，分别占到了 47.8%、40.2%、36.7%、32.8%、26.0%（图 2-3）。这些省份均为西部省份，其学前三年入园率都很低，学前班在普及学前教育中仍然发挥着重要作用。

各省份按幼儿园数量由多到少排列。

【数据来源】中国教育统计年鉴2010［M］.北京：人民教育出版社，2011.

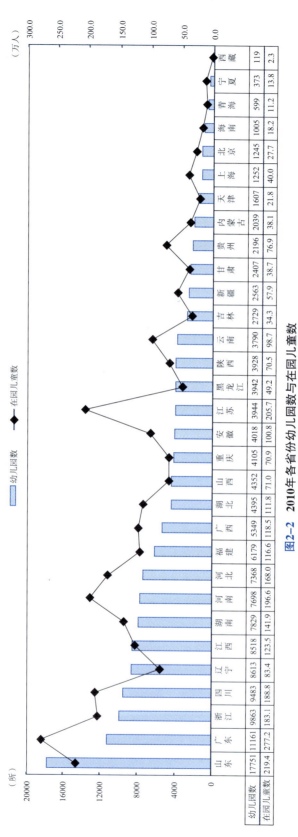

图2-2 2010年各省份幼儿园数与在园儿童数

	山东	广东	浙江	四川	辽宁	江西	湖南	河南	河北	福建	广西	湖北	山西	重庆	安徽	江苏	黑龙江	陕西	云南	吉林	新疆	甘肃	贵州	内蒙古	天津	上海	北京	海南	青海	宁夏	西藏
幼儿园数	17751	11161	9863	9483	8613	8518	7829	7698	7368	6179	5349	4395	4352	4105	4018	3944	3942	3928	3790	2729	2563	2407	2196	2039	1607	1252	1245	1005	599	373	119
在园儿童数	219.4	277.2	183.1	188.8	83.4	123.5	141.9	196.6	168.0	116.6	118.5	111.8	71.0	70.9	100.8	205.7	49.2	70.5	98.7	34.3	57.9	38.7	76.9	38.1	21.8	40.0	27.7	18.2	11.2	13.8	2.3

各省份按学前班儿童数由高到低排列。

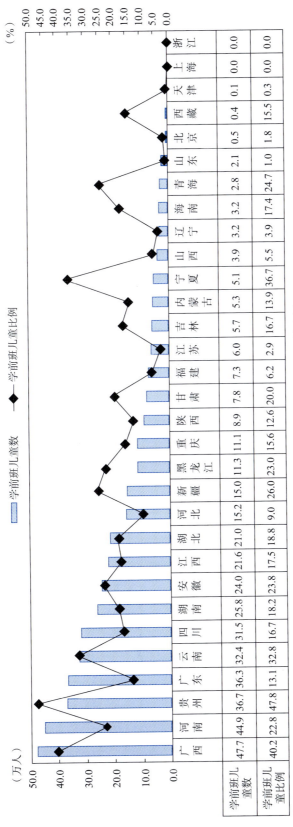

图2-3 2010年各省份学前班儿童数及其比例

【数据来源】中国教育统计年鉴2010［M］.北京：人民教育出版社，2011.

	广西	河南	贵州	广东	云南	四川	湖南	安徽	江西	湖北	河北	新疆	黑龙江	重庆	陕西	甘肃	福建	江苏	吉林	内蒙古	宁夏	山西	辽宁	海南	青海	山东	北京	西藏	天津	上海	浙江
学前班儿童数	47.7	44.9	36.7	36.3	32.4	31.5	25.8	24.0	21.6	21.0	15.2	15.0	11.3	11.1	8.9	7.8	7.3	6.0	5.7	5.3	5.1	3.9	3.2	3.2	2.8	2.1	0.5	0.4	0.1	0.0	0.0
学前班儿童比例	40.2	22.8	47.8	13.1	32.8	16.7	18.2	23.8	17.5	18.8	9.0	26.0	23.0	15.6	12.6	20.0	6.2	2.9	16.7	13.9	36.7	5.5	3.9	17.4	24.7	1.0	1.8	15.5	0.3	0.0	0.0

2. 各省份2010年在园儿童数普遍比2005年增加，而园所数与规模增减不一

从各省份幼儿园增长数据来看，2005年以来幼儿园数增长最多的5个省份为江西、河南、湖南、河北和广西，分别增加了3667所、3556所、3470所、3334所、2197所。增长幅度最大的5个省份为西藏、新疆、青海、湖北和河南，增长率分别为183.33%、137.98%、110.92%、88.14%和85.85%。数量有所减少的省份分别是甘肃、天津、黑龙江、山西、吉林、北京、浙江、福建和江苏（图2-4）。

从各省份在园幼儿规模增长数据来看，2005年以来，所有省份在园幼儿规模都有较大的增长。其中，增长量最大的5个省份为江苏、广东、湖南、山东和湖北，分别增加了67.14万人、63.31万人、59.74万人、53.86万人、52.39万人。增长幅度最大的5个省份为西藏、新疆、湖北、湖南和江西，增长率分别达到144.00%、97.35%、88.12%、72.70%和72.31%（图2-5）。

从幼儿园园均规模来看，2005—2010年，全国幼儿园园均幼儿规模从175人增长到198人，增加了23人。从各省份来看，目前幼儿园规模最大的5个省份是江苏（522人）、宁夏（370人）、贵州（350人）、上海（320人）和云南（260人），园均规模最小的5个省份是天津（136人）、吉林（126人）、黑龙江（125人）、山东（124人）和辽宁（97人）。全国有15个省份的园均规模有所增长，其中增量最大的5个省份为江苏、福建、北京、浙江和上海，分别增加了308人、79人、73人、71人和45人；有16个省份园均规模有所减小，其中减少最多的5个省份为云南、贵州、青海、河南和宁夏，分别减少了84人、86人、104人、116人和121人（图2-6）。

可见，各省份在园儿童数均有所增长，而园所数量与规模却增减不一。以此推测，一些省份以扩大园所的容量来提高入园率，而一些省份则以新增园所来提高入园率，做法不一，情况各异。

各省份按幼儿园数量增长率由高到低排列。

【数据来源】中国教育统计年鉴［M］.2005，2010.北京：人民教育出版社，2006，2011.

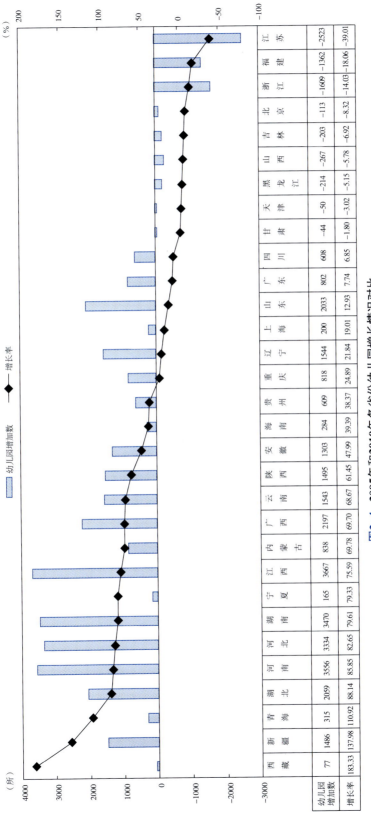

	西藏	新疆	青海	湖北	河南	河北	湖南	宁夏	江西	内蒙古	广西	云南	陕西	安徽	海南	贵州	重庆	辽宁	上海	山东	广东	四川	甘肃	天津	黑龙江	山西	吉林	北京	浙江	福建	江苏
幼儿园增加数	77	1486	315	2059	3556	3334	3470	165	3667	838	2197	1543	1495	1303	284	609	818	1544	200	2033	802	608	-44	-50	-214	-267	-203	-113	-1609	-1362	-2523
增长率	183.33	137.98	110.92	88.14	85.85	82.65	79.61	79.33	75.59	69.78	69.70	68.67	61.45	47.99	39.39	38.37	24.89	21.84	19.01	12.93	7.74	6.85	-1.80	-3.02	-5.15	-5.78	-6.92	-8.32	-14.03	-18.06	-39.01

图2-4 2005年和2010年各省份幼儿园增长情况对比

（万人）

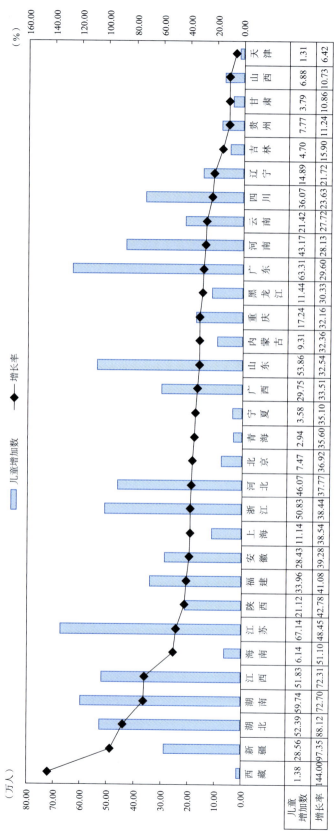

图2-5 **2005年和2010年各省份在园儿童增长情况对比**

省份	西藏	新疆	湖北	湖南	江西	海南	江苏	陕西	福建	安徽	上海	浙江	河北	北京	青海	宁夏	广西	山东	内蒙古	重庆	黑龙江	广东	河南	云南	四川	辽宁	吉林	贵州	甘肃	山西	天津
儿童增加数	1.38	28.56	52.39	59.74	51.83	6.14	67.14	21.12	33.96	28.43	11.14	50.83	46.07	7.47	2.94	3.58	29.75	53.86	9.31	17.24	11.44	63.31	43.17	21.42	36.07	14.89	4.70	7.77	3.79	6.88	1.31
增长率	144.00	97.35	88.12	72.70	72.31	51.10	48.45	42.78	41.08	39.28	38.54	38.44	37.77	36.92	35.60	35.10	33.51	32.54	32.36	32.16	30.33	29.60	28.13	27.72	23.63	21.72	15.90	11.24	10.86	10.73	6.42

图例：■■■ 儿童增加数　◆ 增长率

各省份按在园儿童数增长率由高到低排列。

【数据来源】中国教育统计年鉴［M］.2005，2010.北京：人民教育出版社，2006，2011.

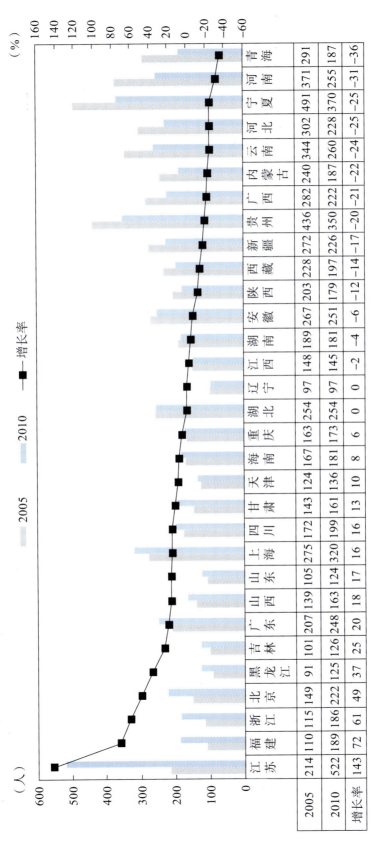

图2-6 2005年和2010年各省份园均儿童数对比

	江苏	福建	浙江	北京	黑龙江	吉林	广东	山西	山东	上海	四川	甘肃	天津	海南	重庆	湖北	辽宁	江西	湖南	安徽	陕西	西藏	新疆	贵州	广西	内蒙古	云南	河北	宁夏	河南	青海
2005	214	110	115	149	91	101	207	139	105	275	172	143	124	167	163	254	97	148	189	267	203	228	272	436	282	240	344	302	491	371	291
2010	522	189	186	222	125	126	248	163	124	320	199	161	136	181	173	254	97	145	181	251	179	197	226	350	222	187	260	228	370	255	187
增长率	143	72	61	49	37	25	20	18	17	16	16	13	10	8	6	0	0	-2	-4	-6	-12	-14	-17	-20	-21	-22	-24	-25	-25	-31	-36

各省份按园均儿童数增长率由高到低排列。

【数据来源】中国教育统计年鉴 [M] .2005, 2010.北京: 人民教育出版社, 2006, 2011.

3. 1/3 省份以公办园为主，2/3 省份以民办园为主

从公办和民办两种不同性质幼儿园数量及比例来看，2010 年全国幼儿园公办园仅占 32%，而民办园占到 68%。公办园比例达到 60% 以上的省份分别是西藏、天津、河北、上海、新疆、山西、北京和江苏，可称为以公办园为主的办园格局；山东、甘肃和青海三省，公办幼儿园比例在 40%—60%，可称为公办、民办并举的办园格局；而其他 20 个省份均为以民办园为主的办园格局，其中江西、海南、广西民办园超过了 90% 的高比例，湖南、四川、陕西、河南、黑龙江、浙江和湖北 7 个省份民办园比例也接近或超过了 80%（图 2-7）。

从在园儿童数及其比例来看，公办园在园儿童数比例在 60% 以上的省份有 12 个，分别是新疆、天津、河北、上海、江苏、西藏、北京、贵州、内蒙古、山东和甘肃。它们以在园儿童数的绝对优势体现出以公办园为主的办园格局。民办园在园儿童数比例占近 60% 及以上绝对优势的省份有 7 个，分别是江西、海南、浙江、湖南、陕西、广西和辽宁（图 2-8）。

综合分析幼儿园数和在园儿童数两个方面的因素，公办园数量和在园儿童数两者均占 60% 以上绝对优势，体现出以公办园为主体格局的省份有 8 个，分别为西藏、天津、河北、上海、新疆、山西、北京和江苏。民办园数量和在园儿童数均占 60% 以上绝对优势，体现出以民办园为主体格局的省份有 6 个，分别为江西、海南、浙江、湖南、广东和辽宁。公办园数和民办园的园所数与在园儿童数均在 40%—60% 的省份有青海和甘肃两个省份，属公办、民办平分秋色的办园格局，而其他 15 个省份的办园格局仍不明确。

（三）各省份学前教育投入普遍不足，差异显著

各省份学前教育投入普遍不足而且差异巨大，但近年来均有不同程度的增长。

1. 各省份三项学前教育投入的绝对量和相对量均差异巨大

从 2010 年学前教育投入的绝对量来看，各省份学前教育投入总量、财政性学前教育投入量和预算内学前教育投入量三项呈现出明显的差异。

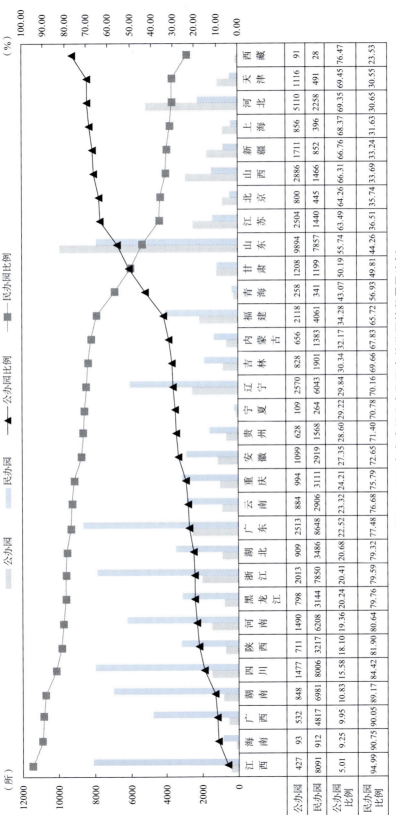

	西藏	天津	河北	上海	新疆	山西	北京	江苏	山东	甘肃	青海	福建	内蒙古	吉林	辽宁	宁夏	贵州	安徽	重庆	云南	广东	湖北	浙江	黑龙江	河南	陕西	四川	湖南	广西	海南	江西
公办园	91	1116	5110	856	1711	2886	800	2504	9894	1208	258	2118	656	828	2570	109	628	1099	994	884	2513	909	2013	798	1490	711	1477	848	532	93	427
民办园	28	491	2258	396	852	1466	445	1440	7857	1199	341	4061	1383	1901	6043	264	1568	2919	3111	2906	8648	3486	7850	3144	6208	3217	8006	6981	4817	912	8091
公办园比例	76.47	69.45	69.35	68.37	66.76	66.31	64.26	63.49	55.74	50.19	43.07	34.28	32.17	30.34	29.84	29.22	28.60	27.35	24.21	23.32	22.52	20.68	20.41	20.24	19.36	18.10	15.58	10.83	9.95	9.25	5.01
民办园比例	23.53	30.55	30.65	31.63	33.24	33.69	35.74	36.51	44.26	49.81	56.93	65.72	67.83	69.66	70.16	70.78	71.40	72.65	75.79	76.68	77.48	79.32	79.59	79.76	80.64	81.90	84.42	89.17	90.05	90.75	94.99

图2-7 2010年各省份公办和民办幼儿园的数量及比例

各省份按公办园比例由低到高排列。

注：个别省份的数据有出入，可能是由统计口径不同造成的。

【数据来源】各省份学前教育三年行动计划中相关数据及各省份政府部门官方网站数据。

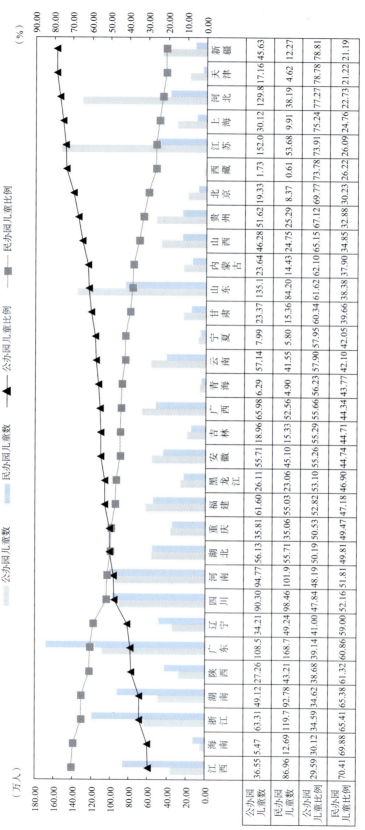

图2-8 2010年各省份公办和民办幼儿园在园儿童数及比例

各省份按公办园儿童比例由低到高排列。

注：个别省份的数据有出入，可能是由统计口径不同造成的。

【数据来源】各省份学前教育三年行动计划中相关数据及各省份政府部门官方网站数据。

学前教育投入总量最多且超过 30 亿元的省份有 8 个，分别是广东（96.52 亿元）、浙江（63.01 亿元）、江苏（62.53 亿元）、上海（52.13 亿元）、山东（39.25 亿元）、河北（33.88 亿元）、四川（31.99 亿元）、福建（30.92 亿元）。河南（29.33 亿元）和新疆（28.65 亿元）两个省份也接近 30 亿元。学前教育投入总量最小的 5 个省份分别是：西藏（1.15 亿元）、海南（1.67 亿元）、青海（2.84 亿元）、宁夏（3.12 亿元）、贵州（5.81）。投入量最多的省份是最低省份的 83.93 倍（图 2 - 9）。

从各省份学前教育财政投入情况来看，财政投入和预算内投入均接近和超过 10 亿元的省份包括上海（两项均超过 31 亿元）、新疆（两项均超过 24 亿元）、江苏、河北、浙江、北京、广东和福建。财政投入和预算内投入最少的 5 个省份包括海南（均为 0.54 亿元）、西藏（均为 0.88 亿元）、宁夏（分别为 1.22 亿元和 1.17 亿元）、青海（分别为 1.82 亿元和 1.68 亿元）、江西（分别为 1.97 亿元和 1.85 亿元）。财政性学前教育投入量最多的省份是最少的省份的 62.56 倍，预算内学前教育投入量最多的省份是最少的省份的 57.91 倍（图 2 - 9）。

从学前教育投入的相对量来看，2010 年全国学前教育总投入为 728.01 亿元，占教育总投入的 3.72%，其中财政性学前教育投入为 244.35 亿元，占财政性教育投入的 1.67%。

从各省份学前教育总投入占教育总投入的比例来看，比例在 4% 以上的省份有 7 个，分别是上海（7.01%）、新疆（6.76%）、广东（6.04%）、浙江（5.64%）、福建（5.47%）、河北（4.60%）和江苏（4.29%）。比例在 3%—4% 的省份有 9 个，分别是山东（3.58%）、湖南（3.51%）、内蒙古（3.49%）、辽宁（3.43%）、天津（3.41%）、四川（3.21%）、河南（3.21%）、江西（3.10%）和宁夏（3.02%）。学前教育投入比例不足 2% 的省份有 3 个，分别是贵州（1.57%）、西藏（1.73%）和海南（1.15%）。其他 12 个省份的比例在 2%—3%。可见，各省份差别较大，最多相差 5.86 个百分点（图 2 - 10）。

从各省份财政性学前教育投入占财政性教育投入的比例和预算内学前教育投入占预算内教育投入的比例来看，财政投入比例和预算内投入比例

（亿元）

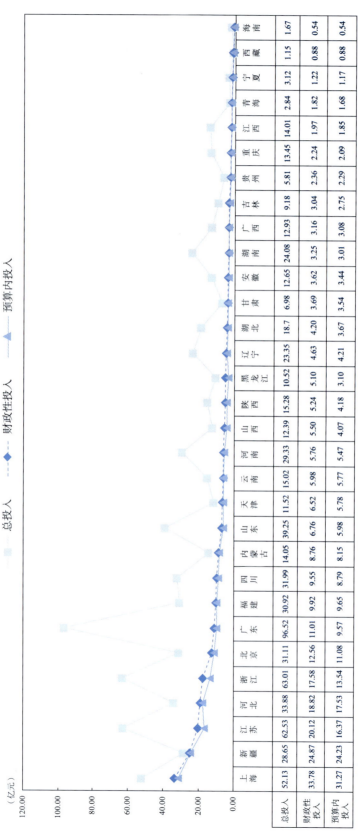

	上海	新疆	江苏	河北	浙江	北京	广东	福建	四川	内蒙古	山东	天津	云南	河南	山西	陕西	黑龙江	辽宁	湖北	甘肃	安徽	湖南	广西	吉林	贵州	重庆	江西	青海	宁夏	西藏	海南
总投入	52.13	28.65	62.53	33.88	63.01	31.11	96.52	30.92	31.99	14.05	39.25	11.52	15.02	29.33	12.39	15.28	10.52	23.35	18.7	6.98	12.65	24.08	12.93	9.18	5.81	13.45	14.01	2.84	3.12	1.15	1.67
财政性投入	33.78	24.87	20.12	18.82	17.58	12.56	11.01	9.92	9.55	8.76	6.76	6.52	5.98	5.76	5.50	5.24	5.10	4.63	4.20	3.69	3.62	3.25	3.16	3.04	2.36	2.24	1.97	1.82	1.22	0.88	0.54
预算内投入	31.27	24.23	16.37	17.53	13.54	11.08	9.57	9.65	8.79	8.15	5.98	5.78	5.77	5.47	4.07	4.18	3.10	4.21	3.67	3.54	3.44	3.01	3.08	2.75	2.29	2.09	1.85	1.68	1.17	0.88	0.54

图2-9 2010年各省份学前教育投入的绝对量

各省份按财政性学前教育投入由多到少排列。

[数据来源] 中国教育经费统计年鉴2011 [M]. 北京：中国统计出版社，2012.

总投入 ----■---- 财政性投入 ----◆---- 预算内投入 ----▲----

高居前列的两个省份是新疆和上海，比例在6%—7%。比较高的省份有5个，分别是河北、天津、内蒙古、福建和浙江，比例在2%—4%，其中只有河北在3%以上。江苏、青海、山西、黑龙江、北京、宁夏、西藏、云南、甘肃、四川、河南、陕西、广东和吉林14个省份的比例在1%—2%。其余10个省份财政投入比例和预算内投入比例均在0.89%以下，海南省财政性教育投入比例和预算内学前教育投入比例分别只有0.47%和0.50%，与最高比例的省份相差超过6个百分点以上（图2－10）。

2. 各省份生均财政投入差异远大于生均总投入

由于各省份在园幼儿规模不同，我们分析了各省份生均各项学前教育投入情况（图2－11）。

从生均学前教育总投入来看，2010年全国平均为2445.73元。从各省份的情况来看，生均总投入超过3000元的省份有9个，分别是上海、北京、新疆、西藏、天津、内蒙古、江苏、浙江和广东，其中上海和北京两市过万元，天津、新疆和西藏接近或超过5000元。生均总投入最少的省份是贵州和海南，分别只有754.8元和918.1元。生均总投入最多和最少的省份相差17倍。

从生均财政投入来看，2010年全国平均为820.89元。从各省份的情况来看，投入过千元的省份有9个，分别是上海、北京、新疆、西藏、天津、内蒙古、青海、河北和黑龙江。生均财政投入不足300元的5个省份分别是海南、河南、广西、湖南和江西。最高和最低的省份相差近53倍。

进一步从生均财政性投入和生均预算内投入的比例来看，超过50%的省份有8个，比例由高到低依次是新疆、西藏、上海、青海、内蒙古、天津、河北和甘肃，其中新疆达到85%左右，西藏达到77%的高比例。生均财政性投入和生均预算内投入比例不足20%的省份有7个，分别是广东、湖南、江西、山东、重庆、辽宁和河南，其中广东最低，比例仅在10%左右。最高比例和最低比例的省份之间相差约75个百分点。

可见，各省份生均财政投入总量和比例均呈现出巨大的差异，远远大于生均投入总量的差异。这一方面受到各省份财力的影响，另一方面也反映出各省区市政府对学前教育的重视程度和财政投入力度的差异巨大。

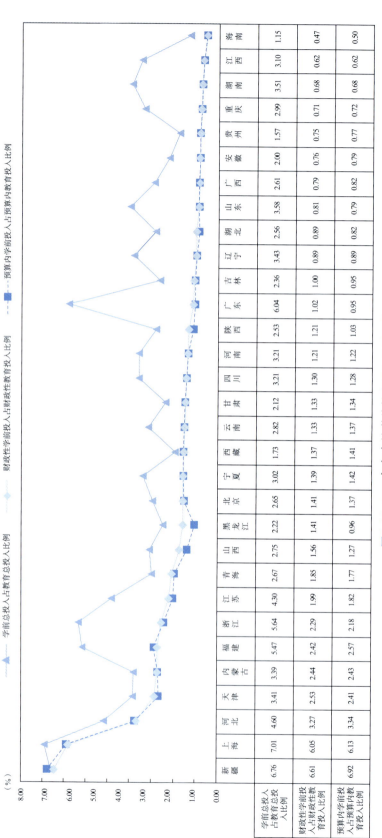

	新疆	上海	河北	天津	内蒙古	福建	浙江	江苏	青海	山西	黑龙江	北京	宁夏	西藏	云南	甘肃	四川	河南	陕西	广东	吉林	辽宁	湖北	山东	广西	安徽	贵州	重庆	湖南	江西	海南
学前总投入占教育总投入比例	6.76	7.01	4.60	3.41	3.39	5.47	5.64	4.30	2.67	2.75	2.22	2.65	3.02	1.73	2.82	2.12	3.21	3.21	2.53	6.04	2.36	3.43	2.56	3.58	2.61	2.00	1.57	2.99	3.51	3.10	1.15
财政性学前投入占财政性教育投入比例	6.61	6.05	3.27	2.53	2.44	2.42	2.29	1.99	1.85	1.56	1.41	1.41	1.39	1.37	1.33	1.33	1.30	1.21	1.21	1.02	1.00	0.89	0.89	0.81	0.79	0.76	0.75	0.71	0.68	0.62	0.47
预算内学前投入占预算内教育投入比例	6.92	6.13	3.34	2.41	2.43	2.57	2.18	1.82	1.77	1.27	0.96	1.37	1.42	1.41	1.37	1.34	1.28	1.22	1.03	0.95	0.95	0.89	0.82	0.79	0.82	0.79	0.77	0.72	0.68	0.62	0.50

图2-10 2010年各省份学前教育投入的相对量

各省份按财政性学前教育投入占财政性教育投入比例由高到低排列。

【数据来源】中国教育经费统计年鉴2011 [M]. 北京：中国统计出版社，2012.

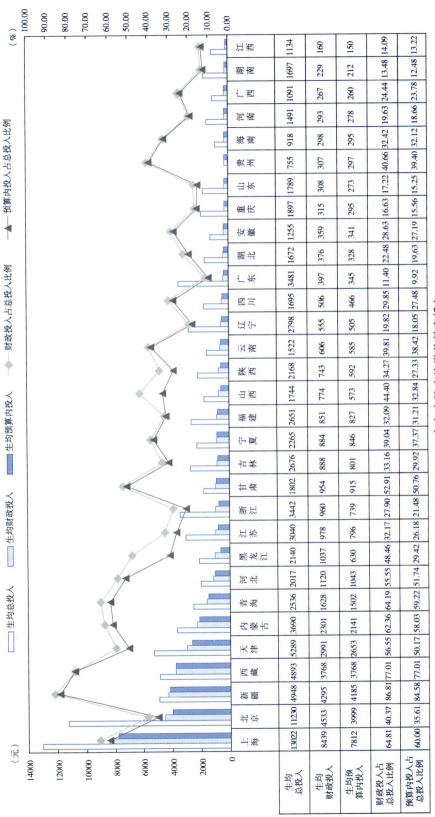

（元）

	上海	北京	新疆	西藏	天津	内蒙古	青海	河北	黑龙江	江苏	浙江	甘肃	吉林	宁夏	福建	山西	陕西	云南	辽宁	四川	广东	湖北	安徽	重庆	山东	贵州	海南	河南	广西	湖南	江西
生均总投入	13022	11230	4948	4893	5289	3690	2536	2017	2140	3040	3442	1802	2676	2265	2651	1744	2168	1522	2798	1695	3481	1672	1255	1897	1789	755	918	1491	1091	1697	1134
生均财政投入	8439	4533	4295	3768	2991	2301	1628	1120	1037	978	960	954	888	884	851	774	743	606	555	506	397	376	359	315	308	307	298	293	267	229	160
生均预算内投入	7812	3999	4185	3768	2653	2141	1502	1043	630	796	739	915	801	846	827	573	592	585	505	466	345	328	341	295	273	297	295	278	260	212	150
财政投入占总投入比例	64.81	40.37	86.81	77.01	56.55	62.36	64.19	55.55	48.46	32.17	27.90	52.91	33.16	39.04	32.09	44.40	34.27	39.81	19.82	29.85	11.40	22.48	28.63	16.63	17.22	40.66	32.42	19.63	24.44	13.48	14.09
预算内投入占总投入比例	60.00	35.61	84.58	77.01	50.17	58.03	59.22	51.74	29.42	26.18	21.48	50.76	29.92	37.37	31.21	32.84	27.33	38.42	18.05	27.48	9.92	19.63	27.19	15.56	15.25	39.40	32.12	18.66	23.78	12.48	13.22

图2-11 2010年各省份生均学前教育投入

各省份按生均财政性学前教育投入由多到少排列。

注：生均学前教育投入根据《中国教育经费统计年鉴2011》相关统计计算得出。

［数据来源］中国教育经费统计年鉴2012．北京：中国统计出版社，2012.

3. 各省份各项学前教育投入均有不同程度增长

对 2005 年和 2010 年各省份学前教育投入的绝对量变化情况进行对比分析可以发现，各省份学前教育总投入和预算内学前教育投入均有不同程度的增长。

从各省份学前教育总投入量的变化来看，增长量超过 10 倍的有新疆、湖南、山东、陕西、辽宁、广东、重庆和江西 8 个省份，其增长率在 1109.84%—3010.06%，平均每年增长 2 倍以上（图 2 - 12）。

从各省份预算内学前教育投入量的变化来看，增长量超过 10 倍的省份只有新疆；湖南、河北、山东、西藏、江苏、青海和陕西 7 个省份的增长率在 416%—650%；内蒙古、浙江、四川、海南、北京、天津、福建和辽宁等 8 个省份的增长率接近或超过 300%。其他 15 个省份的增长率在 113%—264%（图 2 - 12）。

从学前教育总投入的相对量变化来看，学前教育总投入占教育总投入的比例增幅较大的省份包括广东、新疆、浙江、福建、河北、湖南、山东、江苏和辽宁，为 2.80%—5.19%；增幅特别小的省份有贵州、甘肃和云南，仅在 0.50%—0.67%（图 2 - 13）。

从预算内学前教育投入占预算内教育投入的比例的发展变化来看，既有明显增长的省份，也有减少的省份，还有一些基本保持不变的省份。增幅比较明显的省份包括新疆、浙江、福建、河北、湖南、山东、江苏、西藏、青海和北京，为 0.36%—4.62%。而江西、重庆、广西、宁夏、山西、安徽、云南、甘肃、海南和贵州却有不同程度的减少，呈现出负增长（图 2 - 13）。

从 2005—2010 年生均各项投入的变化来看，全国生均学前教育总投入增长了 1975.8 元，增幅达 409.7%；生均预算内投入增长了 449.9 元，增幅达 157.9%。

从分省份的情况来看，生均学前教育总投入增长超过 10 倍的省份有湖南、广东和山东。增长接近和超过 5 倍且在 9 倍以下的省份包括辽宁、重庆、陕西、河南、四川、青海、吉林、江西和河北。其他各省份也有一定增长（图 2 - 14）。

各省份按预算内学前教育投入增长率由高到低排列。

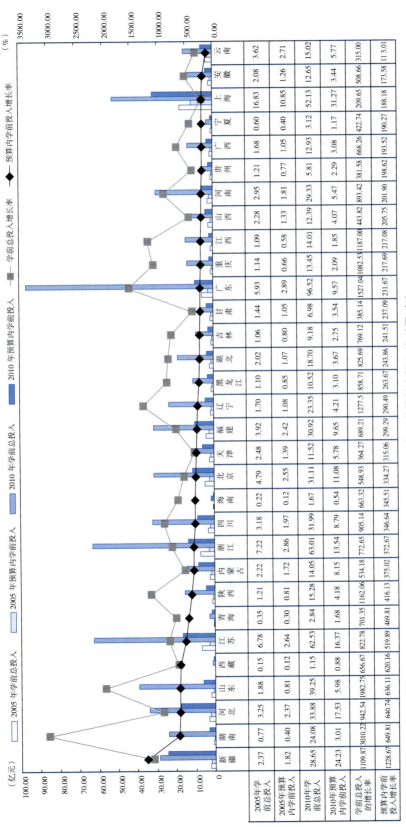

图2-12 2005年和2010年各省省前教育投入绝对量对比

	新疆	湖南	河北	山东	西藏	江苏	青海	陕西	内蒙古	浙江	四川	海南	北京	天津	福建	辽宁	黑龙江	湖北	吉林	甘肃	广东	重庆	江西	山西	河南	贵州	广西	宁夏	上海	安徽	云南
2005年学前总投入	2.37	0.77	3.25	1.88	0.15	6.78	0.35	1.21	2.22	7.22	3.18	0.22	4.79	2.48	3.92	1.70	1.10	2.02	1.06	1.44	5.93	1.14	1.09	2.28	2.95	1.21	1.68	0.60	16.83	2.08	3.62
2005年预算内学前投入	1.82	0.40	2.37	0.81	0.12	2.64	0.30	0.81	1.72	2.86	1.97	0.12	2.55	1.39	2.42	1.08	0.85	1.07	0.80	1.05	2.89	0.66	0.58	1.33	1.81	0.77	1.05	0.40	10.85	1.26	2.71
2010年学前总投入	28.65	24.08	33.88	39.25	1.15	62.53	2.84	15.28	14.05	63.01	31.99	1.67	31.11	11.52	30.92	23.35	10.52	18.70	9.18	6.98	96.52	13.45	14.01	12.39	29.33	5.81	12.93	3.12	52.13	12.65	15.02
2010年预算内学前投入	24.23	3.01	17.53	5.98	0.88	16.37	1.68	4.18	8.15	13.54	8.79	0.54	11.08	5.78	9.65	4.21	3.10	3.67	2.75	3.54	9.57	2.09	1.85	4.07	5.47	2.29	3.08	1.17	31.27	3.44	5.77
学前总投入的增长率	1109.87	3010.22	942.54	1982.75	656.67	822.78	701.35	1162.06	534.18	772.65	905.14	663.32	548.93	364.27	689.21	1277.5	858.71	825.69	769.12	385.14	1527.04	1082.53	1187.00	443.82	893.42	381.58	668.26	422.74	209.65	508.66	315.00
预算内学前投入增长率	1228.67	649.81	640.74	636.11	620.16	519.89	469.81	416.13	375.02	372.67	346.64	345.51	334.27	315.06	299.29	290.49	263.67	243.86	241.51	237.09	231.67	217.69	217.08	205.75	201.90	198.62	193.52	190.27	188.18	173.58	113.01

【数据来源】中国教育经费统计年鉴［M］. 2006, 2011. 北京: 中国统计出版社, 2007, 2012.

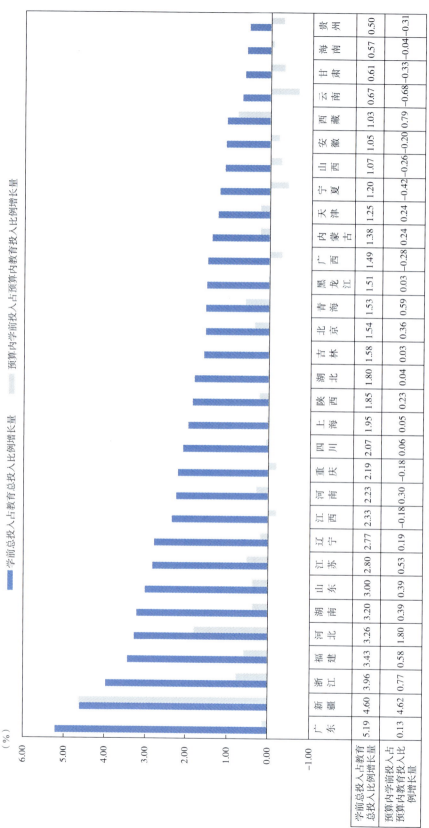

	广东	新疆	浙江	福建	河北	湖南	山东	江苏	辽宁	江西	河南	重庆	四川	上海	陕西	湖北	吉林	北京	青海	黑龙江	广西	内蒙古	天津	宁夏	山西	安徽	西藏	云南	甘肃	海南	贵州
学前总投入占教育总投入比例增长量	5.19	4.60	3.96	3.43	3.26	3.20	3.00	2.80	2.77	2.33	2.23	2.19	2.07	1.95	1.85	1.80	1.58	1.54	1.53	1.51	1.49	1.38	1.25	1.20	1.07	1.05	1.03	0.67	0.61	0.57	0.50
预算内学前教育投入占预算内教育投入比例增长量	0.13	4.62	0.77	0.58	1.80	0.39	0.39	0.53	0.19	−0.18	0.30	−0.18	0.06	0.05	0.23	0.04	0.03	0.36	0.59	0.03	−0.28	0.24	0.24	−0.42	−0.26	−0.20	0.79	−0.68	−0.33	−0.04	−0.31

图2-13 2005年和2010年各省份学前教育投入相对量对比

各省份按预算内学前教育投入占预算内教育投入的比例由高到低排列。

注：【图中相关比例根据《中国教育经费统计年鉴》[M].2006，2011.北京：中国统计出版社，2007，2012.相关统计计算得出。

【数据来源】中国教育经费统计年鉴[M].2006，2011.北京：中国统计出版社，2007，2012.

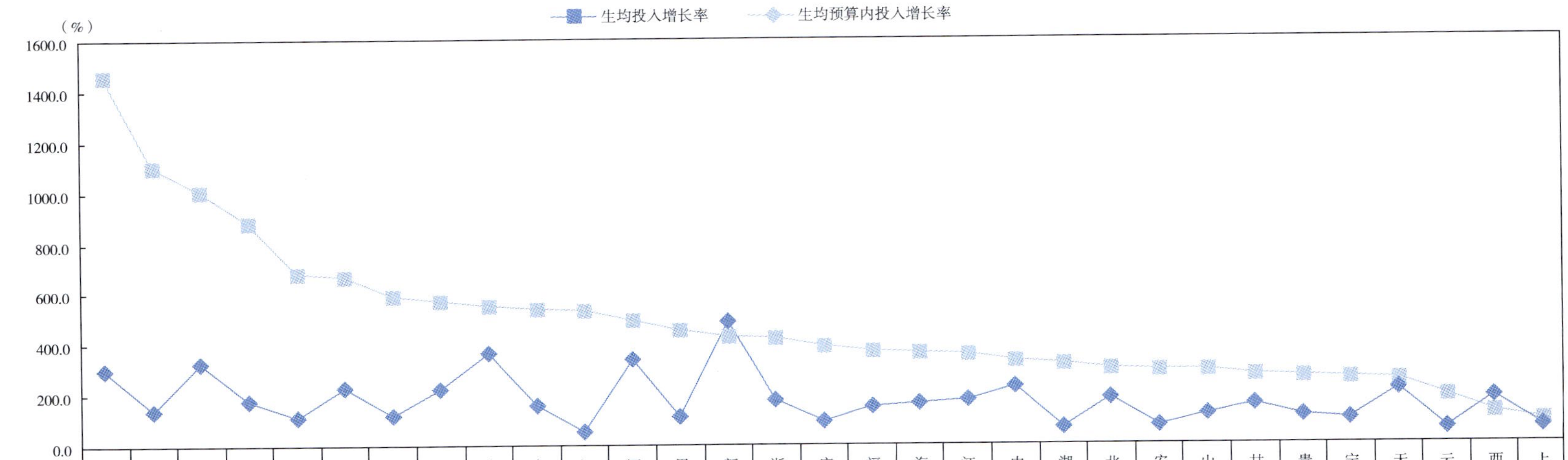

图2-14 2005年和2010年各省份学前教育生均投入对比

	湖南	广东	山东	辽宁	重庆	陕西	河南	四川	青海	吉林	江西	河北	黑龙江	新疆	浙江	广西	福建	海南	江苏	内蒙古	湖北	北京	安徽	山西	甘肃	贵州	宁夏	天津	云南	西藏	上海
生均投入增长率	1459.6	1101.0	1006.7	883.1	682.2	668.7	587.1	572.3	547.7	535.6	530.8	490.4	450.7	426.1	422.9	387.2	366.1	360.2	354.1	328.6	319.3	300.2	294.2	292.7	271.3	268.6	260.5	254.3	189.8	123.5	87.7
生均预算内投入增长率	297.9	137.2	326.0	174.5	112.4	224.4	115.6	222.3	360.2	153.0	51.4	339.6	109.7	488.4	175.4	89.5	148.5	161.2	177.8	228.0	66.2	178.7	74.0	118.2	154.6	110.1	95.3	215.5	57.1	179.7	66.3

各省份按学前教育生均投入增长率由高到低排列。

注：图中相关比例根据《中国教育经费统计年鉴》相关统计计算得出。

【数据来源】中国教育经费统计年鉴［M］. 2006，2011. 北京：中国统计出版社，2007，2012.

（四）各省份教师队伍的差异表现在多个不同的方面

各省份幼儿园教师队伍，在数量、专科以上学历的比例、职称的评定以及生师比等方面均有明显的差异。

1. 教职工数量最多和最少的省份均在东部和中部地区

从各省份幼儿教师队伍状况来看，教职工人数最多的 5 个省份是广东、浙江、山东、江苏和河南，教职工人数最少的 5 个省份是天津、海南、宁夏、青海和西藏（图 2－15）。将 2005 年和 2010 年教职工数量的变化进行比较可见，西藏、湖南、江西、陕西、湖北、河南、安徽、广西、河北等中西部各省份幼儿园教职工的增幅最大，5 年间增长了 80%—135%。而天津、黑龙江、吉林、甘肃和新疆增幅相对较小，不足 30%，天津甚至不到 6%。各省份教职工不同的增长速度与幼儿园数量和在园儿童数的增长直接相关（图 2－16）。

在教职工队伍比较庞大和增长较快的省份，各级政府要特别注意保障教师的工资待遇、在职进修和培训，增加相关财政投入，以保证教师队伍的稳定和专业水平的不断提高。

2. 各省份专科以上教师过半数，三成省份逾七成教师拥有专科以上学历

研究发现，当前幼儿园园长和专任教师学历合格率很高，高中以上的比例已经达到 96.7%，专科以上的比例达到 61.5%。

从分省份的情况来看，专科以上比例最高的 5 个省份是上海、新疆、北京、宁夏、内蒙古，分别达到了 93.8%、81.2%、78.8%、77.8%、76.4%；专科以上比例最低的 5 个省份是山东、福建、海南、广东、江西，分别是 50.0%、50.1%、49.5%、49.0%、43.8%，也接近或超过半数（图 2－17）。

将 2005 年与 2010 年幼儿园教师的学历状况进行比较可见，各省份专科以上学历的幼儿园教师数均有不同程度的增长，但增幅差异很大。西藏和浙江教师学历提升幅度最大，分别达到 69.7% 和 61.8%；江苏、天津、山东、安徽、四川和福建 6 省市教师学历提升幅度也比较大，在 32.1%—42.1%。相对而言，湖北、宁夏、青海和吉林 4 省的增幅最小，在 8% 以下（图 2－18）。

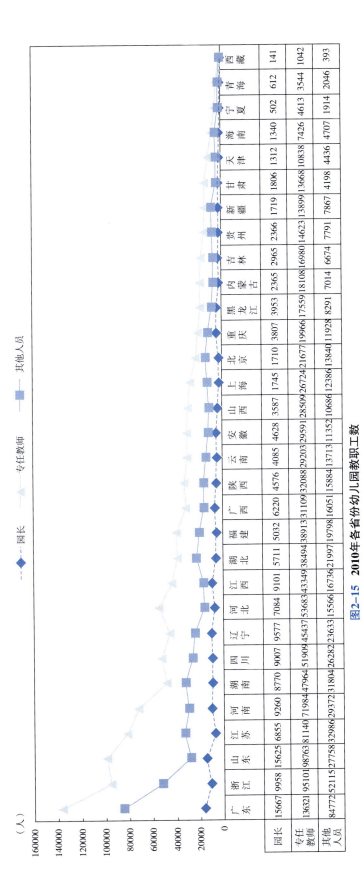

图2-15 2010年各省份幼儿园教职工数

各省份按教职工总量由多到少排列。

【数据来源】中国教育统计年鉴2010［M］.北京：人民教育出版社，2011.

	广东	浙江	山东	江苏	河南	湖南	四川	辽宁	河北	江西	湖北	福建	广西	陕西	云南	安徽	山西	上海	北京	重庆	黑龙江	内蒙古	吉林	贵州	新疆	甘肃	天津	海南	宁夏	青海	西藏
园长	15667	9958	15625	6855	9260	8770	9007	9577	7084	9101	5711	5032	6220	4576	4085	4628	3587	1745	1710	3807	3953	2365	2965	2366	1719	1806	1312	1340	502	612	141
专任教师	136321	95101	98763	81140	71984	47964	51909	45437	53683	43349	38494	38913	31109	32088	29203	29591	28509	26724	21677	19966	17559	18108	16980	14623	13899	13668	10838	7426	4613	3544	1042
其他人员	84772	52115	27758	32986	29372	31804	26282	23633	15566	16736	21997	19798	16051	15884	13713	11352	10686	12386	13840	11928	8291	7014	6674	7791	7867	4198	4436	4707	1914	2046	393

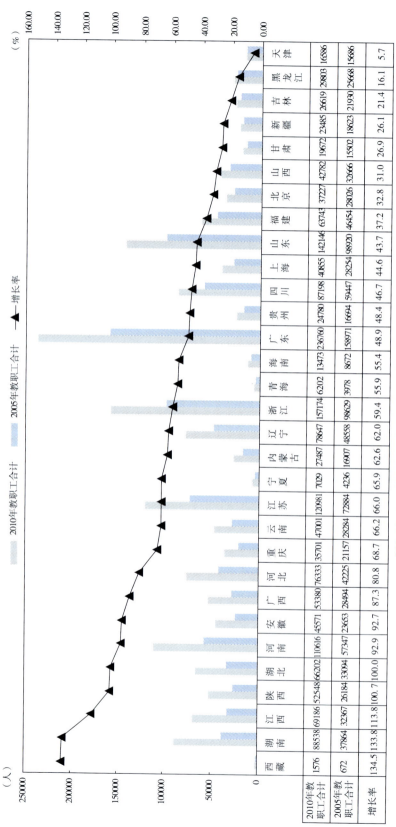

图2-16 2005年与2010年各省份幼儿园教职工数

各省份按教职工数增长率由高到低排列。

【数据来源】中国教育统计年鉴［M］. 2005, 2010. 北京: 人民教育出版社, 2006, 2011.

	西藏	湖南	江西	陕西	湖北	河南	安徽	广西	河北	重庆	云南	江苏	宁夏	内蒙古	辽宁	浙江	青海	海南	广东	贵州	四川	上海	山东	福建	北京	山西	甘肃	新疆	吉林	黑龙江	天津
2010年教职工合计	1576	88538	69186	52548	66202	110616	45571	53380	76333	35701	47001	120981	7029	27487	78647	157174	6202	13473	236760	24780	87198	40855	142146	63743	37227	42782	19672	23485	26619	28803	16586
2005年教职工合计	672	37864	32367	26184	33094	57347	23653	28494	42225	21157	28284	72884	4236	16907	48558	98629	3978	8672	158971	16694	59447	28254	98920	46454	28026	32666	15502	18623	21930	25668	15686
增长率	134.5	133.8	113.8	100.7	100.0	92.9	92.7	87.3	80.8	68.7	66.2	66.0	65.9	62.6	62.0	59.4	55.9	55.4	48.9	48.4	46.7	44.6	43.7	37.2	32.8	31.0	26.9	26.1	21.4	16.1	5.7

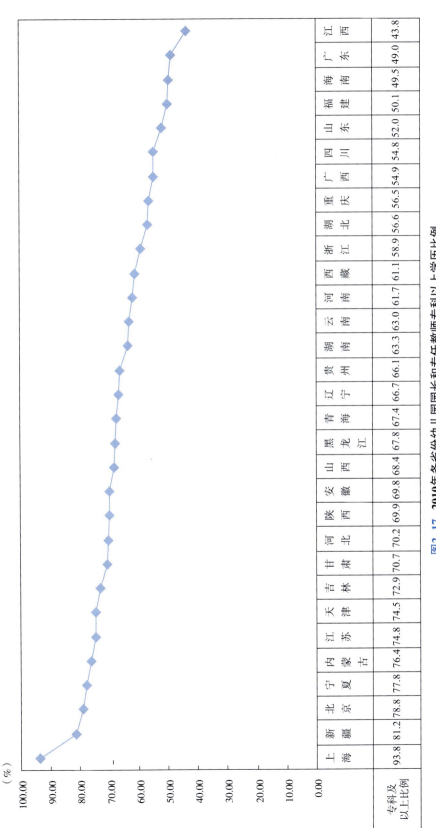

各省份专任教师专科以上学历比例由高到低排列。

【数据来源】中国教育统计年鉴 2010［M］. 北京：人民教育出版社，2011.

图2-17 2010年各省份幼儿园园长和专任教师专科以上学历比例

	上海	新疆	北京	宁夏	内蒙古	江苏	天津	吉林	甘肃	河北	陕西	安徽	山西	黑龙江	青海	辽宁	贵州	湖南	云南	河南	西藏	浙江	湖北	重庆	广西	四川	山东	福建	海南	广东	江西
专科及以上比例	93.8	81.2	78.8	77.8	76.4	74.8	74.5	72.9	72.7	70.7	70.2	69.9	69.8	68.4	67.8	67.4	67.4	66.7	66.1	63.3	63.0	61.7	61.1	58.9	56.6	56.5	54.9	54.8	52.0	50.1	49.5	49.0	43.8

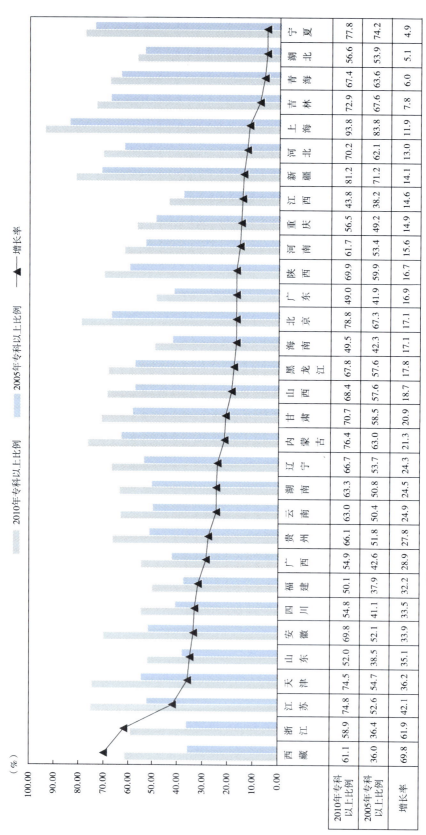

图2-18 2005年和2010年各省份幼儿园专科以上学历的教师比例

	西藏	浙江	江苏	天津	山东	安徽	四川	福建	广西	贵州	云南	湖南	辽宁	内蒙古	甘肃	山西	黑龙江	海南	北京	广东	陕西	河南	重庆	江西	新疆	河北	上海	吉林	青海	湖北	宁夏
2010年专科以上比例	61.1	58.9	74.8	74.5	52.0	69.8	54.8	50.1	54.9	66.1	63.0	63.3	66.7	76.4	70.7	68.4	67.8	49.5	78.8	49.0	69.9	61.7	56.5	43.8	81.2	70.2	93.8	72.9	67.4	56.6	77.8
2005年专科以上比例	36.0	36.4	52.6	54.7	38.5	52.1	41.1	37.9	42.6	51.8	50.4	50.8	53.7	63.0	58.5	57.6	57.6	42.3	67.3	41.9	59.9	53.4	49.2	38.2	71.2	62.1	83.8	67.6	63.6	53.9	74.2
增长率	69.8	61.9	42.1	36.2	35.1	33.9	33.5	32.2	28.9	27.8	24.9	24.5	24.3	21.3	20.9	18.7	17.8	17.1	17.1	16.9	16.7	15.6	14.9	14.6	14.1	13.0	11.9	7.8	6.0	5.1	4.9

各省份按专科以上学历教师比例的增长率由高到低排列。

【数据来源】中国教育统计年鉴［M］．2005，2010.北京：人民教育出版社，2006，2011.

目前从各省份情况看，浙江、湖北、重庆、广西、四川、山东、福建、海南、广东和江西10个省份的幼儿园教师专科以上学历所占比例还没达到全国的平均水平。因此，各省份要根据自身情况，加大专业培训的力度，努力提高教师队伍的专业化程度和水平。

3. 各省份未评职称的教师比例高，八成省份过半数的教师未评职称

研究发现，虽然当前幼儿园园长和专任教师学历合格率很高，但是已评职称的教师比例并不高，全国仅35.75%。

从分省份的情况来看，已评职称的教师比例最高的省份是上海（73.2%）、天津（62.4%）、河北（59.2%）、西藏（56.0%）、甘肃（53.3%）和北京（52.3%），这6个省份半数以上的教师已评职称。相比较而言，已评职称教师比例最低的省份是山东（27.1%）、重庆（26.4%）、湖南（25.5%）、广东（24.9%）、海南（23.6%）和江西（17.3%），这5个省份已评职称的教师比例都不足3成（图2-19）。

比较2005年与2010年的相关数据可见，除浙江和西藏两省份外，29个省份未评职称的园长和专任教师数量均有不同程度的增长。尤其是宁夏、湖北、上海、内蒙古和北京5个省份未评职称的园长和教师增幅在50%以上（图2-20）。

综合分析可以看出，幼儿园教师队伍不断扩大，但职称评定问题仍然没有解决或没有跟上，这会直接影响教师的专业发展、工资待遇和工作积极性。改革体制机制，将幼儿园教师的职称评定纳入中小学教师系列，并根据基数确定名额是关键因素。

4. 各省份幼儿园生师比介于12—31

目前，全国幼儿园生师比较高，其中幼儿与教职工之比为16.1，幼儿与专任教师（含园长）之比达到了22.8。

从各省份的情况来看，幼儿与教职工之比最高的5个省份是贵州、新疆、广西、安徽、河北，分别达到31.0、24.7、22.2、22.1、22.0；最低的5个省份是广东、浙江、辽宁、上海、北京，分别为11.7、11.7、10.6、9.8、7.4。幼儿与专任教师（含园长）之比最高的5个省份是贵州、新疆、广西、四川、重庆，分别为45.3、37.1、31.8、31.0、29.8；最低的5个省份是浙江、吉林、辽宁、上海、北京，分别为17.4、17.2、15.2、14.1、11.8（图2-21）。

（人）

【数据来源】中国教育统计年鉴2010［M］.北京：人民教育出版社，2011.

各省份按教师未评职称比例由高到低排列。

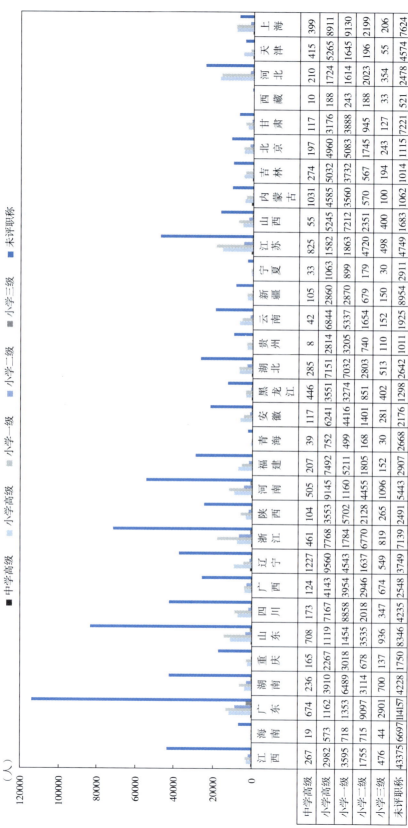

图2-19 2010年各省份幼儿园园长和专任教师职称情况

■ 中学高级　■ 小学高级　■ 小学一级　■ 小学二级　■ 小学三级　■ 未评职称

	江西	海南	广东	湖南	重庆	山东	四川	广西	辽宁	浙江	陕西	河南	福建	青海	安徽	黑龙江	湖北	贵州	云南	新疆	宁夏	江苏	山西	内蒙古	吉林	北京	甘肃	西藏	河北	天津	上海
中学高级	267	19	674	236	165	708	173	124	1227	461	104	505	207	39	117	446	285	8	42	105	33	825	55	1031	274	197	117	10	210	415	399
小学高级	2982	573	1162	3910	2267	1119	7167	4143	9560	7768	3553	9145	7492	752	6241	3551	7151	2814	6844	2860	1063	1582	5245	4585	5032	4960	3176	188	1724	5265	8911
小学一级	3595	718	1353	6489	3018	1454	8858	3954	4543	1784	5702	1160	5211	499	4416	3274	7032	3205	5337	2870	899	1863	7212	3560	3732	5083	3888	243	1614	1645	9130
小学二级	1755	715	9097	3114	678	3535	2018	2946	1637	6770	2128	4455	1805	168	1401	851	2803	740	1654	679	179	4720	2351	570	567	1745	945	188	2023	196	2199
小学三级	476	44	2901	700	137	936	347	674	549	819	265	1096	152	30	281	402	513	110	152	150	30	498	400	100	194	243	127	33	354	55	206
未评职称	43375	6697	114157	4228	1750	8346	4235	2548	3749	7139	2491	5443	2907	2668	2176	1298	2642	1011	1925	8954	2911	4749	1683	1062	1014	1115	7221	521	2478	4574	7624

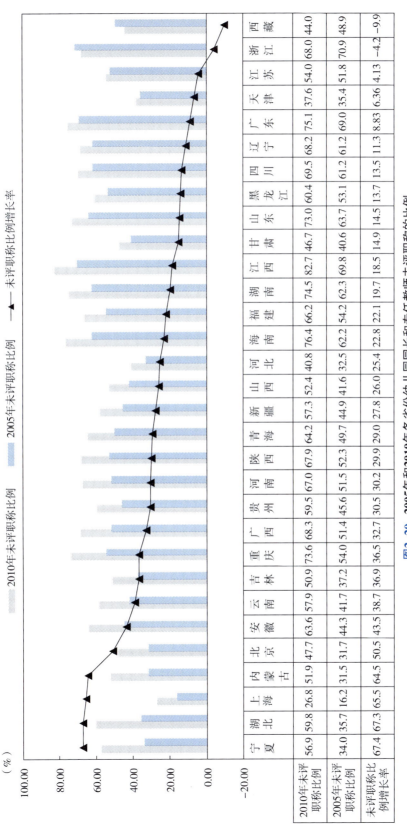

（%）

	宁夏	湖北	上海	内蒙古	北京	安徽	云南	吉林	重庆	广西	贵州	河南	陕西	青海	新疆	山西	河北	海南	福建	湖南	江西	甘肃	山东	黑龙江	四川	辽宁	广东	天津	江苏	浙江	西藏
2010年未评职称比例	56.9	59.8	26.8	51.9	47.7	63.6	57.9	50.9	73.6	68.3	59.5	67.0	67.9	64.2	57.3	52.4	40.8	76.4	66.2	74.5	82.7	46.7	73.0	60.4	69.5	68.2	75.1	37.6	54.0	68.0	44.0
2005年未评职称比例	34.0	35.7	16.2	31.5	31.7	44.3	41.7	37.2	54.0	51.4	45.6	51.5	52.3	49.7	44.9	41.6	32.5	62.2	54.2	62.3	69.8	40.6	63.7	53.1	61.2	61.2	69.0	35.4	51.8	70.9	48.9
未评职称比例增长率	67.4	67.3	65.5	64.5	50.5	43.5	38.7	36.9	36.5	32.7	30.5	30.2	29.9	29.0	27.8	26.0	25.4	22.8	22.1	19.7	18.5	14.9	14.5	13.7	13.5	11.3	8.83	6.36	4.13	-4.2	-9.9

图2-20 2005年和2010年各省份幼儿园园长和专任教师未评职称的比例

各省份按教师未评职称比例增长率由高到低排列。

【数据来源】中国教育统计年鉴［M］.2005，2010.北京：人民教育出版社，2006，2011.

将 2005 年与 2010 年相比较可见，只有新疆的生师比大幅增加，幼儿与专任教师比已从 2005 年的 28.8 增加到 2010 年的 37.7。为了幼儿的安全健康和保证基本的保教质量，必须加大力度补充教师，减小生师比。其他各个省份生师比尤其是幼儿与专任教师比均在不同程度地降低，但降幅介于 1—24（图 2 - 21）。

（五）各省份幼儿园办园条件均有所改善，但普遍较低、差异较大

从幼儿园占地面积和建筑面积以及生均占地面积和生均建筑面积来看，对 2005 年和 2010 年相关数据的比较分析发现，各省份的办园条件在 5 年间均有不同程度的改善，但差异很大。

1. 各省份生均用地面积和建筑面积低于国家标准

目前，全国学前教育生均用地面积为 8.54 平方米，生均建筑面积为 4.50 平方米，约为国家规定的生均建筑面积的一半左右。

从各省份的情况来看，生均占地面积最大的 5 个省份是青海、上海、北京、西藏、新疆，分别达到 16.44、16.30、15.32、14.60 和 14.52 平方米；最小的 5 个省份是云南、重庆、四川、广西、贵州，分别仅为 5.88、5.77、5.23、4.50 和 3.37 平方米（图 2 - 22）。

生均建筑面积最大的 5 个省份是上海、北京、广东、西藏、浙江，分别为 10.73、9.36、6.50、6.23 和 6.00 平方米；最小的 5 个省份是四川、广西、河北、安徽、贵州，分别仅为 3.21、3.17、3.14、2.94 和 2.06 平方米（图 2 - 22）。

2. 多数省份生均用地面积和建筑面积有所增长

本研究对 2005—2010 年幼儿园占地面积、建筑面积及生均占地面积和建筑面积的增长情况做了分析。结果发现，从全国来看，幼儿园生均占地面积和建筑面积均有所增加，分别增加了 0.65 和 0.54 平方米。

从数据来看，各省有较大差异。生均占地面积增长最多的 5 个省份是青海、新疆、河北、内蒙古和宁夏，分别增加了 8.73、3.57、3.09、3.03 和 2.72 平方米。而福建、天津、江苏、湖北、浙江、辽宁、海南、山东、黑龙江、北京、吉林和西藏等 12 个省份生均占地面积有所减少，其中减少最多的 5 个省份为山东、黑龙江、北京、吉林和西藏，分别减少了 1.63、2.00、2.10、2.20 和 2.61 平方米（图 2 - 23）。

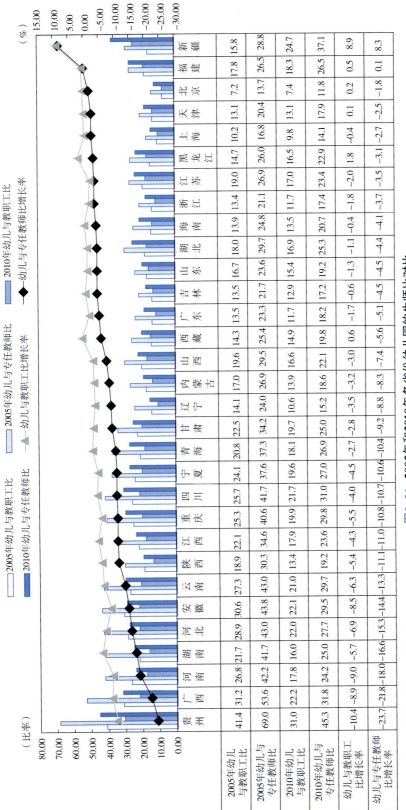

各省份按幼儿与专任教师比例的增幅由高到低排列。

注：生师比根据《中国教育统计年鉴》相关统计计算得出。

图2-21　2005年和2010年各省份幼儿园的生师比对比

【数据来源】中国教育统计年鉴2010 [M] .北京：人民教育出版社，2011.

	贵州	广西	河南	湖南	河北	安徽	云南	陕西	江西	重庆	四川	宁夏	青海	甘肃	辽宁	内蒙古	山西	西藏	广东	吉林	山东	湖北	海南	浙江	江苏	黑龙江	上海	天津	北京	福建	新疆
2005年幼儿与教职工比	41.4	31.2	26.8	21.7	28.9	30.6	27.3	18.9	22.1	25.3	25.7	24.1	20.8	22.5	14.1	17.0	19.6	14.3	13.5	13.5	16.7	18.0	13.9	13.4	19.0	14.7	10.2	13.1	7.2	17.8	15.8
2005年幼儿与专任教师比	69.0	53.6	42.2	41.7	43.0	43.8	43.0	30.3	34.6	40.6	41.7	37.6	37.3	34.2	24.0	26.9	29.5	25.4	23.3	21.7	23.6	29.7	24.8	21.1	26.9	26.0	16.8	20.4	13.7	26.5	28.8
2010年幼儿与教职工比	31.0	22.2	17.8	16.0	22.0	22.1	21.0	13.4	17.9	19.9	21.7	19.6	18.1	19.7	10.6	13.9	16.6	14.9	11.7	12.9	15.4	16.9	13.5	11.7	17.0	16.5	9.8	13.1	7.4	18.3	24.7
2010年幼儿与专任教师比	45.3	31.8	24.2	25.0	27.7	29.5	29.7	19.2	23.6	29.8	31.0	27.0	26.9	25.0	15.2	18.6	22.1	19.8	18.2	17.2	19.2	25.3	20.7	17.4	23.4	22.9	14.1	17.9	11.8	26.5	37.1
幼儿与教职工比增长率	-10.4	-8.9	-9.0	-5.7	-6.9	-8.5	-6.3	-5.4	-4.3	-5.5	-4.0	-4.5	-2.7	-2.8	-3.5	-3.2	-3.0	0.6	-1.7	-0.6	-1.3	-1.1	-0.4	-1.8	-2.0	1.8	-0.4	0.1	0.2	0.5	8.9
幼儿与专任教师比增长率	-23.7	-21.8	-18.0	-16.6	-15.3	-14.4	-13.3	-11.1	-11.0	-10.8	-10.7	-10.6	-10.4	-9.2	-8.8	-8.3	-7.4	-5.6	-5.1	-4.5	-4.5	-4.4	-4.1	-3.7	-3.5	-3.1	-2.7	-2.5	-1.8	0.1	8.3

（平方米）

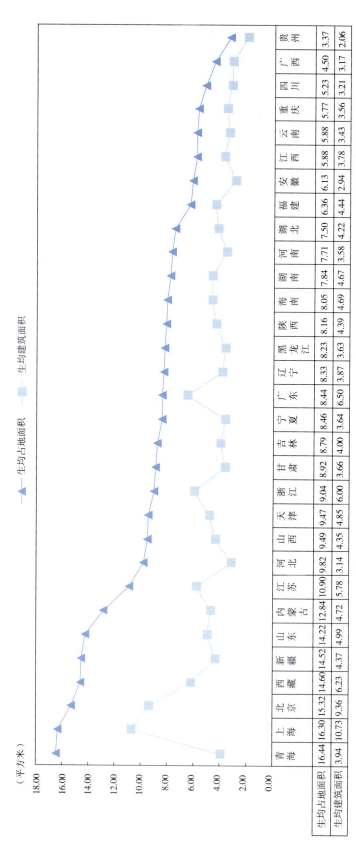

	青海	上海	北京	西藏	新疆	山东	内蒙古	江苏	河北	山西	天津	浙江	甘肃	吉林	宁夏	广东	辽宁	黑龙江	陕西	海南	湖南	河南	湖北	福建	安徽	江西	云南	重庆	四川	广西	贵州
生均占地面积	16.44	16.30	15.32	14.60	14.52	14.22	12.84	10.90	9.82	9.49	9.47	9.04	8.92	8.79	8.46	8.44	8.33	8.23	8.16	8.05	7.84	7.71	7.50	6.36	6.13	5.88	5.88	5.77	5.23	4.50	3.37
生均建筑面积	3.94	10.73	9.36	6.23	4.37	4.99	4.72	5.78	3.14	4.35	4.85	6.00	3.66	4.00	3.64	6.50	3.87	3.63	4.39	4.69	4.67	3.58	4.22	4.44	2.94	3.78	3.43	3.56	3.21	3.17	2.06

图2-22 2010年各省份幼儿园生均占地面积和建筑面积

各省份按生均占地面积由多到少排列。

注：生均面积根据《中国教育统计年鉴》相关统计计算得出。

[数据来源] 中国教育统计年鉴 2010［M］. 北京：人民教育出版社，2011.

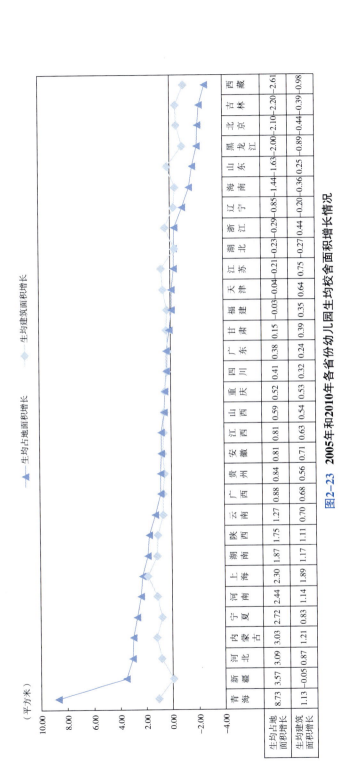

图2-23 2005年和2010年各省份幼儿园生均校舍面积增长情况

	青海	新疆	河北	内蒙古	宁夏	河南	上海	湖南	陕西	云南	广西	贵州	安徽	江西	山西	重庆	四川	广东	甘肃	天津	福建	江苏	湖北	浙江	辽宁	海南	山东	黑龙江	北京	吉林	西藏
生均占地面积增长	8.73	3.57	3.09	3.03	2.72	2.44	2.30	1.87	1.75	1.27	0.88	0.84	0.81	0.81	0.59	0.52	0.41	0.38	0.15	-0.03	-0.04	-0.21	-0.23	-0.29	-0.85	-1.44	-1.63	-2.00	-2.10	-2.20	-2.61
生均建筑面积增长	1.13	-0.05	0.87	1.21	0.83	1.14	1.89	1.17	1.11	0.70	0.68	0.56	0.71	0.63	0.54	0.53	0.32	0.24	0.39	0.35	0.64	0.75	0.44	-0.27	0.20	-0.36	0.25	-0.89	-0.44	-0.39	-0.98

各省份按生均占地面积增长率由高到低排列。

注：生均占地面积增长根据《中国教育统计年鉴》相关统计计算得出。

[数据来源] 中国教育统计年鉴[M].2005, 2010.北京：人民教育出版社，2006，2011.

生均建筑面积增长最多的 5 个省份是上海、内蒙古、湖南、河南和青海，分别增加了 1.89、1.21、1.17、1.14 和 1.13 平方米；新疆、辽宁、湖北、海南、吉林、北京、黑龙江和西藏等 8 个省份有所减少，其中减少最多的 5 个省份为海南、吉林、北京、黑龙江和西藏，分别减少了 0.36、0.39、0.44、0.89 和 0.98 平方米（图 2 – 23）。

二、东中西部学前教育发展比较

经验和数据表明，我国东中西部学前教育事业的发展有着明显的差异和不同的特点。本研究试图从东中西部学前教育的普及率、幼儿园数量与格局变化、学前教育投入以及幼儿园师资队伍等几个方面进行系统和深入细致的数据分析，以期客观、科学地反映我国东中西部学前教育事业发展的主要特点和明显差异。

（一）学前教育普及程度由东向西递减，西部差异大

从东中西部的总体情况看，东部学前三年毛入园率高，中部相对较低，而西部地区差异较大（图 2 – 24）。

东部地区毛入园率普遍较高（平均水平为 82.9%），除海南外，均高于全国 56.6% 的平均水平。但东部各省的入园率存在着一定的差异，尤其是入园率最高的上海和最低的海南之间相差 50 个百分点。

中部地区毛入园率平均水平为 54.6%，略低于全国平均水平。其中，山西、湖北和吉林三省略高于全国平均水平，其他中部 5 省均低于全国平均水平。但总体而言，中部各省的普及率相差不大（在 10 个百分点以内）。

西部地区毛入园率平均水平为 51.3%，省际差异比较大。重庆、四川、陕西和新疆等 4 个省份毛入园率高于全国平均水平，其余 8 个省份均低于全国平均水平，最低的西藏自治区仅为 24.5%，与西部最高的重庆市相差 46 个百分点。

各省份及地区按入园率从高到低排列。

【数据来源】各省份教育三年行动计划。

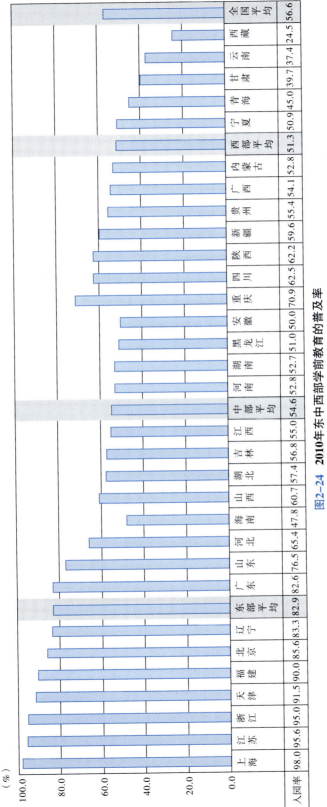

图2-24 2010年东中西部学前教育的普及率

入园率	上海	江苏	浙江	天津	福建	北京	辽宁	东部平均	广东	山东	河北	海南	山西	湖北	吉林	江西	中部平均	河南	湖南	黑龙江	安徽	重庆	四川	陕西	新疆	贵州	广西	内蒙古	西部平均	宁夏	青海	甘肃	云南	西藏	全国平均
	98.0	95.6	95.0	91.5	90.0	85.6	83.3	82.9	82.6	76.5	65.4	47.8	60.7	57.4	56.8	55.0	54.6	52.8	52.7	51.0	51.0	70.9	62.5	62.2	59.6	55.4	54.1	52.8	51.3	50.9	45.0	39.7	37.4	24.5	56.6

可见，东部的海南省和中西部各省均需加大普及的力度，进一步提高学前儿童的入园率。而且，东部地区除河北和海南省外，均已提前 10 年完成了 2020 年的普及目标，而河北省也已经提前实现了国家"十二五"学前教育普及目标。因此，这些省份需要快速转向内涵发展的道路，推进学前教育的质量提高和公平发展。

（二）幼儿园所与在园儿童数东部多，民办园中部最多

东中西部学前教育的发展在不同的方面呈现出不同的特点。从不同地区的总体格局看，幼儿园所和在园儿童数东部最多，且园均规模增长迅速；从发展情况看，东中西部在园儿童数均增长较快，中西部幼儿园数量增长较快。随着学前三年入园率的提高，东中西部的学前班比例均快速减少。

1. 幼儿园数和在园儿童数东部均占比 46%，但中西部增长快

从 2010 年的数据可以看出，目前东部地区幼儿园共有 69988 所，占了全国幼儿园总数的 46%。西部有 36951 所，仅占 25%，比东部地区低了 21 个百分点，仅为东部地区一半左右。中部地区比西部地区略多，与东部差距明显（图 2 - 25）。

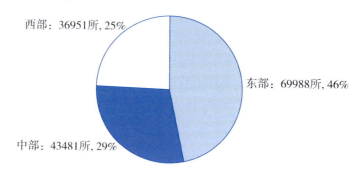

西部：36951所，25%
东部：69988所，46%
中部：43481所，29%

图 2 - 25　2010 年东中西部幼儿园数对比

【数据来源】中国教育统计年鉴 2010 ［M］. 北京：人民教育出版社，2011.

将 2005 年和 2010 年的相关数据进行对比分析还可以发现，全国幼儿园增加了 26018 所，增幅为 20.91%。其中东部增加了 2540 所，增幅为 3.77%；中部地区增量最大，达到 13371 所，增幅达到 44.41%；西部地

区增量也很大，达到 10107 所，增幅达到 37.65%。说明虽然中西部幼儿园总量小于东部，但这几年其学前教育资源增长比较快（图 2−26）。

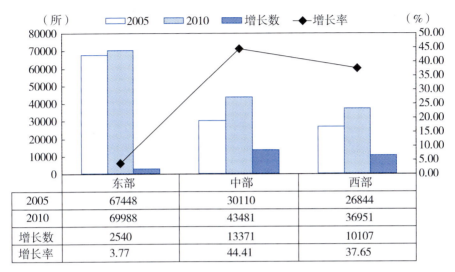

	东部	中部	西部
2005	67448	30110	26844
2010	69988	43481	36951
增长数	2540	13371	10107
增长率	3.77	44.41	37.65

图 2−26　2005 年和 2010 年东中西部幼儿园数对比

【数据来源】中国教育统计年鉴［M］. 2005, 2010. 北京：人民教育出版社，2006, 2011.

从在园幼儿数来看，目前东部地区幼儿园在园幼儿总数有 13611743 人，占了全国在园幼儿总数的 46%。西部有 7862727 人，仅占 26%，比东部地区低了 18 个百分点。中部地区规模最小，仅为 8292225 人，占全国的 28%，与东部地区差距明显（图 2−27）。

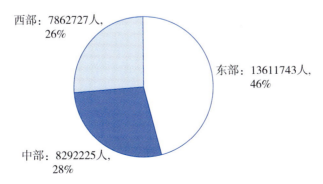

图 2−27　2010 年东中西部在园幼儿数

【数据来源】中国教育统计年鉴 2010［M］. 北京：人民教育出版社，2011.

从 2005 年和 2010 年的数据对比分析可见，全国幼儿园在园幼儿增加了 7976405 人，增幅为 36.61％。其中东部增量最大，达到了 3561138 人，增幅为 35.43％；中部地区增量为 2585874 人，增幅最大，达到 45.32％；西部地区相对而言增量最小，仅为 1829393 人，增幅为 30.32％（图 2–28）。

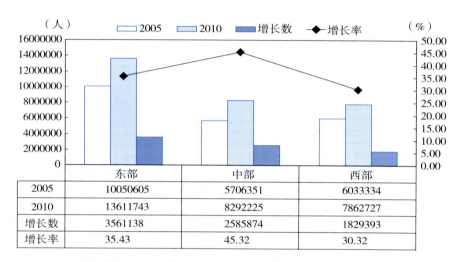

	东部	中部	西部
2005	10050605	5706351	6033334
2010	13611743	8292225	7862727
增长数	3561138	2585874	1829393
增长率	35.43	45.32	30.32

图 2–28　2005 年和 2010 年东中西部幼儿园在园幼儿数对比

【数据来源】中国教育统计年鉴［M］. 2005, 2010. 北京：人民教育出版社，2006, 2011.

2. 西部幼儿园规模总体大于东中部，但有缩小趋势

从幼儿园园均规模来看，2010 年全国幼儿园园均规模为 197.89 人，西部地区园均规模最大（达到了 212.79 人），中部地区最小（只有 190.71 人）。

从 2005 年和 2010 年相关数据的对比分析来看，全国幼儿园园均规模增加了 22.73 人，增幅为 12.98％。东部地区增量最大，达到了 45.47 人，增幅达到 30.52％。中部地区基本保持稳定，仅增加了 1.19 人，增幅为 0.62％。西部地区不升反降，减少了 11.97 人，减幅为 5.32％。可见，东部幼儿园的规模总体在扩大，而西部幼儿园的规模在缩小（图 2–29）。

3. 学前班主要集中在中西部，但东中西部均有不同程度的减少

2010 年全国在园幼儿中，学前班人数为 436.7 万人，占在园幼儿总人数的 14.67％。其中，西部地区学前班规模最大，达到了 204.57 万人，占

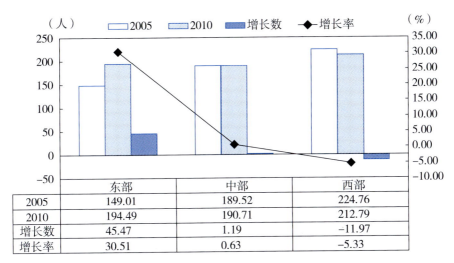

图 2 - 29　**2005 年和 2010 年东中西部幼儿园园均幼儿数对比**

	东部	中部	西部
2005	149.01	189.52	224.76
2010	194.49	190.71	212.79
增长数	45.47	1.19	−11.97
增长率	30.51	0.63	−5.33

【数据来源】中国教育统计年鉴［M］. 2005，2010. 北京：人民教育出版社，2006，2011.

在园幼儿总数的 26.02%。中部地区学前班规模为 158.3 万人，占在园幼儿总数的 19.09%。东部地区学前班人数最少，仅为 73.84 万人，所占比例仅为 5.42%（图 2 - 30）。

从学前班幼儿数的分布来看，学前班幼儿主要集中在西部地区，占学前班幼儿总数的到半壁江山，中部也有相当大的比例。可见，学前班仍然是我国中西部地区学前教育的重要形式之一，在中部和西部仍然发挥着重要作用。中部的学前班人数占在园儿童数的近 1/5，而在西部这一比例则超过了 1/4。东部地区的学前班儿童数相对较少，近 95% 的幼儿主要在幼儿园接受三年的学前教育。

2005—2010 年，全国学前班的规模减少了 418.7 万人，减幅为 24.59%。其中，东部地区减少量最大，达到了 182.0 万人，减幅为 20%。中部地区减少了 120.6 万人，减幅为 29.78%。相对而言，西部地区减少量最小，只减少了 116.2 万人，减幅为 27.14%（图 2 - 31）。

从 5 年间学前班儿童数在东中西部的变化可见，随着学前三年教育的普及，学前班儿童数以每年 5—6 个百分点的幅度进一步减少。关注这一趋势并适时调整学前教育形式，有助于学前教育事业的健康发展。

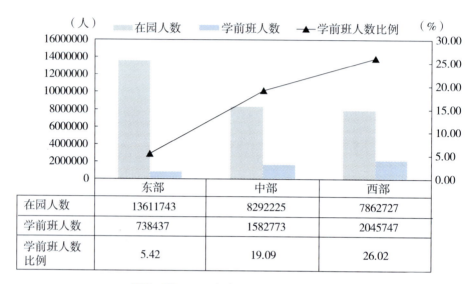

图 2 - 30 **2010 年东中西部学前班儿童数**

【数据来源】中国教育统计年鉴 2010 ［M］. 北京：人民教育出版社，2011.

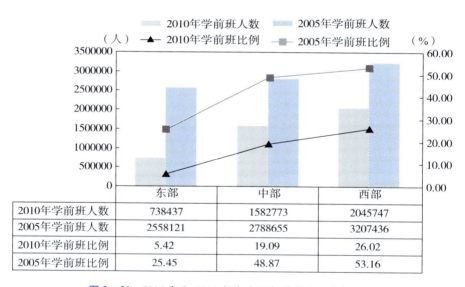

	东部	中部	西部
2010年学前班人数	738437	1582773	2045747
2005年学前班人数	2558121	2788655	3207436
2010年学前班比例	5.42	19.09	26.02
2005年学前班比例	25.45	48.87	53.16

图 2 - 31 **2005 年和 2010 年东中西部学前班儿童数对比**

【数据来源】中国教育统计年鉴 ［M］. 2005，2010. 北京：人民教育出版社，2006，2011.

4. 中西部民办园比例均比较高（占七八成），西部民办园比例最高

将公办园与民办园进行比较可见，民办园在绝对量和所占比例上均超过公办园。东部民办园的比例超过公办园大约 15 个百分点，中部民办园的比例超过公办园大约 57 个百分点，西部民办园的比例超过公办园大约 37 个百分点（图 2 – 32）。

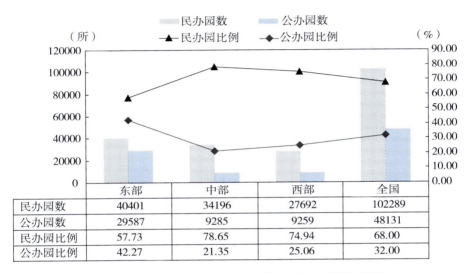

	东部	中部	西部	全国
民办园数	40401	34196	27692	102289
公办园数	29587	9285	9259	48131
民办园比例	57.73	78.65	74.94	68.00
公办园比例	42.27	21.35	25.06	32.00

图 2 – 32　2010 年东中西部民办园和公办园的数量和比例

注：图中数据根据相关统计计算得出。

【数据来源】各省份学前教育三年行动计划中相关数据及各省份政府部门官方网站数据。

从公办园及其在园儿童数的绝对量和比例来看，东部和西部地区公办园的在园儿童数略多于民办园，中部地区的民办园在园儿童数略多于公办园（图 2 – 33）。

可以说，分析当前东中西部的办园格局时，应综合考虑幼儿园园所数量和在园儿童数两个方面，单从任何一个方面考虑问题都可能导致决策的偏差。如果仅从园所数量来看，当前的办园格局距离《教育规划纲要》中提出的公办民办并举的办园格局要求还相差甚远，尤其是中西部地区差距巨大，需要加大发展公办园及公办性质的幼儿园的力度和步伐。而从在园幼儿数来看，已经基本实现了公办民办并举的发展格局。民办园的园所数量已经不能再盲目增加，公办园的容量也不能再无限扩大。

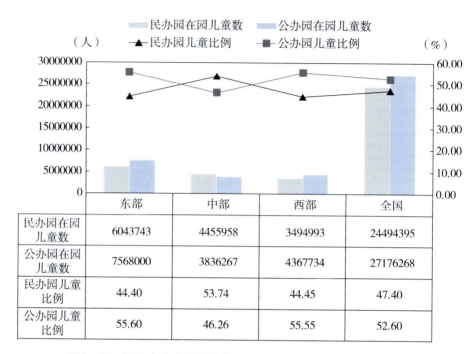

	东部	中部	西部	全国
民办园在园儿童数	6043743	4455958	3494993	24494395
公办园在园儿童数	7568000	3836267	4367734	27176268
民办园儿童比例	44.40	53.74	44.45	47.40
公办园儿童比例	55.60	46.26	55.55	52.60

图 2-33 2010 年东中西部民办园和公办园在园儿童的数量和比例

注：图中数据根据相关统计计算得出。

【数据来源】各省份学前教育三年行动计划中相关数据及各省份政府部门官方网站数据。

（三）学前教育投入东部较高，西部增长快，中部明显凹陷

从学前教育投入来看，2010 年全国学前教育预算内投入平均每省达到了 7.06 亿元，预算内学前教育投入占预算内教育投入的比例全国平均为 1.68%。

从东中西部的分布来看，无论是总投入、财政投入还是预算内财政投入，东部地区最高，远远超过中西部地区的总和。以预算内学前教育投入来说，东部地区达到了 11.41 亿元，占其预算内教育投入的 1.98%；西部地区达到 5.49 亿元，占其预算内教育经费的 1.79%，低于东部地区不到 0.2 个百分点。中部地区投入最小，预算内学前教育投入仅 3.42 亿元，仅占其预算内教育投入的 0.91%，比东部地区低了 1 个多百分点（图 2-34）。

	全国平均	东部平均	中部平均	西部平均
学前教育总投入	2348423.4	4053536.1	1635674.0	1260569.7
财政性学前教育投入	788556.9	1293021.2	405579.0	581449.9
预算内学前教育投入	705584.0	1141160.5	341866.5	548783.9
学前教育总投入占教育总投入的比例	3.80	4.68	2.77	3.09
财政性学前教育投入占财政性教育投入的比例	1.72	2.02	1.00	1.79
预算内学前教育投入占预算内教育投入的比例	1.68	1.98	0.91	1.80

图 2-34　2010 年东中西部的学前教育投入

注：相关比例数据根据《中国教育经费统计年鉴》相关统计计算得出。

【数据来源】中国教育经费统计年鉴 2011［M］. 北京：中国统计出版社，2012.

与 2005 年相比，2010 年全国学前教育预算内投入增长 49.52 亿元，增幅达 235.34%。

从增长的绝对量来看，东部地区增量最大，达到了 80.53 亿元；西部地区增量也比较大，达到 42.39 亿元；中部地区增量最小，仅 23.14 亿元。从增长率来看，西部增幅最大，达到了 339.40%；东部增幅第二，达到了 239.81%；中部增幅最小，达到了 209.51%（图 2-35）。

可见，无论从增长的绝对量还是幅度来看，中部地区预算内学前教育的投入都不及东部和西部。

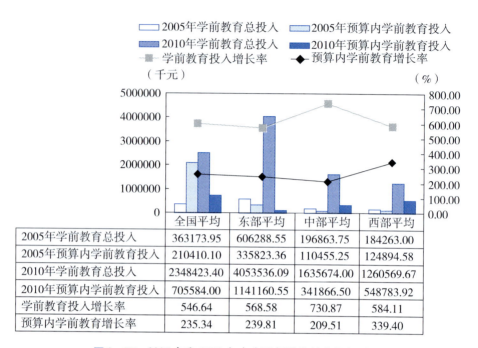

	全国平均	东部平均	中部平均	西部平均
2005年学前教育总投入	363173.95	606288.55	196863.75	184263.00
2005年预算内学前教育投入	210410.10	335823.36	110455.25	124894.58
2010年学前教育总投入	2348423.40	4053536.09	1635674.00	1260569.67
2010年预算内学前教育投入	705584.00	1141160.55	341866.50	548783.92
学前教育投入增长率	546.64	568.58	730.87	584.11
预算内学前教育增长率	235.34	239.81	209.51	339.40

图 2-35 2005 年和 2010 年东中西部学前教育投入对比

【数据来源】中国教育经费统计年鉴［M］. 2006, 2011. 北京：中国统计出版社, 2007, 2012.

从生均学前教育投入来看，2010 年全国生均学前教育总投入达到了 2445.72 元，其中生均预算内投入为 821.23 元。

从东中西部的情况来看，无论是生均总投入、生均财政投入还是生均预算内财政投入，东部地区都远远超过中西部地区。以生均预算内学前教育投入来说，东部地区达到了 922.20 元，西部地区达到 837.55 元，中部地区仅有 329.82 元（图 2-36）。

与 2005 年相比，2010 年全国学前教育生均预算内投入增长了 455.96 元，增幅为 163.51%。其中，东部地区增长了 554.65 元，增幅为 150.91%；中部地区增量最少（仅增长 174.97 元，增幅为 112.99%）；西部地区增量最大（增长了 589.14 元），增幅为 237.16%（图 2-37）。

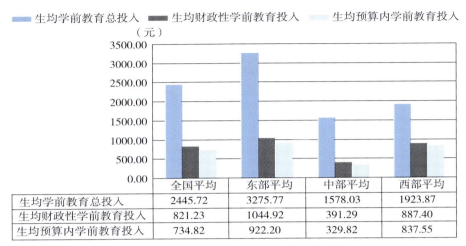

	全国平均	东部平均	中部平均	西部平均
生均学前教育总投入	2445.72	3275.77	1578.03	1923.87
生均财政性学前教育投入	821.23	1044.92	391.29	887.40
生均预算内学前教育投入	734.82	922.20	329.82	837.55

图2－36　2010年东中西部生均学前教育投入

注：生均投入数据根据《中国教育经费统计年鉴》相关统计计算得出。

【数据来源】中国教育经费统计年鉴2011［M］. 北京：中国统计出版社，2012.

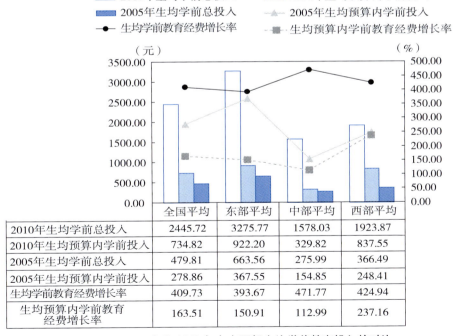

	全国平均	东部平均	中部平均	西部平均
2010年生均学前总投入	2445.72	3275.77	1578.03	1923.87
2010年生均预算内学前投入	734.82	922.20	329.82	837.55
2005年生均学前总投入	479.81	663.56	275.99	366.49
2005年生均预算内学前投入	278.86	367.55	154.85	248.41
生均学前教育经费增长率	409.73	393.67	471.77	424.94
生均预算内学前教育经费增长率	163.51	150.91	112.99	237.16

图2－37　2005年和2010年东中西部生均学前教育投入的对比

注：生均投入数据根据《中国教育经费统计年鉴》相关统计计算得出。

【数据来源】中国教育经费统计年鉴［M］. 2006，2011. 北京：中国统计出版社，2007，2012.

(四) 东部教师数量多，中西部教师数量增长快

东中西部师资队伍有一定差异。东部地区师资队伍最庞大，而中西部地区的师资队伍增长速度均快于东部，中部的增长最快。专科以上学历教师的比例从东向西递增，相对而言西部比例最高。已评职称的教师比例东西部接近，中部相对少些。

1. 教职工数量由东到西递减，中西部尤其是中部增长迅速

目前东中西部幼儿园教职工分布并不均衡。东部地区幼儿园教职工共有 98.4 万人，占了全国幼儿园总数的 53%。西部仅有 38.6 万人，仅占 21%，比东部地区低了 32 个百分点，不及东部地区一半（图 2 – 38）。

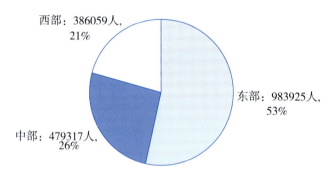

图 2 – 38　2010 年东中西部幼儿园教职工数量

【数据来源】中国教育统计年鉴 2010 ［M］. 北京：人民教育出版，2011.

东中西部教职工总数、园长和专任教师的数量呈现出大致相同的趋势。东部队伍最庞大，数量最多；中部地区数量比西部地区略多，但二者均与东部地区差距明显（图 2 – 39）。

2005—2010 年，全国幼儿园专任教师增加了 30.8 万人，增幅为 36.85%。从专任教师增长的绝对量来看，东部增量最大，增加了 14.5 万人；中部地区增量为 10.1 万人；西部地区增长量最小，仅为 6.2 万人。从专任教师的增长率来看，东部增幅最小，为 30.84%；西部地区增幅第二，为 36.09%；中部地区增幅最大，为 52.14%（图 2 – 40）。

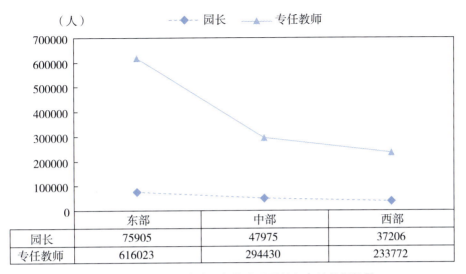

图 2 – 39　2010 年东中西部幼儿园园长和专任教师数量

【数据来源】中国教育统计年鉴 2010［M］. 北京：人民教育出版社，2011.

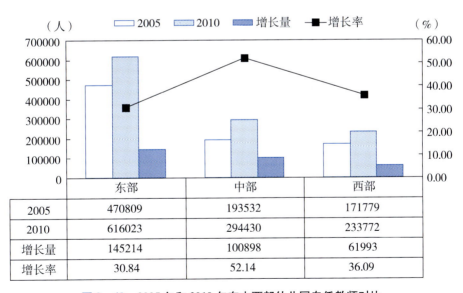

图 2 – 40　2005 年和 2010 年东中西部幼儿园专任教师对比

【数据来源】中国教育统计年鉴［M］. 2005，2010. 北京：人民教育出版社，2006，2011.

2. 专科以上教师数量东部最多，中西部比例高于东部

2010 年全国幼儿园园长和专任教师共 130.5 万人，其中高中及以上

学历的比例达到了 96.66% ，专科及以上学历的比例为 61.47% 。从东中西部的分布来看，学历分布情况并没有明显的差异，均以专科和高中学历为主，其次是本科学历，东中西部高中以下学历的园长和专任教师都很少（图 2 – 41）。

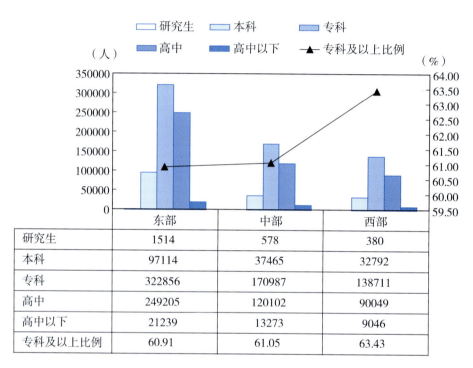

	东部	中部	西部
研究生	1514	578	380
本科	97114	37465	32792
专科	322856	170987	138711
高中	249205	120102	90049
高中以下	21239	13273	9046
专科及以上比例	60.91	61.05	63.43

图 2 – 41　2010 年东中西部幼儿园园长和专任教师的学历情况

【数据来源】中国教育统计年鉴 2010［M］. 北京：人民教育出版社，2011.

从专科以上学历的园长和专任教师所占比例来看，东部地区比例最低（仅 60.91%），中西部地区比例均略高于东部，西部相对最高（达到了 63.43%）（图 2 – 42）。

2005—2010 年，东中西部地区专科以上学历的园长和专任教师都有不同程度的增长。相对而言，东部增长最快，增长了 30.63%；中部增长最慢，只增长了 14.78%（图 2 – 42）。

3. 未评职称教师比例中部略高于东西部

从幼儿园园长和专任教师的职称来看，2010 年全国幼儿园园长和专任教师中已评职称的比例仅为 35.75%，还有 2/3 左右的教师未评职称。

从东中西部的情况来看，已评职称的教师比例东部地区最高，达到 36.70%；中部地区比例最低，仅为 33.34%（图 2－43）。

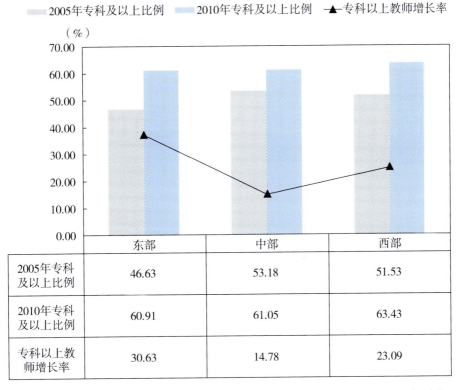

	东部	中部	西部
2005年专科及以上比例	46.63	53.18	51.53
2010年专科及以上比例	60.91	61.05	63.43
专科以上教师增长率	30.63	14.78	23.09

图 2－42　2005 年和 2010 年东中西部专科以上学历幼儿园园长和专任教师比例对比

【数据来源】中国教育统计年鉴 ［M］. 2005，2010. 北京：人民教育出版社，2006，2011.

2005—2010 年，未评职称的教师比例在逐渐扩大，每年大约增长 1 个百分点。相对而言，中部增长快些，增长率达到 32.50%；其次是西部，增长率为 27.87%；而东部的增长率最小，只有 9.52%。从这组数据的分析可见，东中西部幼儿园教师职称评定的情况都不同程度地存在问题，中西部地区情况更严重些（图 2－44）。

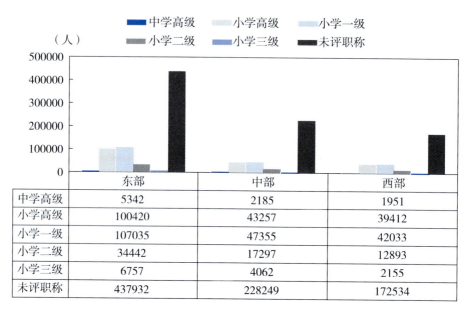

	东部	中部	西部
中学高级	5342	2185	1951
小学高级	100420	43257	39412
小学一级	107035	47355	42033
小学二级	34442	17297	12893
小学三级	6757	4062	2155
未评职称	437932	228249	172534

图 2 - 43　2010 年东中西部幼儿园园长和专任教师的职称情况

【数据来源】中国教育统计年鉴 2010 ［M］. 北京：人民教育出版社，2011.

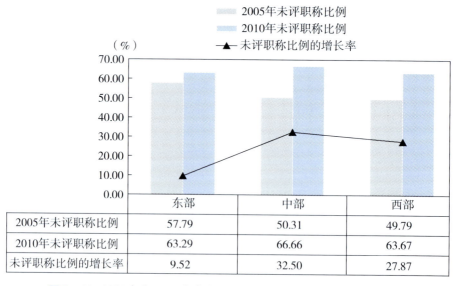

	东部	中部	西部
2005年未评职称比例	57.79	50.31	49.79
2010年未评职称比例	63.29	66.66	63.67
未评职称比例的增长率	9.52	32.50	27.87

图 2 - 44　2005 年和 2010 年东中西部幼儿园园长和专任教师职称对比

【数据来源】中国教育统计年鉴 ［M］. 2005，2010. 北京：人民教育出版社，2006，2011.

（五）办园条件由东向西递减，东部明显优于中西部

从幼儿园校舍建筑面积来看，2010 年全国幼儿园生均占地面积为 8.54 平方米，生均建筑面积为 4.5 平方米。其中东部地区生均面积最大，生均占地面积和建筑面积分别达到了 10.19 平方米和 5.46 平方米。西部地区最小，生均占地面积和建筑面积分别达到了 6.81 平方米和 3.47 平方米，比东部地区低了近 40%（图 2 - 45）。

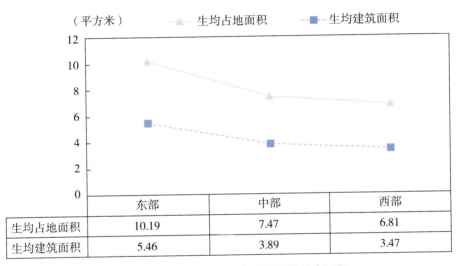

	东部	中部	西部
生均占地面积	10.19	7.47	6.81
生均建筑面积	5.46	3.89	3.47

图 2 - 45　2010 年东中西部幼儿园的校舍面积

注：生均面积根据《中国教育统计年鉴》相关统计计算得出。

【数据来源】中国教育统计年鉴 2010［M］. 北京：人民教育出版社，2011.

2005—2010 年，东中西部幼儿园占地面积和建筑面积均有不同程度的增长。相对而言，中西部幼儿园占地面积和建筑面积均比东部增长快，中部增长最快（图 4 - 46）。

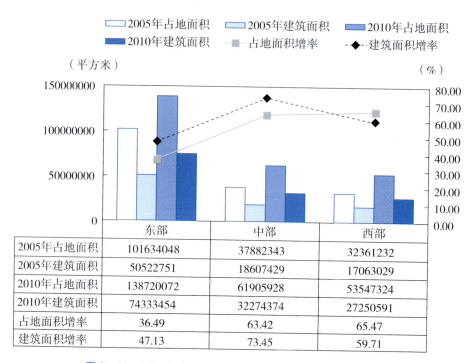

	东部	中部	西部
2005年占地面积	101634048	37882343	32361232
2005年建筑面积	50522751	18607429	17063029
2010年占地面积	138720072	61905928	53547324
2010年建筑面积	74333454	32274374	27250591
占地面积增率	36.49	63.42	65.47
建筑面积增率	47.13	73.45	59.71

图 2-46　**2005 年和 2010 年东中西部幼儿园校舍面积对比**

【数据来源】中国教育统计年鉴［M］. 2005，2010. 北京：人民教育出版社，2006，2011.

三、城乡学前教育发展比较

　　长期以来，我国城乡学前教育发展极其不平衡，农村学前教育明显落后于城市。然而，这方面全面、系统、深入的研究和数据分析不够。本研究主要从城乡幼儿园格局与数量变化、城乡幼儿园规模及其变化、城乡幼儿园办学条件及城乡幼儿园师资队伍状况等方面对城乡学前教育事业发展进行比较分析，为制定和采取更为有力的政策措施，进一步促进农村学前教育的快速发展，缩小城乡差距，提供可资借鉴的科学依据。

（一）各省份城乡幼儿园分布不同，数量差异较大

各省份幼儿园在城乡的分布有不同特点，一些省份的幼儿园主要集中在城市，而一些省份的幼儿园则大多分布在县镇和农村，而且各省份城乡幼儿园的增长速度和变化趋势也各不相同。

1. 各省份幼儿园城乡分布特点不同

从整体来看，全国 15.04 万所幼儿园中，农村幼儿园的比例最高，占到了 47.59%；城市幼儿园的比例相对较低，仅占 23.83%；县镇幼儿园的比例约为 28.58%（图 2-47）。

从城乡分布来看，城市幼儿园比例接近或超过四成的省份有北京、上海、宁夏、辽宁和广东，这 5 个省份，在格局上以城市幼儿园为主。其中，北京和上海城市幼儿园的比例最高，均超过了半数，分别达到 63.94% 和 51.68%；宁夏、辽宁、广东 3 省份城市幼儿园的比例也接近或超过了四成，分别为 45.04%、42.13% 和 39.61%。城市幼儿园比例最低的 5 个省份是广西、山东、云南、河北和江西，分别为 15.97%、15.19%、14.78%、11.03% 和 9.11%。比例最高的北京和最低的江西之间相差 7 倍多。

县镇幼儿园比例超过四成的省份有 8 个，比例从高到低依次为西藏、天津、上海、贵州、吉林、海南、广西和内蒙古。西藏和天津两省份县镇幼儿园比例最高，分别达到 66.39% 和 50.59%，超过了半数。其他 6 个省份的比例在 40.80%—51.6%。县镇幼儿园比例最低的 5 个省份是山东、山西、北京、新疆和辽宁，分别为 16.77%、15.05%、14.14%、12.06% 和 11.02%。比例最高的西藏和最低的辽宁之间相差 6 倍多。

农村幼儿园比例超过四成的省份有 17 个，分别是河北、山东、山西、新疆、江西、陕西、甘肃、河南、青海、四川、云南、辽宁、湖北、重庆、广西、湖南和浙江。其中前 6 个省份比例超过六成，在 68.17%—62.0%；比例超过半数的省份达到了 11 个。农村幼儿园比例最低的 5 个省份是海南、北京、宁夏、西藏和上海，分别为 22.69%、21.93%、19.57%、5.04% 和 0.56%。农村幼儿园比例最高的河北和最低的上海之间相差 121.7 倍。

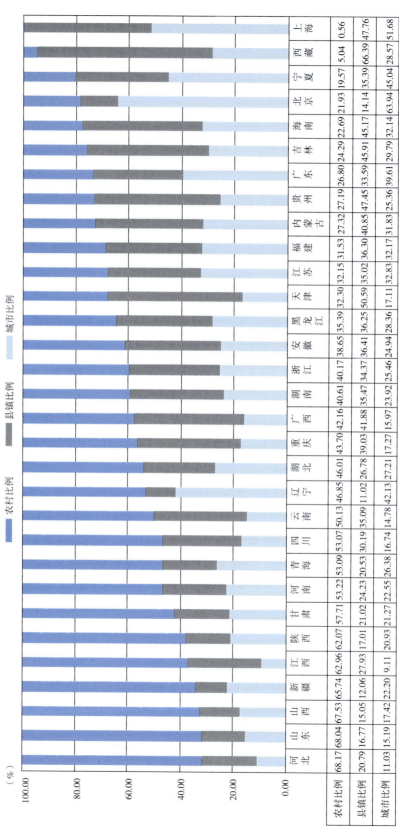

（%）

	上海	西藏	宁夏	北京	海南	吉林	广东	贵州	内蒙古	福建	江苏	天津	黑龙江	安徽	浙江	湖南	广西	重庆	湖北	辽宁	云南	四川	青海	河南	甘肃	陕西	江西	新疆	山西	山东	河北
农村比例	0.56	5.04	19.57	21.93	22.69	24.29	26.80	27.19	27.32	31.53	32.15	32.30	35.39	38.65	40.17	40.61	42.16	43.70	46.01	46.85	50.13	53.07	53.09	53.22	57.71	62.07	62.96	65.74	67.53	68.04	68.17
县镇比例	47.76	66.39	35.39	14.14	45.17	45.91	33.59	47.45	40.85	36.30	35.02	50.59	36.25	36.41	34.37	35.47	41.88	39.03	26.78	11.02	35.09	30.19	20.53	24.23	21.02	17.01	27.93	12.06	15.05	16.77	20.79
城市比例	51.68	28.57	45.04	63.94	32.14	29.79	39.61	25.36	31.83	32.17	32.83	17.11	28.36	24.94	25.46	23.92	15.97	17.27	27.21	42.13	14.78	16.74	26.38	22.55	21.27	20.93	9.11	22.20	17.42	15.19	11.03

图2-47　2010年各省份幼儿园数量的城乡分布

各省份按照农村幼儿园占总幼儿园数的比例由高到低排列。

【数据来源】中国教育统计年鉴2010［M］.北京：人民教育出版社，2011.

2. 各省份城乡幼儿园数量增长速度不同

2005—2010 年，全国幼儿园增加了 26018 所，增长了 20.9%。其中县镇增量最大，达到了 12105 所，增幅为 39.2%；农村增加了 11367 所，增幅为 18.9%；城市增量最小，仅增长了 2546 所，增幅为 7.7%（图 2 - 48）。

从各省份城乡幼儿园增长的绝对量来看，城市幼儿园数增长最多的 5 个省份依次是广东、湖南、福建、辽宁和河南，分别增加了 727、639、504、468 和 450 所；上海、江西、天津、重庆、河北、吉林、黑龙江、江苏和山东等 9 省份城市幼儿园数量有所减少，其中减少最多的 5 个省份是河北、吉林、黑龙江、江苏和山东，分别减少了 95、240、365、445 和 506 所。县镇幼儿园增长最多的 5 个省份依次是湖南、山东、重庆、广东和四川，分别增加了 1347、1236、1071、965 和 944 所。吉林、天津、黑龙江、北京和辽宁 5 省份县镇幼儿园数量有所减少，分别减少了 8、43、88、139 和 395 所。农村幼儿园增长最多的 5 个省份依次是河北、江西、河南、湖南和辽宁，分别增加了 2940、2929、2241、1484 和 1471 所；上海、重庆、甘肃、北京、山西、四川、广东、浙江、江苏和福建等 10 个省份农村幼儿园有所减少，其中四川、广东、浙江、江苏和福建 5 省份减少最多，分别减少了 472、890、1754、2142 和 2550 所。

进一步对增长率进行分析可见，中西部地区农村幼儿园数量增加迅速，青海、西藏、新疆、宁夏、湖北、内蒙古、河北、河南、江西、云南和广西 11 个中西部省份农村幼儿园数量的增长率高达 100%—759%。相对而言，城市幼儿园的增长率远低于农村，增长率最高的几个省份在东中西部都有分布，分别为宁夏、北京、湖南、河南、福建、内蒙古、广西、西藏，其增长率在 25%—75%。县镇的增长速度比农村慢但比城市快，增长率比较高的省份主要有西藏、重庆、湖南、湖北、河南、内蒙古、陕西、山东、广西、上海和宁夏，在 50%—426%，这些省份在东中西部均有分布。

总体而言，各省份农村幼儿园的增长率差异最大，县镇幼儿园次之，城市幼儿园相对小些。西藏、宁夏、内蒙古、河南和广西 5 个中西部省份，

各省份按照农村增长率由高到低排列。

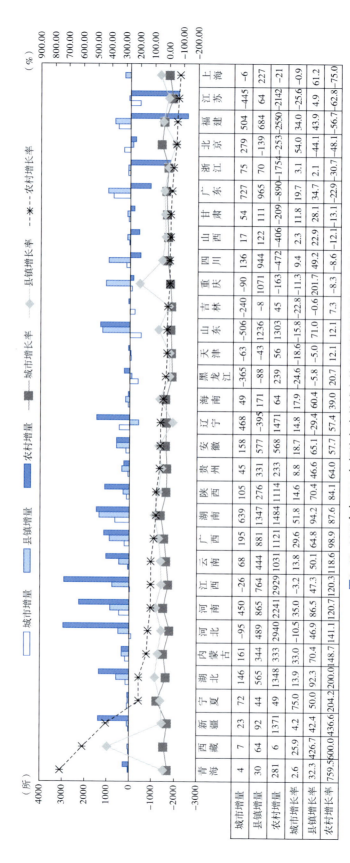

图2-48 2010年与2005年相比各省份城乡幼儿园数量的增量及增长率

	青海	西藏	新疆	宁夏	湖北	内蒙古	河北	河南	江西	云南	广西	湖南	陕西	贵州	安徽	辽宁	海南	黑龙江	天津	山东	吉林	重庆	四川	山西	甘肃	广东	浙江	北京	福建	江苏	上海
城市增量	4	7	23	72	146	161	-95	450	-26	68	195	639	105	45	158	468	49	-365	-63	-506	-240	-90	136	17	54	727	75	279	504	-445	-6
县镇增量	30	64	92	44	565	344	489	865	764	444	881	1347	276	331	577	-395	171	-88	-43	1236	-8	1071	944	122	111	965	70	-139	684	64	227
农村增量	281	6	1371	49	1348	333	2940	2241	2929	1031	1121	1484	1114	233	568	1471	64	239	56	1303	45	-163	-472	-406	-209	-890	-1754	-253	-2550	-2142	-21
城市增长率	2.6	25.9	4.2	75.0	13.9	33.0	-10.5	35.0	-3.2	13.8	29.6	51.8	14.6	8.8	18.7	14.8	17.9	-24.6	-18.6	-15.8	-22.8	-11.3	9.4	2.3	11.8	19.7	3.1	54.0	34.0	-25.6	-0.9
县镇增长率	32.3	426.7	42.4	50.0	92.3	70.4	46.9	86.5	47.3	50.1	64.8	94.2	70.4	46.6	65.1	-29.4	60.4	-5.8	-5.0	71.0	-0.6	201.7	49.2	22.9	28.1	34.7	2.1	-44.1	43.9	4.9	61.2
农村增长率	759.5	5600.0	436.6	204.2	200.0	148.7	141.1	120.7	120.3	118.6	98.9	87.6	84.1	64.0	57.7	57.4	39.0	20.7	12.1	12.1	7.3	-8.3	-8.6	-12.1	-13.1	-22.9	-30.7	-48.1	-56.7	-62.8	-75.0

【数据来源】中国教育统计年鉴［M］.2005, 2010.北京：人民教育出版社, 2006, 2011.

无论是城市、县镇还是农村，幼儿园的增长率都比较高。上海、江苏、福建、北京、浙江、广东、甘肃、山西、四川和重庆等 10 个省份的农村幼儿园数量均有不同程度的减少，其中 4 个省份减少的幅度比较大，在 30%—75%，这种变化与各省份城镇化进程直接相关。

（二）各省份在园幼儿城乡分布与增长呈现不同特点

各省份在园幼儿的城乡分布与园所数量有很大关系，更与城乡幼儿园的规模和容量关系密切。各省份在园幼儿数及其增长情况有很大的不同。

1. 各省份在园幼儿数在城乡有不同分布

从在园幼儿规模来看，全国 2976.67 万幼儿中，农村幼儿有 1214.03 万人，所占比例最高，占了 40.8%；城市为 752.58 万人，仅占 25.3%；县镇为 1010.06 万人，占了 33.9%（图 2-49）。

从各省份城乡分布来看，城市在园幼儿数比例最高的 5 个省份依次是北京、西藏、上海、辽宁和福建，分别为 78.1%、50.0%、45.3%、44.0% 和 37.1%；比例最低的 5 个省份是重庆、云南、广西、河北和江西，仅为 16.6%、15.9%、15.1%、11.9% 和 10.3%。比例最高的北京和最低的江西之间相差 7 倍。

县镇在园幼儿数比例最高的 5 个省份依次是上海、重庆、吉林、海南和天津，分别达到了 54.3%、50.0%、47.0%、46.5% 和 46.4%；比例最低的 5 个省份是山东、陕西、新疆、辽宁和北京，仅为 24.0%、23.6%、17.9%、12.7% 和 12.7%。比例最高的上海和最低的北京之间相差 4 倍多。

农村在园幼儿数比例最高的 5 个省份依次是河北、新疆、江西、河南和山东，分别达到了 62.3%、58.4%、55.5%、53.9% 和 51.8%；比例最低的 5 个省份是内蒙古、天津、北京、西藏和上海，分别仅为 24.2%、21.9%、9.3%、7.4% 和 0.4%。比例最高的河北和最低的上海之间相差 100 多倍。

综合考虑城市、农村和县镇的在园儿童数比例，可以将 31 个省份分成三种不同的类型。一是以农村为主的省份，包括 15 个，分别是河北、新疆、江西、河南、山东、云南、贵州、陕西、山西、广西、安徽、青海、辽宁、

各省份按照农村比例由高到低进行排列。

【数据来源】中国教育统计年鉴2010 [M].北京：人民教育出版社，2011.

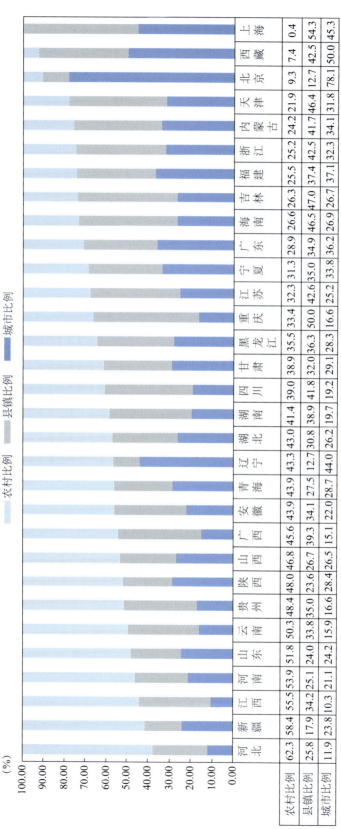

(%)	河北	新疆	江西	河南	山东	云南	贵州	陕西	山西	广西	安徽	青海	辽宁	湖北	湖南	四川	甘肃	黑龙江	重庆	江苏	宁夏	广东	海南	吉林	福建	浙江	内蒙古	天津	北京	西藏	上海
农村比例	62.3	58.4	55.5	53.9	51.8	50.3	48.4	48.0	46.8	45.6	43.9	43.9	43.3	43.0	41.4	39.0	38.9	35.5	33.4	32.3	31.3	28.9	26.6	26.3	25.5	25.2	24.2	21.9	9.3	7.4	0.4
县镇比例	25.8	17.9	34.2	25.1	24.0	33.8	35.0	23.6	26.7	39.3	34.1	27.5	12.7	30.8	38.9	41.8	32.0	36.3	50.0	42.6	35.0	34.9	46.5	47.0	37.4	42.5	41.7	46.4	12.7	42.5	54.3
城市比例	11.9	23.8	10.3	21.1	24.2	15.9	16.6	28.4	26.5	15.1	22.0	28.7	44.0	26.2	19.7	19.2	29.1	28.3	16.6	25.2	33.8	36.2	26.9	26.7	37.1	32.3	34.1	31.8	78.1	50.0	45.3

图2-49 2010年各省份在园幼儿数的城乡分布

湖北和湖南，农村在园幼儿比例在41.4%—62.3%，超过县镇和城市的比例。二是以县镇为主的省份，包括上海、重庆、吉林、海南、天津、江苏、浙江、四川和内蒙古等9个省份，县镇在园幼儿比例在41.7%—54.3%，超过农村和城市的比例。三是城市、县镇和农村三者比例相当，均在30%左右，相差不过10个百分点，包括甘肃、黑龙江、宁夏、广东和福建等5个省份。其中，北京市城市在园幼儿占到78%的绝对优势比例，是以城市为主的幼儿园；上海市实际上是以县镇和城市为主的类型，分别占54.3%和45.3%；西藏也类似，县镇和城市在园幼儿分别占42.5%和50%，农村在园幼儿比例极小。可见，各省份城市、县镇和农村在园幼儿的比例分布差异很大。

2. 各省份城乡在园幼儿数的增长有不同特点

2005—2010年，全国在园幼儿数增加了797.6万人，增幅为36.6%。其中县镇增量最大，达到了417.1万人，增幅为70.4%；农村增加了197.1万人，增幅为19.4%；城市增量最小，仅增加了183.4万人，增幅为32.2%。

从各省份城乡在园儿童数增长的绝对量来看，城市在园幼儿数增长最多的5个省份依次是广东、浙江、福建、山东、河南，增加量在81.94万人—28.95万人；辽宁、江西、河北、内蒙古、黑龙江、海南、山西、江苏、吉林和上海等10个省份城市在园幼儿有所减少，其中减少量最多的5个省份是海南、山西、江苏、吉林和上海，减少量在9.82万人—33.88万人，吉林和上海减少的数量分别接近和超过了30万人。县镇在园幼儿数增长最多的5个省份依次是浙江、广东、湖南、广西、四川和山东，增加量在73.26万人—36.72万人，其中浙江和广东的增加量都超过了70万人。另外，天津、北京、黑龙江、上海、海南、辽宁和吉林等7省份县镇幼儿园在园幼儿规模有不同程度的减少，减少的数量在0.21万人—37.65万人。农村在园幼儿数增长最多的5个省份依次是山东、河南、江西、广西和广东，增加量在77.59万人—42.80万人。另外，宁夏、北京、贵州、甘肃、重庆、四川、黑龙江、辽宁、江苏、吉林、海南、湖北和上海等13个省份农村在园幼儿数有所减少，减少量最多的5个省份是江苏、吉林、海南、湖北、上海，减少的数量在27.27万人—80.67万人（图2-50）。

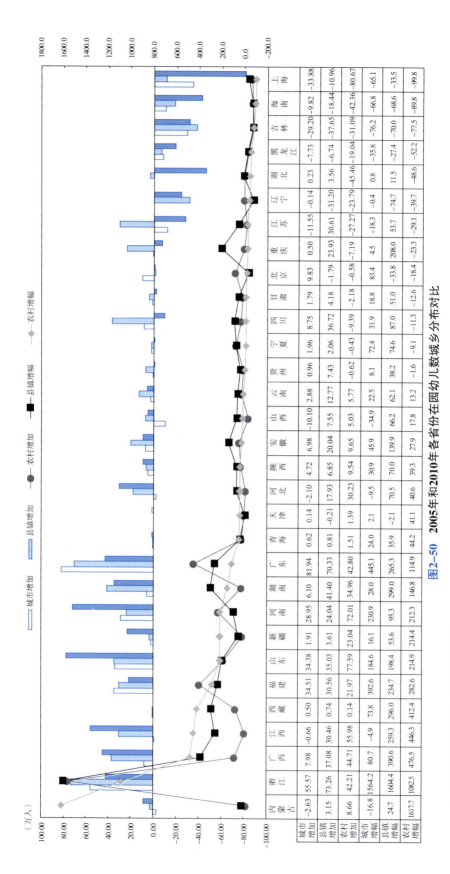

各省份按照农村增幅由高到低(进行排列)。

	内蒙古	浙江	广西	江西	西藏	福建	山东	新疆	河南	湖南	广东	青海	天津	河北	陕西	安徽	山西	云南	贵州	宁夏	四川	甘肃	北京	重庆	江苏	辽宁	湖北	黑龙江	吉林	海南	上海
城市增加	-2.63	55.57	7.98	-0.66	0.50	34.51	34.38	1.91	28.95	6.10	81.94	0.62	0.14	-2.10	4.72	6.98	-10.10	2.88	0.96	1.96	8.75	1.79	9.83	0.50	-11.55	-0.14	0.23	-7.73	-29.20	-9.82	-33.88
县镇增加	3.15	73.26	37.08	30.46	0.74	30.56	35.03	3.61	24.04	41.40	70.33	0.81	-0.21	17.93	6.85	20.04	7.55	12.77	7.43	2.06	36.72	4.18	-1.79	23.93	30.61	-31.20	3.56	-6.74	-37.65	-18.44	-10.96
农村增加	8.66	42.21	44.71	55.98	0.14	21.97	77.59	23.04	72.01	34.96	42.80	1.51	1.39	30.23	9.54	9.65	5.03	5.77	-0.62	-0.43	-9.39	-2.18	-0.58	-7.19	-27.27	-23.79	-45.46	-19.04	-31.09	-42.36	-80.67
城市增幅	-16.8	1564.2	80.7	-4.9	73.8	392.6	184.6	16.1	230.9	28.0	445.1	24.0	2.1	-9.5	30.9	45.9	-34.9	22.5	8.1	72.4	31.9	18.8	83.4	4.5	-18.3	-0.4	0.8	-35.8	-76.2	-66.8	-65.1
县镇增幅	24.7	1604.4	390.6	259.3	296.0	234.7	198.4	53.6	95.3	299.0	265.3	35.9	-2.1	70.5	70.0	139.9	66.2	62.1	38.2	74.6	87.0	51.0	-33.8	208.0	53.7	-74.7	11.5	-27.4	-70.0	-68.6	-33.5
农村增幅	1617.7	1082.5	476.5	446.3	412.4	282.6	214.9	214.4	212.3	146.8	114.9	44.2	41.1	40.6	39.3	27.9	17.8	13.2	-1.6	-9.1	-11.3	-12.6	-18.4	-23.3	-29.1	-39.7	-48.6	-52.2	-77.5	-89.8	-99.8

图2-50 2005年和2010年各省份在园幼儿数城乡分布对比

【数据来源】中国教育统计年鉴 [M] .2005, 2010.北京:人民教育出版社, 2006, 2011.

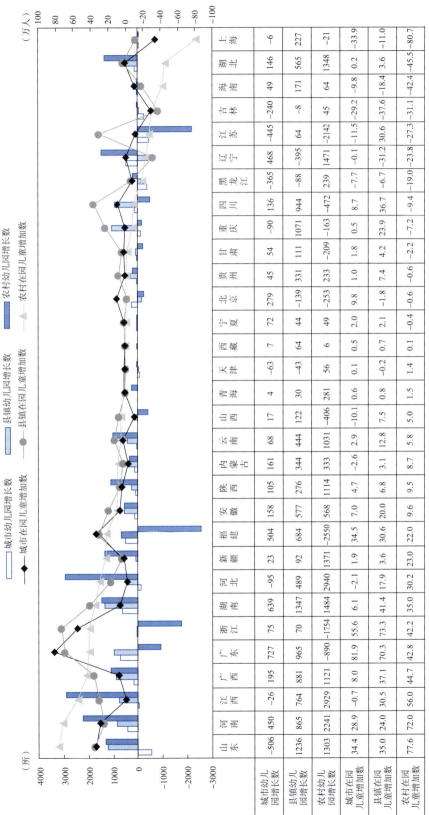

图2-51 2005年和2010年各省份城乡幼儿园数变化和在园儿童数变化的协调性

各省份按照农村在园儿童数增幅由高到低进行排列。

【数据来源】中国教育统计年鉴 [M]. 2005, 2010. 北京：人民教育出版社, 2006, 2011.

	山东	河南	江西	广西	广东	浙江	湖南	河北	新疆	福建	安徽	陕西	内蒙古	云南	山西	青海	天津	西藏	宁夏	北京	贵州	甘肃	重庆	四川	黑龙江	辽宁	江苏	吉林	海南	湖北	上海
城市幼儿园增长数	-506	450	-26	195	727	75	639	-95	23	504	158	105	161	68	17	4	-63	7	72	279	45	54	-90	136	-365	468	-445	-240	49	146	-6
县镇幼儿园增长数	1236	865	764	881	965	70	1347	489	92	684	577	276	344	444	122	30	-43	64	44	-139	331	111	1071	944	-88	-395	64	-8	171	565	227
农村幼儿园增长数	1303	2241	2929	1121	-890	-1754	1484	2940	1371	-2550	568	1114	333	1031	-406	281	56	6	49	-253	233	-209	-163	-472	239	1471	-2142	45	64	1348	-21
城市在园儿童增加数	34.4	28.9	-0.7	8.0	81.9	55.6	6.1	-2.1	1.9	34.5	7.0	4.7	-2.6	2.9	-10.1	0.6	0.1	0.5	2.0	9.8	1.0	1.8	0.5	8.7	-7.7	-0.1	-11.5	-29.2	-9.8	0.2	-33.9
县镇在园儿童增加数	35.0	24.0	30.5	37.1	70.3	73.3	41.4	17.9	3.6	30.6	20.0	6.8	3.1	12.8	7.5	0.8	-0.2	0.7	2.1	-1.8	7.4	4.2	23.9	36.7	-6.7	-31.2	30.6	-37.6	-18.4	3.6	-11.0
农村在园儿童增加数	77.6	72.0	56.0	44.7	42.8	42.2	35.0	30.2	23.0	22.0	9.6	9.5	8.7	5.8	5.0	1.5	1.4	0.1	-0.4	-0.6	-0.6	-2.2	-7.2	-9.4	-19.0	-23.8	-27.3	-31.1	-42.4	-45.5	-80.7

从各省份城乡在园儿童数的增长率来看，农村增长率超过100%（即年均增长率超过20%）的省份主要有内蒙古、浙江、广西、江西、西藏、福建、山东、新疆、湖南、河南和广东等11个省份，增幅在114.9%—1617.7%，增长特别迅速。县镇在园幼儿数增长率超过100%的省份包括浙江、广西、湖南、西藏、广东、江西、福建、重庆、山东和安徽等10个省份，增幅在139.9%—1604.4%，增长也特别迅速。城市在园幼儿数增长率超过100%的省份包括浙江、福建、河南、山东和广东5个省份，增幅在145.1%—1564.1%，增幅较大，但省份数量较少。综合分析可见，浙江、福建、山东、广东和河南5个省份的农村、县镇和城市在园幼儿的增幅都在100%以上，城乡在园幼儿数的增长都特别迅速（图2-50）。

就城市、县镇和农村幼儿园数量变化和在园幼儿数量变化的一致性和协调性而言，有些省份的协调性比较好，而有些省份的协调性则比较差。因此，各省份在确定城乡学前教育发展格局和思路时，要充分考虑幼儿园园所的数量、容量和适龄儿童数（图2-51）。

（三）城乡幼儿园办学条件均有改善，县镇改善最大

分析数据可见，各省份城乡幼儿园占地面积和建筑面积差异显著，2005—2010年有明显的增加；2005—2010年，城乡生均占地面积增减不一，而城乡生均建筑面积有不同程度的增长。

1. 城乡幼儿园占地面积均有增加，但增长速度不同

目前，农村幼儿园占地总面积最大，为9387.22万平方米；城市幼儿园占地总面积最小，仅为7713.3万平方米。

2005—2010年，全国幼儿园占地面积增加了8229.57万平方米，增幅为47.88%。其中，农村增长量最大，达到了3392.84万平方米，增幅为56.6%；县镇增加了3316.22万平方米，增幅为66.32%，城市增长量最小，仅增长了1520.51万平方米，增幅为24.55%（图2-52）。

2. 城乡幼儿园建筑面积均有增长，但增速差异显著

目前，城市幼儿园建筑总面积最大，为5284.93万平方米；农村幼儿

园建筑总面积最小，仅为3381.7万平方米。

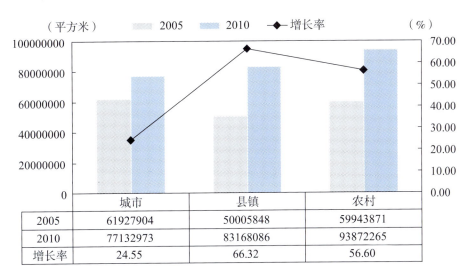

	城市	县镇	农村
2005	61927904	50005848	59943871
2010	77132973	83168086	93872265
增长率	24.55	66.32	56.60

图 2 - 52　2005 年和 2010 年城乡幼儿园占地面积对比

【数据来源】中国教育统计年鉴［M］. 2005，2010. 北京：人民教育出版社，2006，2011.

2005—2010 年，全国幼儿园建筑面积增加了 4766.52 万平方米，增幅为 55.30%。其中，县镇增长量最大，为 2113.55 万平方米；增幅也最大，达到 81.11%，每年平均增长 16 个百分点以上。相对而言，城市的增量居中，增加了 1406.87 万平方米，但增幅最小，仅为 36.28%。农村增量最小，仅增长了 1246.09 万平方米，但增幅比较大，达到 58.35%，每年平均增长 10 个百分点以上（图 2 - 53）。

3. 城乡生均占地面积增减不一

目前，城市幼儿园生均占地面积最大（为 10.25 平方米），农村幼儿园生均占地面积为最小（仅为 7.73 平方米），城乡差异较大。

比较 2005 年和 2010 年的数据可见，全国幼儿园生均占地面积增加了 0.65 平方米，增幅为 8.25%。其中，农村增长量最大，达到 1.84 平方米，增幅为 31.18%；而城市和县镇分别减少了 0.63 平方米、0.2 平方米，减幅为 5.80% 和 2.37%（图 2 - 54）。

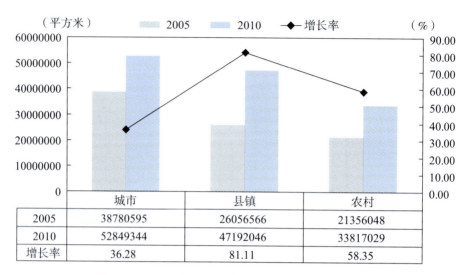

（平方米）　■ 2005　■ 2010　◆ 增长率　（％）

	城市	县镇	农村
2005	38780595	26056566	21356048
2010	52849344	47192046	33817029
增长率	36.28	81.11	58.35

图 2-53　2005 年和 2010 年城乡幼儿园建筑面积对比

【数据来源】中国教育统计年鉴 ［M］. 2005，2010. 北京：人民教育出版社，2006，2011.

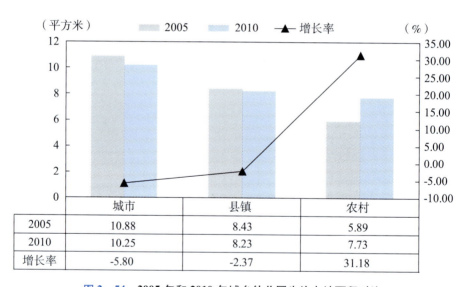

（平方米）　■ 2005　■ 2010　▲ 增长率　（％）

	城市	县镇	农村
2005	10.88	8.43	5.89
2010	10.25	8.23	7.73
增长率	-5.80	-2.37	31.18

图 2-54　2005 年和 2010 年城乡幼儿园生均占地面积对比

注：数据根据《中国教育统计年鉴》相关统计计算得出。
【数据来源】中国教育统计年鉴 ［M］. 2005，2010. 北京：人民教育出版社，2006，2011.

4. 城乡生均建筑面积略有增长，农村增幅最大

目前，城乡幼儿园生均建筑面积差异很大。城市幼儿园生均建筑面积

最大（为7.02平方米），农村幼儿园生均建筑面积最小（仅为2.79平方米），前者约为后者的2.6倍。

2005—2010年，全国幼儿园生均建筑面积增加了0.54平方米，增幅为12%。其中，农村幼儿园增长量最大，达到0.69平方米，增幅为24.61%；城市增加了0.21平方米，增幅为2.98%；县镇增长了0.28平方米，增幅为5.94%（图2-55）。

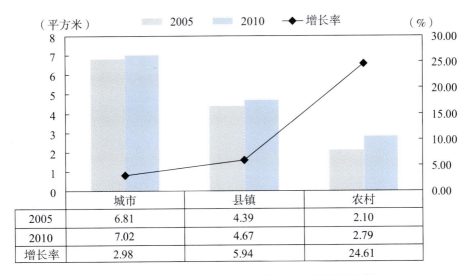

	城市	县镇	农村
2005	6.81	4.39	2.10
2010	7.02	4.67	2.79
增长率	2.98	5.94	24.61

图2-55　2005和2010年城乡幼儿园生均建筑面积对比

注：数据根据《中国教育统计年鉴》相关统计计算得出。

【数据来源】中国教育统计年鉴［M］. 2005，2010. 北京：人民教育出版社，2006，2011.

（四）城乡幼儿园教师队伍比较

从城乡幼儿园教师队伍来看，城市教师的数量最多，大专以上学历的教师比例也最高，但农村的生师比最高；城乡未评职称的幼儿园教师比例都超过了六成，农村高达七成。农村幼儿园教师急需增加数量和提升专业水平。

1. 幼儿园教师数量城市最多，生师比农村最高

从当前幼儿园在园幼儿规模来看，农村在园幼儿多于县镇，县镇多于

城市。但从幼儿教师队伍总量来看，目前城市幼儿园教职工最多，共有79.6万人，占了全国幼儿园教职工总数的43%；农村仅有43.3万人，占23%，比城市地区低了20个百分点。县镇比农村略多，但仍与城市教师数量差距明显（图2-56）。

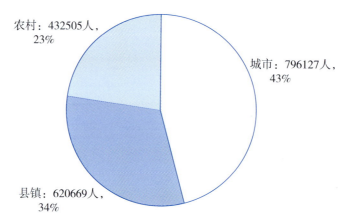

图2-56 **2010年全国幼儿园教职工数的城乡分布**

【数据来源】中国教育统计年鉴［M］. 2005, 2010. 北京：人民教育出版社，2006，2011.

将2005年和2010年的相关数据进行比较可见，幼儿园教职工、园长和专任教师的数量不断增长，而且呈现出大致相同的趋势，县镇增加最快，其次是农村，县镇和农村的增长率都超过了全国平均水平。相对而言，城市增长慢些（图2-57）。

从生师比来看，城乡差异很大。首先看幼儿与教职工之比，城市为9.45，县镇为16.27，农村高达28.07。农村约为城市的3倍。幼儿与教师（含园长）之比，城市为14.59，县镇为22.15，农村高达36.42。从图2-58中可以看出，县镇的生师比基本与全国持平，但农村明显比全国高出很多。

2005—2010年，城市、县镇和农村的生师比（包括幼儿与教职工比和幼儿与教师比）均有不同程度的降低。其中农村降低得最多，幼儿与教职工比和幼儿与教师比分别降低了12.64和13.14，城市和县镇降低量都不到1，相对而言县镇降低得最少。

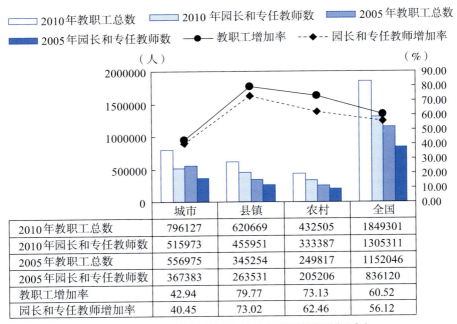

	城市	县镇	农村	全国
2010年教职工总数	796127	620669	432505	1849301
2010年园长和专任教师数	515973	455951	333387	1305311
2005年教职工总数	556975	345254	249817	1152046
2005年园长和专任教师数	367383	263531	205206	836120
教职工增加率	42.94	79.77	73.13	60.52
园长和专任教师增加率	40.45	73.02	62.46	56.12

图 2-57　2005 年和 2010 年城乡幼儿园教师队伍对比

【数据来源】中国教育统计年鉴［M］. 2005，2010. 北京：人民教育出版社，2006，2011.

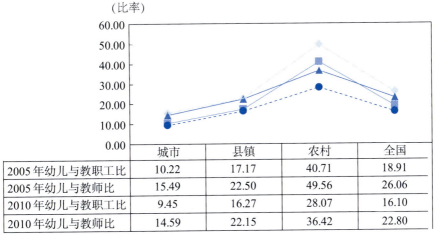

	城市	县镇	农村	全国
2005年幼儿与教职工比	10.22	17.17	40.71	18.91
2005年幼儿与教师比	15.49	22.50	49.56	26.06
2010年幼儿与教职工比	9.45	16.27	28.07	16.10
2010年幼儿与教师比	14.59	22.15	36.42	22.80

图 2-58　2005 年和 2010 年城乡幼儿园生师比对比

注：数据根据《中国教育统计年鉴》相关统计计算得出。

【数据来源】中国教育统计年鉴［M］. 2005，2010. 北京：人民教育出版社，2006，2011.

2. 大专以上学历幼儿园专任教师城市比例高，农村增长快

从当前幼儿园专任教师学历来看，城市幼儿园教师的学历层次明显高于县镇和农村教师。2010 年，城市专科及以上学历幼儿园专任教师的比例已经达到了 71.50%，而农村仅为 41.76%，相差 30 个百分点（图 2 - 59）。

2005—2010 年，全国专科及以上学历幼儿园专任教师的比例提高了 11.15 个百分点。其中，农村幼儿园教师学历提高的幅度最大，为 12.60 个百分点；县镇提高最慢，仅为 10.60 个百分点。

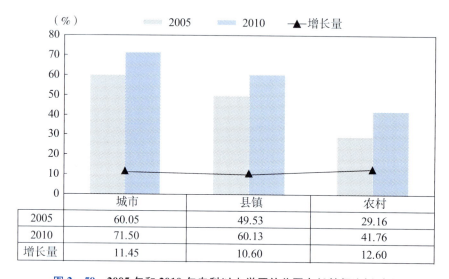

	城市	县镇	农村
2005	60.05	49.53	29.16
2010	71.50	60.13	41.76
增长量	11.45	10.60	12.60

图 2 - 59 **2005 年和 2010 年专科以上学历幼儿园专任教师比例对比**

【数据来源】中国教育统计年鉴［M］. 2005，2010. 北京：人民教育出版社，2006，2011.

3. 城市和县镇六成多教师未评职称，农村多达七成

从当前幼儿园专任教师职称评定的情况来看，全国幼儿园专任教师中未评职称的比例已经达到 64.25%。其中，农村幼儿园专任教师未评职称的比例明显高于县镇和城市，2010 年有超过 3/4 的农村幼儿园教师未评职称。城市和县镇幼儿园分别有 60% 多的教师未评职称。

从近些年来的变化情况看，幼儿园专任教师未评职称的问题正变得更加突出。2005—2010 年，全国幼儿园专任教师中未评职称的比例从 54.4% 提高到了 64.75%，提高了 10.35 个百分点。其中，城市未评职称幼儿园

教师的比例提高幅度最大，5 年间提高了 14.01 个百分点，县镇和农村分别提高了 10.96 个百分点和 4.02 个百分点（图 2 - 60）。

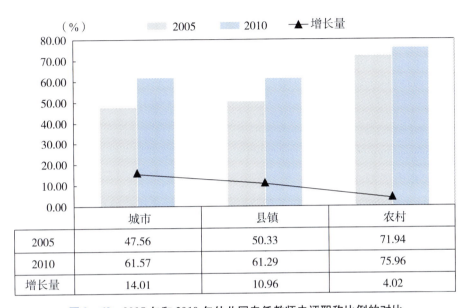

	城市	县镇	农村
2005	47.56	50.33	71.94
2010	61.57	61.29	75.96
增长量	14.01	10.96	4.02

图 2 - 60　**2005 年和 2010 年幼儿园专任教师未评职称比例的对比**

【数据来源】中国教育统计年鉴［M］. 2005，2010. 北京：人民教育出版社，2006，2011.

四、各地区学前教育发展综合水平分析

由于学前教育发展的地方自主权较大，因此地方差异也比较大。至于各个省份和各地区间的学前教育发展如何，以往仅凭经验判断，或依据入园率、财政投入等单一指标进行描述。本研究通过构建学前教育发展综合水平的评估体系，从学前教育机会、学前教育投入、学前教育质量和学前教育公平四个方面，全面客观地描述了各省份和各地区学前教育发展的综合水平。

综合分析和比较我国各地区学前教育的发展水平是一种有益的新尝试。分析各年度尤其是 2010 年度各地区学前教育发展的综合水平，有助于

评估各地区学前教育三年行动计划学前教育发展的起始水平，为评估学前教育三年行动计划的效果提供参考依据。

（一）学前教育综合发展水平的指标体系与发展指数的计算方法

综合分析和比较我国各地区学前教育的发展水平，关键是构建一个简便易行且能客观描述和比较我国各省份学前教育综合发展水平的指标体系。

本研究在制定指标体系时主要参考或依据以下四个方面的相关文献。

1. 国家政策文件中关于我国学前教育的发展目标和要求

《教育规划纲要》第三章提出"有条件的地区普及学前三年教育"，根据当前学前一年教育已经基本普及、各地区已普遍将普及学前三年教育作为发展目标的现实状况，将"学前三年入园率"作为学前教育机会的指标；提出"大力发展公办园"、"加大政府投入"、"提高幼儿教师队伍整体素质"、"重点发展农村学前教育"，这些在本研究设计学前教育发展指标时均有所反映。"国十条"中除进一步强调上述方面外，还特别提出要"合理确定师生比"，"财政性学前教育经费在同级财政性教育经费中要占合理的比例"，要着力解决学前教育"城乡区域发展不平衡"的问题，这些在本研究设计学前教育发展指标时也均有所充分反映。

2. 教育部学前教育督导评估指标体系"发展水平"各项指标

2012 年 3 月，教育部发布《学前教育督导评估暂行办法》，提供了学前教育督导评估指标体系，其一级指标中的第六项"发展水平"中共有 6 项指标。①"毛入园率"明显提高，"入园难"问题得到缓解。②城镇和农村公办幼儿园比例、广覆盖程度明显提高。③学前教育财政投入所占比例明显提高。④取得学前教育资格证的教师数占幼儿教师总数的比例明显提高。⑤保教质量明显提高。⑥社会对当地提供的学前教育的满意度明显提高。上述 6 项指标除第 6 项外均在本研究考察范围内，或直接使用，或使用高度相关的替代性指标，如"取得学前教育资格证的教师数占幼儿教师总数的比例明显提高"这一项用教师学历替代，保教质量用师幼比来表示。

3. 教育发展综合指数相关研究的框架体系

本研究借鉴《中国地区教育发展报告》[①] 中构建中国地区教育发展指数的目标性、全面性、简洁性、客观性和可比性等原则。相关研究的基本共识是在统计数据充足状况下的地区教育发展指数设计：教育发展指数 = 1/4（教育机会指数 + 教育成果指数 + 教育质量指数 + 教育公平指数）。

本研究综合考虑和分析了这一理想模式和可操作的现实模式，提出我国学前教育综合发展指数 = 1/4（学前教育机会指数 + 学前教育投入指数 + 学前教育质量指数 + 学前教育公平指数）。

4. 我国学前教育现有可得的相关统计数据

就总体情况而言，我国教育统计基础薄弱，而学前教育统计的基础更加薄弱。因此，充分考虑我国学前教育现有可得的相关统计数据，是确保评估切实可行的重要前提和基础条件。如我国教育统计体系对幼儿园类型按教育部门办园、集体办园、民办园和其他部门办园划分，没有单独的"公办园"这一指标，但有"民办园"指标，因此在计算时可以用幼儿园总数减去民办园总数得到公办园总数，也就是教育部门办园、集体办园和其他部门办园三项合计的数量，这样可以避免统计口径不一致造成的偏差。再如城乡差异指标，因无法获得各省份城市和农村各自的入园率，只能用小学新生中接受过学前教育的儿童比例作为替代性指标，当然，其不足之处是无法准确反映儿童接受学前教育的年限。

经过上述研究和思考，我们最终确定各地区学前教育发展总体水平的一级指标共有四个，分别是：学前教育机会、学前教育投入、学前教育质量和学前教育公平。下面对各指标的内涵进行简单的分析描述。

（1）学前教育机会。这一指标反映了学前教育的普及程度和水平。入园率是反映学前教育机会最直接的指标。由于学前一年的普及率已经达到了相当高的水平，且统计口径差异较大，所以仅用学前三年毛入园率作为唯一重要指标。

---

① 王善迈，袁连生. 中国地区教育发展报告 ［M］北京：北京师范大学出版社，2011：18－26.

（2）学前教育投入。这一指标由两个二级指标构成：财政性学前教育经费占财政性教育经费的比例和公办园比例。由于当前财政性教育经费是学前教育经费中最关键、最重要和最敏感的指标，因此本研究选择财政性学前教育经费占财政性教育经费的比例作为教育投入的重要评量指标之一，以反映各省份区政府对学前教育的重视程度和财政投入程度。公办园比例反映了政府直接生产和提供学前教育公共服务的典型方式，也直观具体地反映了政府对学前教育的直接投入与供给。

（3）学前教育质量。学前教育质量的内涵很丰富，可以从教育结构质量、教育过程质量和儿童发展水平等多个方面来评量学前教育质量。基于客观、简洁和可得的原则，本研究选择了师幼比和教师学历两个结构性指标来反映学前教育质量。

（4）学前教育公平。尽管《教育规划纲要》提出了到 2020 年基本普及学前教育的发展目标，学前教育公平的路还很漫长和遥远，但学前教育的公平被称为教育和社会公平起点，意义重大而深远。解决城乡学前教育发展不均衡问题是当前的首要任务。因此，本研究将城乡小学新生中接受过学前教育的儿童比例的差异大小作为考量教育公平的唯一指标。

参照相关研究对各项指标的赋权方法，本研究认为学前教育机会、学前教育投入、学前教育质量和学前教育公平同等重要，因此赋予这四项指标同等的权重，即分别为 1/4。于是，我们可以用下列公式简单地计算出每个省区市的学前教育发展指数。

学前教育综合发展指数 = 1/4（学前教育机会指数 + 学前教育投入指数 + 学前教育质量指数 + 学前教育公平指数）

其中：学前教育机会指数 = 学前三年毛入园率

学前教育投入指数 = 1/2（财政性学前教育经费占财政性教育经费的比例 + 公办园比例）

学前教育质量指数 = 1/2（师幼比 + 专科及以上学历教师比例）

学前教育公平指数 = 城乡差异指数

表 2 - 1 学前教育发展水平分析指标体系

一级指标	二级指标	操作定义	计算和记分说明	各项发展指数及举例
教育机会	入园率	学前三年毛入园率	按实际分值记分（如毛入园率为88.9%，记为0.889分）	学前教育机会指数＝学前三年毛入园率实际值：0.889
教育投入	学前教育财政投入比例	财政性学前教育经费占财政性教育经费的比例	按实际分值优化后记分（如财政性学前教育经费占财政性教育经费的比例为1.129%，经扩大10倍的优化处理记为0.113分）	学前教育投入指数＝1/2×（财政性学前教育经费占财政性教育经费的比例＋公办园比例）：1/2×（0.113＋0.643）
	公办园比例	公办园数占总园数的比例	按实际分值记分（如公办园比例为64.26%，则按实际分值四舍五入记为0.643分）	
教育质量	师幼比	专任教师与在园幼儿数的比例	按实际分值优化后记分（如师幼比为1：11.84＝0.08446，经扩大十倍的优化处理则记为0.845分）	1/2（师幼比＋专科及以上学历教师比例）：1/2×（0.845＋0.788）
	教师学历	专科及以上学历教师比例	按实际分值记分（如专科及以上学历教师比例为78.83%，则按实际分值记为0.788分）	

续表

一级指标	二级指标	操作定义	计算和记分说明	各项发展指数及举例
教育公平	城乡差异	农村小学新生中接受过学前教育的比例除以城市小学新生中接受过学前教育的比例	按转换比例记分（如农村小学新生中接受过学前教育的比例为96.39%，城市为98.43%，则城乡差异指数为：96.39%÷98.43% ＝0.979）	城乡差异指数：0.979（最优值为1）

（二）各省份学前教育发展的综合水平分析

本研究从学前教育机会、学前教育投入、学前教育质量和学前教育公平四个方面，采用学前三年毛入园率、财政性学前教育经费占财政性学前教育经费的比例、公办园比例、师幼比、教师学历和城乡差异6个指标评估30个省份学前教育发展的综合水平[①]。这6个指标均使用2010年数据，因此，本研究反映的是2010年各省份学前教育发展的综合水平。

1. 各省份学前教育发展指数排名

通过各省份学前教育发展指数的排名，我们可以初步地判断各省份学前教育发展综合水平的高低。

从图2－61可见，2010年我国30个省份学前教育发展指数从高到低依次排列如下：①上海，②北京，③天津，④江苏，⑤浙江，⑥新疆，⑦河北，⑧辽宁，⑨福建，⑩山东，⑪山西，⑫广东，⑬内蒙古，⑭吉林，⑮陕西，⑯重庆，⑰黑龙江，⑱河南，⑲湖北，⑳湖南，㉑宁夏，㉒四川，㉓广西，㉔江西，㉕安徽，㉖青海，㉗贵州，㉘甘肃，㉙海南，㉚云南。

---

① 由于西藏缺少入园率和城乡差异指标，不对其进行学前教育综合发展水平比较。

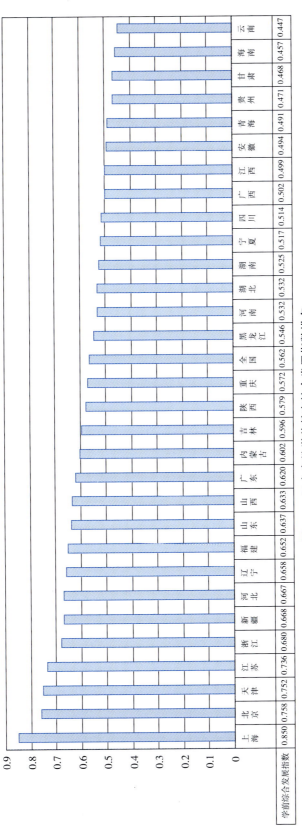

图2-61 30个省份学前教育综合发展指数排名

	学前综合发展指数
上海	0.850
北京	0.758
天津	0.752
江苏	0.736
浙江	0.680
新疆	0.668
河北	0.667
辽宁	0.658
福建	0.652
山东	0.637
山西	0.633
广东	0.620
内蒙古	0.602
吉林	0.596
陕西	0.579
重庆	0.572
全国	0.562
黑龙江	0.546
河南	0.532
湖北	0.532
湖南	0.525
宁夏	0.517
四川	0.514
广西	0.502
江西	0.499
安徽	0.494
青海	0.491
贵州	0.471
甘肃	0.468
海南	0.457
云南	0.447

注：西藏由于数据不全，不在排名之列。

2010 年，各地学前教育发展指数平均为 0.562。按学前教育发展指数大小，可以将各地区学前教育发展水平分为四组，分别是学前教育发达地区（0.750 以上）、学前教育比较发达地区（0.625—0.749）、学前教育发展一般地区（0.500—0.624）和学前教育欠发达地区（0.499 以下）。在 30 个省份中，学前教育发展居于发达水平的有 3 个，分别是上海（0.850）、北京（0.758）和天津（0.752），三个城市之间还有一定的差距。学前教育发展处于较发达水平的地区有 8 个，分别是江苏（0.736）、浙江（0.670）、新疆（0.668）、河北（0.667）、辽宁（0.658）、福建（0.652）、山东（0.637）、山西（0.633）。学前教育发展处于一般水平的地区有 12 个，分别是广东（0.620）、内蒙古（0.602）、吉林（0.595）、陕西（0.579）、重庆（0.572）、黑龙江（0.546）、河南（0.532）、湖北（0.532）、湖南（0.525）、宁夏（0.517）、四川（0.514）、广西（0.502）。学前教育发展处于欠发达水平的地区有 8 个，分别是江西（0.499）、安徽（0.494）、青海（0.491）、贵州（0.471）、甘肃（0.468）、海南（0.457）、云南（0.447）。

2. 各省份学前教育发展水平与教育发展水平比较

我们将 2010 年各省份学前教育发展指数与教育发展指数进行比较，可以看出各省份教育发展的协调性，尤其是学前教育与整个教育发展的协调性。

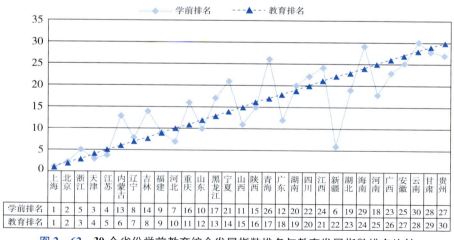

图 2 - 62　30 个省份学前教育综合发展指数排名与教育发展指数排名比较

注：教育发展指数采用《中国地区教育发展报告》中的排名。

从图 2 - 62 中，我们可以直观地看到各个省份学前教育与整个教育发展的协调性。可以将 30 个省份划分为三种类型，即比较协调（排名相差 0—2 位）、一般协调（排名相差 3—5 位）和不协调（排名相差 6 位以上）。

表 2 - 2　全国 30 个省份发展协调性类型

教育发展协调性类型	省份排名差距	说明
比较协调（13 个省份）	（1）相差 0 位：上海、北京、福建 （2）相差 1 位：天津、江苏、辽宁、陕西、湖南、云南 （3）相差 2 位：浙江、甘肃、四川、山东	辽宁、湖南、云南、浙江、福建和四川 6 个省份学前教育发展水平相对而言略落后于教育的整体发展水平
一般协调（10 个省份）	（4）相差 3 位：河北、江西、安徽 （5）相差 4 位：黑龙江、广西、贵州、海南、山西 （6）相差 5 位：重庆、湖北	江西、黑龙江、海南和重庆 4 个省份的学前教育发展水平明显地落后于教育整体发展水平
不协调（7 个省份）	（7）相差 6 位：吉林、广东 （8）相差 7 位：宁夏、内蒙古 （9）相差 8 位：河南 （10）相差 9 位以上：青海、新疆	内蒙古、吉林、宁夏、青海和西藏 5 个省份学前教育的发展水平严重落后于教育的整体发展水平

教育发展比较协调的省份有 13 个，分别是上海、北京、福建、天津、江苏、辽宁、陕西、湖南、云南、浙江、甘肃、四川和山东。其中，上海、北京和福建的教育发展水平和学前教育发展水平的排名完全吻合，具有高度的协调一致性；天津、江苏、辽宁、陕西、湖南、云南 6 个省份教育发展水平和学前教育发展水平的排名也仅相差一位，浙江、甘肃、四川、山东 4 个省份排名相差两位。

教育发展协调性一般的省份有 10 个，分别是河北、江西、安徽、黑龙江、广西、贵州、海南、山西、重庆和湖北。其中，江西、黑龙江、海南和重庆4个省份的学前教育发展水平明显地落后于教育整体发展水平。

教育发展不协调的省份有7个，分别是吉林、广东、宁夏、内蒙古、河南、青海和新疆。其中，吉林、宁夏、内蒙古、青海4个省份学前教育的发展水平严重落后于教育的整体发展水平，成为教育体系的短板。

3. 各省份学前教育发展的均衡性比较

我们将各省份学前教育发展的6项指数分别进行分析比较，可以初步了解各地学前教育发展各项发展指数之间的关系，并可以根据不同的关系将各省份学前教育的发展按其均衡性分为三种类型。其中，均衡型地区6项指数均呈现出大致相同的排名，而不均衡型地区6项指标则呈现出差异较大的排名分布。

表 2 - 3　　**31 个省份学前教育发展指数排名与 6 项指标排名级差比较**

省份	发展指数	入园率	财政投入	公办园比例	师幼比	教师学历	城乡差异	平均级差
上海	1	1	2	4	2	1	16	3.33
北京	2	6	12	7	1	2	2	3.33
天津	3	4	4	2	5	7	1	1.83
江苏	4	2	8	8	14	9	7	4.17
浙江	5	3	7	23	4	22	10	7.50
新疆	6	15	1	5	30	2	22	9.83
河北	7	11	3	3	23	10	12	6
辽宁	8	7	21	15	3	16	6	6
福建	5	6	6	12	22	28	9	8.83
山东	10	9	24	9	10	27	14	6.17
山西	11	14	10	6	13	13	18	3.33
广东	12	8	19	21	7	30	3	8.67

续表

省份	发展指数	入园率	财政投入	公办园比例	师幼比	教师学历	城乡差异	平均级差
内蒙古	13	21	5	13	8	5	15	5.17
吉林	14	17	20	14	6	8	4	5.50
陕西	15	13	18	26	9	11	20	5.17
重庆	16	10	28	19	27	24	8	8
黑龙江	17	24	11	24	16	14	13	4.67
河南	18	22	23	25	15	20	19	3.67
湖北	19	16	22	22	19	23	21	2.50
湖南	20	23	29	28	20	18	5	6.17
宁夏	21	25	13	16	21	4	26	6.5
四川	22	12	17	27	28	26	23	5.17
广西	23	20	25	29	29	25	17	4.67
江西	24	19	30	31	18	31	11	7.33
安徽	25	26	26	18	26	12	25	3.83
青海	26	28	9	11	24	15	29	8.33
贵州	27	18	27	17	31	17	28	5.67
甘肃	28	29	16	10	17	9	30	10.5
海南	29	27	31	30	12	29	24	4.5
云南	30	30	15	20	25	19	27	7.33
西藏	—	—	14	1	11	21	—	—

将各省份6项指标的排名与学前教育综合发展指数排名进行比较，得到各省份不同的级差均值。按级差均值的大小，可以进一步将30个省份学前教育发展的均衡性分成三个不同的类别。

（1）良好均衡型。其级差值在3.99以下，共有7个省份，分别为天津、湖北、上海、北京、山西、河南和安徽。这些省份的6项指标排名前后相差不大。如天津6项排名均在前7名之内，4名上下；山西6项指标

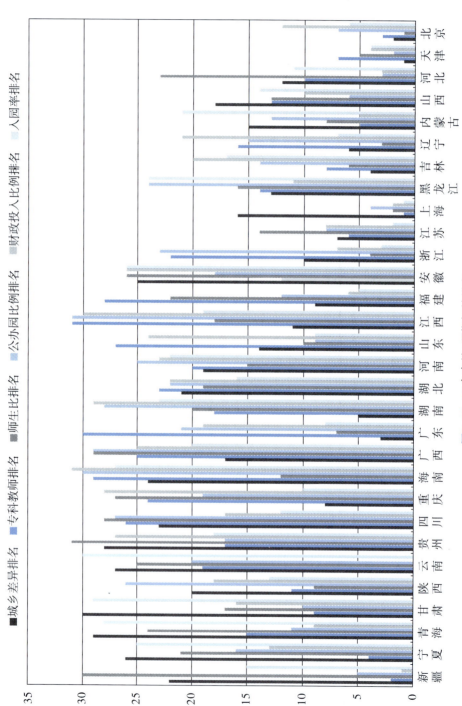

图2-63　30个省份6项指标的排名

排名均在 13 名上下；湖北虽然综合发展水平排名比较靠后（在 19 位），但 6 项指标的排名均在 20 名上下，比较接近。

（2）一般均衡型。其级差值在 4.00—6.99，共有 15 个省份，分别为江苏、海南、广西、黑龙江、内蒙古、陕西、吉林、四川、贵州、河北、辽宁、山东、湖南和宁夏。一般均衡型的省份比较多，接近半数。这些省份的各项指标排名有明显的差别。如黑龙江财政投入比例排名比较高，居 11 位，但其入园率排名却比较低，为第 24 位；陕西师幼比排名比较靠前，居第 9 位，但其公办园比例排名靠后，仅居第 26 位。

（3）不均衡型。其级差值在 7.00 以上，共有 8 个省份，分别为江西、浙江、重庆、青海、广东、福建、新疆和甘肃。8 个不均衡省份的特点是各项差异都比较大。以新疆为例，其财政投入比例全国第一，专科教师比例全国第二，公办园比例全国第 5，但其城乡差异巨大，师幼比也差异巨大；福建的入园率和财政投入比例都居全国第 6，但师幼比和教师学历却排名落后，分别居第 22 和第 28 位；甘肃省的入园率排名第 29 位，而教师学历的比例却排名第 9 位。

表 2－4　学前教育发展均衡性的类型

发展的均衡性	省　份
良好均衡型：7 个省份 （级差值在 3.99 以下）	天津（1.83）、湖北（2.50） 上海、北京、山西（3.33） 河南（3.67）、安徽（3.83）
一般均衡型：15 个省份 （级差值在 4.00—6.99）	江苏（4.17）、海南（4.50）、广西、黑龙江（4.67） 内蒙古、陕西（5.17）、吉林（5.50） 四川（5.17）、贵州（5.67） 河北、辽宁（6.00）、山东、湖南（6.17）、宁夏（6.50）
不均衡型：8 个省份 （级差值在 7.00 以上）	江西（7.33）、浙江（7.50） 重庆（8.00）、青海（8.33）、广东（8.67）、福建（8.83） 新疆（9.83）、甘肃（10.50）

（三）东中西部学前教育发展综合水平分析

数据显示，从东部到西部，学前教育的发展水平呈现出从高到低的变化趋势，东部地区的发展水平明显高于全国平均水平，中部地区的发展水平基本接近全国平均水平，而西部地区则在全国平均线以下。东中西部学前教育的发展水平具有明显的差别和不同的特点。

从6项发展指标来看，各地区在入园率、财政投入比例、公办园比例、师幼比和城乡差异5项上都呈现出不同程度的差异，而专科以上学历教师的比例东中西部没有明显的差异（图2-64）。

东中西部地区内各省份之间也呈现出不同的特点，分析和描述这些特点有助于找到发展中的问题，为制定国家、区域和省份层面的政策措施提供参考依据。

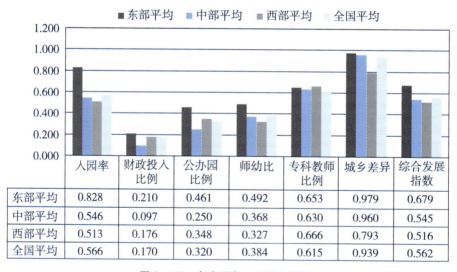

	入园率	财政投入比例	公办园比例	师幼比	专科教师比例	城乡差异	综合发展指数
东部平均	0.828	0.210	0.461	0.492	0.653	0.979	0.679
中部平均	0.546	0.097	0.250	0.368	0.630	0.960	0.545
西部平均	0.513	0.176	0.348	0.327	0.666	0.793	0.516
全国平均	0.566	0.170	0.320	0.384	0.615	0.939	0.562

图 2-64　东中西部 6 项指标排名

1. 东部地区 11 个省份学前教育发展综合水平分析比较

从东部 11 个省份的总体状况来看，东部学前教育平均发展水平高于全国平均水平，但各省份之间也有明显的差异（上海、北京、天津、江苏和浙江 5 个省份均高于全国平均水平和东部平均水平，处于领先地位；海南

144

的发展水平最低，与上海的综合指数相差 0.393，甚至低于西部平均发展指数，居全国倒数第三位（图 2 – 65）。

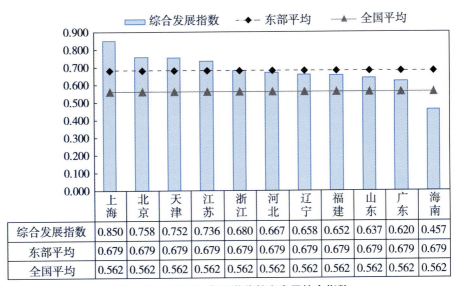

	上海	北京	天津	江苏	浙江	河北	辽宁	福建	山东	广东	海南
综合发展指数	0.850	0.758	0.752	0.736	0.680	0.667	0.658	0.652	0.637	0.620	0.457
东部平均	0.679	0.679	0.679	0.679	0.679	0.679	0.679	0.679	0.679	0.679	0.679
全国平均	0.562	0.562	0.562	0.562	0.562	0.562	0.562	0.562	0.562	0.562	0.562

图 2 – 65　东部 11 省份学前教育发展综合指数

从 6 项具体指标来看，上海市各项指标均列榜首，海南省各项指标都最低。11 个省份在各项发展指标上也呈现出极大的差异性。相对而言，各省份城乡差异的差别最小，而财政投入比例和公办园比例的差异最大，财政投入比例最高的上海市是投入最低的海南省的 12.9 倍，公办园比例最高的天津市是最低的海南省的 7.5 倍。学前三年毛入园率最高的上海市和海南省相差 51 个百分点，前者是后者的 2.1 倍。师幼比差别最大的为北京和河北，最高水平的北京是最低水平河北的 2.1 倍。从教师学历这项指标来看，最高的上海市和最低的广东省相差约 45 个百分点（图 2 – 66）。

2. 中部地区 8 个省份学前教育发展综合水平分析比较

中部地区 8 省份的学前教育发展综合水平差别不大，十分接近。中部平均水平略低于全国的平均水平，但非常接近。大多数中部省份都略低于全国平均水平，相对而言，山西和吉林发展较好，其在全国的排名分别为第 11 和第 14 位，江西和安徽相对较弱，在全国排第 24 和第 25 位（图 2 – 67）。

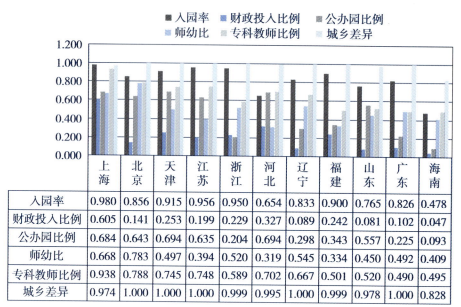

	入园率	财政投入比例	公办园比例
	师幼比	专科教师比例	城乡差异

	上海	北京	天津	江苏	浙江	河北	辽宁	福建	山东	广东	海南
入园率	0.980	0.856	0.915	0.956	0.950	0.654	0.833	0.900	0.765	0.826	0.478
财政投入比例	0.605	0.141	0.253	0.199	0.229	0.327	0.089	0.242	0.081	0.102	0.047
公办园比例	0.684	0.643	0.694	0.635	0.204	0.694	0.298	0.343	0.557	0.225	0.093
师幼比	0.668	0.783	0.497	0.394	0.520	0.319	0.545	0.334	0.450	0.492	0.409
专科教师比例	0.938	0.788	0.745	0.748	0.589	0.702	0.667	0.501	0.520	0.490	0.495
城乡差异	0.974	1.000	1.000	1.000	0.999	0.995	1.000	0.999	0.978	1.000	0.828

图 2-66　东部 11 省份学前教育发展分项指数

从 6 项指标的分析来看，中部 8 省份的大部分指标差别不大。尤其是城乡差异和师幼比起伏很小。学前三年毛入园率相差也不多，最好的山西省和最弱的安徽省相差只有 10.7 个百分点。中部 8 省份的财政投入在 0.156—0.062，相差不大。师幼比各省之间差别也不大，最高的吉林省（0.495）是最低的安徽省（0.294）的 1.68 倍。教师学历水平有一定差异，最好的吉林省和最差的江西省之间相差大约 29 个百分点。公办园的比例起伏最大，最高的山西省（66%）和最低的江西省（5%）相差 61 个百分点，前者是后者的 13.2 倍（图 2-68）。

3. 西部地区 11 个省份学前教育发展综合水平分析比较

从西部各省份的总体情况看，西部 11 省份的综合发展指数明显低于全国平均水平。有 1/3 的省份综合发展指数高于全国综合水平，分别是新疆、内蒙古、陕西、重庆，在全国分别居于第 6、第 13、第 15 和第 16 位，其他 7 个省份的综合发展水平都在全国平均线以下，云南在全国排名最后（图 2-69）。

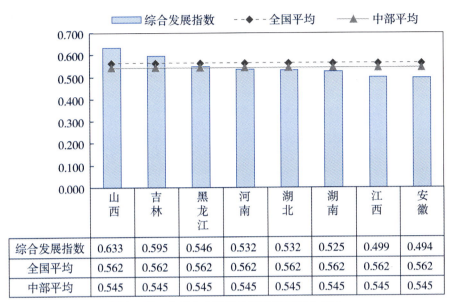

	山西	吉林	黑龙江	河南	湖北	湖南	江西	安徽
综合发展指数	0.633	0.595	0.546	0.532	0.532	0.525	0.499	0.494
全国平均	0.562	0.562	0.562	0.562	0.562	0.562	0.562	0.562
中部平均	0.545	0.545	0.545	0.545	0.545	0.545	0.545	0.545

图 2-67　中部 8 省份学前教育发展综合指数

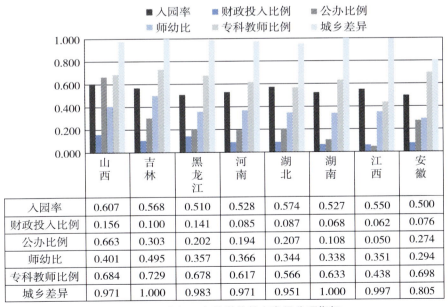

	山西	吉林	黑龙江	河南	湖北	湖南	江西	安徽
入园率	0.607	0.568	0.510	0.528	0.574	0.527	0.550	0.500
财政投入比例	0.156	0.100	0.141	0.085	0.087	0.068	0.062	0.076
公办比例	0.663	0.303	0.202	0.194	0.207	0.108	0.050	0.274
师幼比	0.401	0.495	0.357	0.366	0.344	0.338	0.351	0.294
专科教师比例	0.684	0.729	0.678	0.617	0.566	0.633	0.438	0.698
城乡差异	0.971	1.000	0.983	0.971	0.951	1.000	0.997	0.805

图 2-68　中部 8 省份学前教育发展分项指标

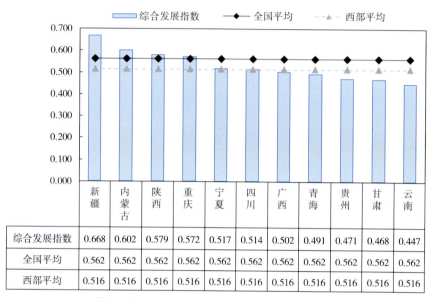

	新疆	内蒙古	陕西	重庆	宁夏	四川	广西	青海	贵州	甘肃	云南
综合发展指数	0.668	0.602	0.579	0.572	0.517	0.514	0.502	0.491	0.471	0.468	0.447
全国平均	0.562	0.562	0.562	0.562	0.562	0.562	0.562	0.562	0.562	0.562	0.562
西部平均	0.516	0.516	0.516	0.516	0.516	0.516	0.516	0.516	0.516	0.516	0.516

图 2-69 西部 11 省份学前教育发展综合指数

从 6 项指标的分析可见，西部 11 省份之间的差异很大。从入园率来看，西部地区的入园率相对都比较低，除陕西、重庆和四川外，均在 60% 以下，甘肃和云南不足 40%。各省份之间也有明显差异，入园率最高的重庆市（70.9%）和入园率最低的云南（37.4%）相差 33.5 个百分点。财政性投入的比例差异也很大，如新疆的财政投入指数为 0.668，居西部之首，而投入最少的重庆只有 0.071，前者是后者的 9.4 倍。公办园比例差异也很大，最高的新疆（66.8%）和最低的广西（9.9%）相差 56.9 个百分点，前者是后者的 6.75 倍。西部地区各省份之间的师幼比起伏很大，西部 11 个省份中师幼比指数最高的内蒙古在全国排名第 8，指数最低的贵州在全国排名最后，两者的发展指数前者是后者的 2.5 倍。教师学历指数集中在 0.548—0.812，最高的新疆与最低的四川之间相差 26.4 个百分点（图 2-70）。

与东部和中部相比较而言，西部的城乡差异最大。从城乡差异指数最低的甘肃（0.629，在全国排名最后，即城乡差异最大），到最高的重庆（0.999，在全国排名第 8 位），分数相差 0.371，排名相差 22 位。

总之，东部地区学前教育发展综合水平比较高，但各省份之间有明显的差异。中部地区学前教育的发展水平与全国平均水平十分接近，而且中部各省份之间差异不大。西部地区学前教育发展的平均水平明显低于全国平均水平，各省份之间差异很大。因此，要进一步采取相应的措施，在加快学前教育发展的同时促进地区间的均衡。

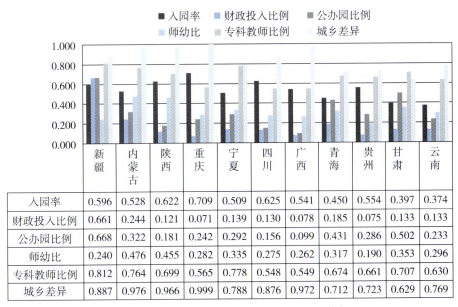

	新疆	内蒙古	陕西	重庆	宁夏	四川	广西	青海	贵州	甘肃	云南
入园率	0.596	0.528	0.622	0.709	0.509	0.625	0.541	0.450	0.554	0.397	0.374
财政投入比例	0.661	0.244	0.121	0.071	0.139	0.130	0.078	0.185	0.075	0.133	0.133
公办园比例	0.668	0.322	0.181	0.242	0.292	0.156	0.099	0.431	0.286	0.502	0.233
师幼比	0.240	0.476	0.455	0.282	0.335	0.275	0.262	0.317	0.190	0.353	0.296
专科教师比例	0.812	0.764	0.699	0.565	0.778	0.548	0.549	0.674	0.661	0.707	0.630
城乡差异	0.887	0.976	0.966	0.999	0.788	0.876	0.972	0.712	0.723	0.629	0.769

图 2－70　西部 11 省份学前教育发展分项指标

注：西藏因数据不全，不在排名之列。

（四）对各地区学前教育发展综合水平排名的特别说明

如前文所述，本研究对各省份学前教育发展综合水平的测算只是一次初步的尝试，特别需要说明如下几点。

1. 研究给出的排名仅供参考，不代表官方观点

本研究仅代表学术研究的一种新的尝试和学术观点，为深入研究学前教育发展的地方性差异提供一种新的思路和角度，不代表官方观点。

全方位考察地方性学前教育事业发展和学前教育三年行动计划的成效，还需要增加更加全面、深入和细致的指标。特别是要依据教育部印发

的《学前教育督导评估暂行办法》，从政府职责、经费投入、园所建设、队伍建设、规范管理和发展水平等方面，对各地区学前教育事业发展和学前教育三年行动计划的落实情况进行评估。本研究只在一定程度上反映了"发展水平"这一结果性的指标。

2. 受可获得数据的限制，综合水平的内涵有限

如前文所述，我国学前教育统计基础特别薄弱，可获得的能够作为评估指标的数据十分有限。如学前教育投入应该考虑生均财政性投入等多方面指标；幼儿园教育质量应该从物质环境、教育过程、幼儿发展等多方面进行考察，但数据受限，只能考察师幼比和教师资质两个指标。教育公平除城乡差异外，还应该考虑各级地方政府对弱势群体接受学前教育的财政支持等因素，但因为数据来源有限或统计口径不一致而无法进行比较。

3. 研究的评估指标是探索性的，需要不断完善

本研究使用的指标体系是在现有数据条件下的可行性指标体系，其一级指标尤其是二级指标还比较单薄，都需要在理论和实证研究中进一步地丰富和完善。正如前文所述，本研究所进行的学前教育发展综合指数分析只是地区性学前教育发展综合评估的一次尝试，从理论框架到实际计算都是探索性和尝试性的。而且，比较各省份学前教育综合发展指数的目的也不是为了比出各省份的排名高下，而是为了引起各地政府对学前教育的重视，推进《教育规划纲要》和学前教育"国十条"中各项学前教育事业发展目标与要求的贯彻落实。

总之，本研究所呈现的地区差异和各省份排名是相对的，所反映的也只是在一定程度上的综合发展水平。本研究依据的各项数据均为 2010 年的数据，描述的只是学前教育三年行动计划实施前的基础水平，相信通过各省份的努力，2012 年和 2013 年的结果会有很大的不同。我们也会随着学前教育统计数据的丰富，进一步完善和丰富学前教育综合发展水平评估的指标体系。

第三章

中国与世界各主要国家学前教育比较

　　随着我国社会经济的快速发展，特别是进入新世纪以来，我国学前教育稳步发展，学前教育的普及水平、财政投入、办园条件和师资水平都有了明显提高，学前教育基本公共服务体系的政策框架已经建立。但在国际视野下审视我国学前教育的发展水平，尤其是将我国学前教育的发展与经济合作与发展组织（Organisation for Economic Co-operation and Development，以下简称OECD）国家进行比较，在九个发展中人口大国、金砖四国和其他相关经济体中进行比较，能够更客观、更清楚地看到我国学前教育的发展水平在国际中的地位，从而发现差距与不足，并借鉴别国有益经验，加快我国学前教育发展的步伐。

　　本研究运用证据和数据，从学前教育的普及情况、幼儿园办园体制与格局、学前教育的投入与成本分担、教师队伍状况等几个方面，力求比较全面系统、深入细致地分析我国与其他国家和组织的学前教育状况，以期找到制约我国学前教育事业发展的深层原因，发现可以借鉴的政策、措施和发展路径，加快我国学前教育服务体系的完善及其在实践层面的落实，尽快实现学前教育普及普惠的发展目标。

一、中国与 OECD 国家学前教育发展的比较

OECD 现有 34 个成员国，其国民生产总值占全世界的 2/3，大多数 OECD 成员国也是世界上的富有国家。① 纵观 OECD 学前教育发展历程，各成员国始终从各自所处时代的政治、经济和文化背景出发，充分考虑社会变迁、人口变化等因素对学前教育的影响，其学前教育与保育政策体现着不同时代所赋予的特殊意义。20 世纪 70 年代，OECD 以补偿教育为切入点，应对当时在学前教育与保育领域面临的机遇和挑战。到 20 世纪 80 年代，OECD 从关注"处于危机中的儿童"的需求入手，强调各成员国应关注学前教育的重要意义、妇女利益、家长作用、文化多元性、教职工培训、服务模式和经济效益等问题。20 世纪 90 年代末期起，OECD 比以往任何时候都更加关注学前教育领域的具体问题，诸如为学前教育与保育服务制定指导方针和课程标准等。21 世纪以来，OECD 通过全方位、多角度的审视，对什么是成功的学前教育与保育政策及其构成要素，正式表明了自身立场——强调学前教育作为终身学习奠基阶段的重要意义，明确学前教育区别于其他教育阶段的独特价值，重视学前教育对幼儿做好入学准备的关键作用，以及学前教育在解决纷繁复杂的社会问题时所发挥的重要作用。

可以认为，OECD 国家存在一些共同特征并面临一些共同问题。首先，OECD 各成员国均处于生育率下降、老龄化以及移民众多的社会环境之中；其次，OECD 各成员国的全球化、知识经济、多元文化以及信息通信技术处于高速发展时期；再次，学前教育与保育政策涉及包括教育在内的众多社会问题，如儿童贫困、家庭福祉、性别平等、劳动力状况、儿童的多样化需求、与学校的衔接、教育者的职业教育和专业发展等；最后，OECD

---

① 本部分的"学前教育"指的是幼儿园教育。本部分将要利用《Education at a Glance 2011 – OECD INDICATORS》（《教育概览 2011：OECD 指标》）一书以及 OECD 和联合国教科文组织（UNESCO）在线数据库的有关资料，总结 OECD 国家学前教育的发展，同时针对一些比较典型的指标与我国进行比较分析。

国家都已认识到学前教育应当促进儿童全方位的学习和发展，关注儿童的特殊需要，保障儿童的安全与健康，保证儿童多样化的受益人群等。本部分将通过对 34 个 OECD 成员国学前教育与保育状况的比较研究，对中国与OECD 各成员国相比学前教育的相对发展水平进行较为深入系统的分析。

（一）多数国家学前教育始于 3 岁，普及率逾八成，中国尚不足六成

基于对学前教育重要的个体发展价值和社会发展价值的认识，OECD各成员国非常重视学前教育的普及和发展，将其作为促进个体发展、社会进步、人力资源早期开发与综合国力提升的重要保障。从学前教育覆盖的幼儿年龄范围看，多数成员国已经实现了始于 3 岁的学前教育，且部分国家实现了某些年龄范围的免费公共学前教育，个别国家将学前教育服务幼儿年龄下延至 2.5 岁甚至 0 岁。从学前教育普及率来看，26 个 OECD 成员国的毛入园率在 80% 以上，其中 8 个国家超过了 100%。与之相比，中国仍有较大差距。

1. 21 个国家学前教育始于 3 岁甚至更早

OECD 成员国认识到学前教育与保育不仅可以为终身学习奠定基础，而且对确保学习机会公平至关重要。基于此，大部分成员国已经实现了始于 3 岁甚至更早的学前教育普及。

表 3 - 1　OECD 部分成员国学前教育与保育服务涵盖年龄范围及免费情况

国家	法定受益人群	免费/收费
澳大利亚	法定受益人群未涵盖学前教育阶段，但是多数州为 4—5 岁儿童提供免费或接近免费的学前教育服务	4—6 岁免费
奥地利	法定受益人群涵盖 3—6 岁幼儿园阶段的儿童	3—6 岁收费
比利时	法定受益人群涵盖 2.5—6 岁学前教育阶段的儿童	2.5—6 岁免费
加拿大	不同省份之间法定受益人群涵盖的年龄范围不同，大多数起始年龄为 5 岁或 6 岁	4—6 岁免费
捷克	法定受益人群未涵盖 3—6 岁学前阶段，但学前教育仍获得广泛普及，特别是针对 5 岁幼儿	3—4 岁收费 4—6 岁免费

国家	法定受益人群	免费/收费
丹麦	87%的市保证所有1—5岁儿童享有入园学位 法定受益人群涵盖中心学校和小学的免费学前班学位	收费
芬兰	幼儿从出生之日起即为法定受益人群（包括以中心或以家庭为基础的学前教育机构） 法定受益人群涵盖中心学校和小学的免费学前班学位	6—7岁免费
法国	法定受益人群未涵盖3岁以下幼儿，但受监督和资助的学前教育机构普遍存在：35%的2岁幼儿和超过90%的3岁幼儿接受免费学前教育 法定受益人群涵盖3岁以上以学校为基础的学前教育	3—6岁免费
德国	法定受益人群涵盖3岁以上幼儿	3—6岁收费
匈牙利	法定受益人群涵盖那些年龄在6个月以上且父母为双职工的幼儿，但实际情况是学前教育的全面普及起始于3岁幼儿	0—6岁免费
爱尔兰	法定受益人群涵盖4岁以上以学校为基础的学前教育	4—6岁免费
意大利	法定受益人群涵盖3岁以上以学校为基础的学前教育	3—6岁公立系统免费
韩国	法定受益人群未涵盖0—5岁幼儿，但从2006年起，来自低收入家庭（20%的覆盖率）的4岁幼儿被纳入法定学前教育受益人群 法定受益人群涵盖5岁以上幼儿；但供不应求，2004年仅覆盖20%的5岁幼儿，2005年为30%，2006年达到50%	5—6岁免费
墨西哥	2009年起，3岁以上幼儿可在以学校为基础的中心享受免费义务教育	3—6岁义务
荷兰	法定受益人群未涵盖4岁以下幼儿，但弱势儿童享有较高补贴 法定受益人群涵盖4岁以上幼儿的学校教育	4—6岁免费

续表

国家	法定受益人群	免费/收费
挪威	法定受益人群未涵盖任何年龄段幼儿；但 4 岁以上幼儿的入园率已达到 80% 一旦实现全面普及，法定权利将被引入	0—6 岁收费
葡萄牙	法定受益人群涵盖 4 岁以上幼儿	4—6 岁免费
瑞典	对于正在工作或学习的父母，法律规定为其 12 个月以上的幼儿提供相应保育教育服务 免费学前教育法定受益人群由起初的 3 岁双语幼儿逐步扩大至所有 5 岁和 4 岁幼儿 免费学前教育法定受益人群涵盖所有 6—7 岁幼儿	3—7 岁免费
英国	在义务教育开始之前，所有 3—4 岁幼儿享有全面免费的非全日制学前教育	3—5 岁免费
美国	大多数学区向所有 5 岁幼儿提供免费幼儿班，作为小学附属的一部分 有两个州（佐治亚州和纽约州）为所有 4 岁幼儿普及学前教育；在多数州弱势儿童享有受学前教育的权利	5—6 岁义务

【数据来源】OECD. Starting Strong Ⅱ：Early Childhood Education and Care ［M］. Paris：OECD Publishing，2006：80 - 81.

在大多数 OECD 成员国及伙伴国中，儿童正式入学普遍始于 5 岁和 6 岁。其中，在超过半数的成员国中，至少有 70% 的 3—4 岁儿童接受了学前教育或者参加了早期课程的学习。

在有据可查的 29 个 OECD 成员国中，21 个国家（占 72.4%）学前教育的起始年龄是 3 岁甚至更早，5 个国家（占 17.2%）是 4 岁，2 个国家（占 6.9%）是 5 岁。可以看出，3 岁是绝大多数 OECD 成员国学前教育普及的起始年龄。

其中，OECD 国家中 19 个欧盟成员国 4 岁以下儿童接受学前教育与保育服务的比例大大高于 OECD 国家中其他非欧盟成员国。欧盟成员国 3—4 岁儿童入园率为 80%，而非欧盟成员国仅为 57%，两者相差 23 个百分点。

综合分析可以看出，在 OECD 成员国中，欧洲国家的公立学前教育机构相对于非欧洲国家，发展得更为完善。在欧洲，3—6 岁年龄段学前教育的全面普及理念已被普遍接受，大多数国家的所有儿童均可在入学前享受至少 2 年的免费公共学前教育服务。表 3－1 中，除爱尔兰和荷兰之外，所列各国普遍将 3 岁以上儿童视为享受免费学前教育服务的法定受益人群，甚至部分国家还将其年龄下延至 3 岁以下。而在非欧洲的 OECD 成员国中，诸如澳大利亚、韩国和美国的一些州，尽管儿童的入园年龄通常是 4 岁，但享受免费学前教育的年龄一般却起始于 5 岁。[1]

我国学前教育普及的起始年龄在新中国成立之初就已确定。1961 年颁布的《关于改革学制的决定》，确定了学前教育是我国学制的第一环节，幼儿园是实施学前教育的主要组织，招收 3—7 周岁幼儿，并明确将其纳入学校教育系统。目前，国内大部分幼儿园招收幼儿的年龄起点为 3 周岁。

2.26 个国家毛入园率超过八成[2]

大多数 OECD 成员国入园率很高。8 个国家的毛入园率超过了 100%，另有 11 个国家介于 90%—99%，毛入园率在 80% 以上的国家共有 26 个。低于 70% 的只有芬兰、美国等 5 个国家。从 2008 年 OECD 成员国和我国

---

[1] OECD Starting Strong II: Early Childhood Education and Care [M]. Paris: OECD Publishing, 2006: 73 - 99.

[2] 入园率计算公式：

$$3{-}6\ \text{岁儿童入园率} = \frac{\text{学前教育机构年注册人数}}{3{-}6\ \text{岁人口数}} \times 100\%$$

入园率是衡量学前教育发展水平的重要指标，分为"毛入园率"和"净入园率"两种："毛入园率"并不是粗略计算的意思，而是指公式中计算分子幼儿在学人数时，不考虑学生的年龄大小（指某一级教育的在校生人数与符合官方为该级教育所规定之年龄的总人口之比）；而"净入园率"是指公式中计算分子幼儿在学人数时，要考虑学生的年龄大小，即只包括与分母相同年龄段（3—6 岁）的学生人数，小于 3 岁或大于 6 岁的学生不计算在内。

学前阶段幼儿毛入园率的比较可见，除土耳其低于我国外，其他各国的毛入园率均高于我国。

《教育概览 2010：OECD 指标》显示①，2008 年有超过 2/3（71.5%）的 3—4 岁幼儿在学前教育机构接受早期教育保育服务，在欧盟国家这一比例接近 80%（79.8%）。具体来说，3—4 岁儿童入园率超过 90% 的 OECD 成员国包括比利时、丹麦、法国、德国、冰岛、意大利、新西兰、挪威、西班牙、瑞典和英国。而在澳大利亚、希腊、韩国、瑞士和土耳其等国家，仅有 1/3 的 3—4 岁儿童进入学前教育机构。2008 年，我国学前三年儿童入园率为 45.1%②，2010 年也仅为 56.6%，虽优于这几个入园率低的国家，但与前述 OECD 各国还相差甚远（图 3-1）。

为了准确地描绘总体的普及率，进一步以 2006 年 OECD 成员国的适龄幼儿总数和在园幼儿总数为依据③，可得出 OECD 成员国平均入园率。计算结果显示：2006 年，在数据可得的 28 个 OECD 成员国中，共有适龄幼儿 3522 万人，在园幼儿 2958 万人，总体毛入园率为 83.9%。相比而言，2006 年我国学前三年毛入园率仅为 42.5%，我国 2010 年的入园率与 2006 年 OECD 国家的入园率还相差 27.3 个百分点，差距依然很大。

（二）许多国家公立幼儿园比例超过六成，中国仅有三成

总体而言，在 OECD 成员国中，从机构数量来看，公立学前教育机构的比例比私立学前教育机构要大，从在园儿童数所占比例来看，多数国家的大部分幼儿也都就读于公立学前教育机构，而我国的情况恰好相反。

---

① OECD Education at a Glance 2010：OECD Indicators ［M］. Paris：OECD Publishing, 2010：Indicator C1.

② 45.1% 为 OECD 统计数据，中国官方统计数据为 47.3%。

③ UNESCO Institute for Statistics ［DB/OL］. ［2012-07-18］. http://stats. uis. unesco. org/unesco/TableViewer/document. aspx？ ReportId = 136&IF_ Language = eng&BR_Topic = 0.

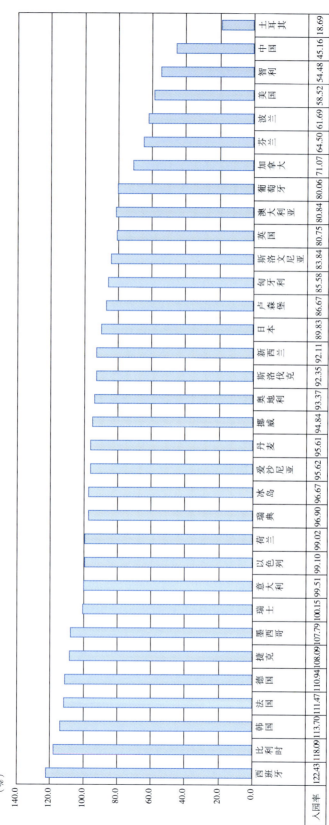

（%）

入园率	西班牙	比利时	韩国	法国	德国	捷克	墨西哥	瑞士	意大利	以色列	荷兰	瑞典	冰岛	爱沙尼亚	丹麦	挪威	奥地利	斯洛伐克	新西兰	日本	卢森堡	匈牙利	斯洛文尼亚	英国	澳大利亚	葡萄牙	加拿大	芬兰	波兰	美国	智利	中国	土耳其
	122.43	118.09	113.70	111.47	110.94	108.09	107.79	100.15	99.51	99.10	99.02	96.90	96.67	95.62	95.61	94.84	93.37	92.35	92.11	89.83	86.67	85.58	83.84	80.75	80.84	80.06	71.07	64.50	61.69	58.52	54.48	45.16	18.69

图3-1 2008年中国和部分OECD成员国学前教育毛入园率比较

【数据来源】UNESCO Institute for Statistics［DB/OL］．［2012-07-18］．http://stats. uis. unesco. org/unesco/TableViewer/document. aspx?ReportId=136&IF_Language=eng&BR_Topic=0.

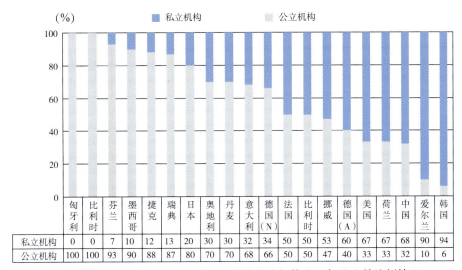

图 3 - 2　中国和部分 OECD 成员国学前教育机构公立与私立的比例情况

	匈牙利	比利时	芬兰	墨西哥	捷克	瑞典	日本	奥地利	丹麦	意大利	德国（N）	法国	比利时	挪威	德国（A）	美国	荷兰	中国	爱尔兰	韩国
私立机构	0	0	7	10	12	13	20	30	30	32	34	50	50	53	60	67	67	68	90	94
公立机构	100	100	93	90	88	87	80	70	70	68	66	50	50	47	40	33	33	32	10	6

【数据来源】袁振国. 中国教育政策评论 2011 ［M］. 北京：教育科学出版社，2011：109 - 110.

1. 11 个国家和地区公立学前教育机构的比例超过六成

在 OECD 国家中，有 11 个国家和地区公立学前教育机构的比例在六成以上，根据其比例的多少可以分为三组（图 3 - 2）。

（1）公立学前教育机构的比例超过 90% 的国家有 4 个，包括匈牙利（100%）、比利时法语区（100%）、芬兰（93%）和墨西哥（90%）。

（2）公立学前教育机构的比例为 80%—89.9% 的国家有 3 个，包括捷克（88%）、瑞典（87%）和日本（80%）。

（3）公立学前教育机构的比例为 60%—79.9% 的国家和地区有 4 个，包括丹麦（70%）、奥地利（70%）、意大利（68%）和德国（东德）（66%）。

以上三类国家和地区共计 11 个，在 OECD 国家中所占比例为 61.1%。

其余 OECD 国家公立学前教育机构的比例在五成以下，根据其比例的多少可以分为两组（图 3 - 2）。

（1）公立、私立学前教育机构各占 50% 的国家和地区有 2 个，分别是法国和比利时法语区。

（2）公立学前教育机构的比例低于 50% 的国家和地区有 6 个，分别是挪威（47%）、德国（西德）（40%）、美国（33%）、荷兰（33%）、爱尔兰（10%）和韩国（6.1%）。

2010年，我国民办幼儿园占学前教育机构总数的68%，而公立机构仅占总数的32%，属于以上五类的最后一类，其公立学前教育机构比例仅高于爱尔兰和韩国，与其他OECD成员国公立学前教育机构所占比例差异显著。

2. 多数国家公立学前教育机构覆盖超过65%的幼儿

从图3-3可以看出，OECD各成员国私立机构就读幼儿人数占在园幼儿总人数的比例差异很大，最高为98%，最低仅为2%。但就总体而言，OECD国家中有20个国家公立机构在园幼儿比例超过64.1%，最高达98.5%，平均达到65.2%，而私立机构在园幼儿比例平均为34.8%。中国2009年私立幼儿园在园幼儿人数占在园幼儿总人数的比例为42.7%，高于同年OECD国家平均水平大约8个百分点，属于私立机构在园幼儿比例较高的国家，换言之，属于公共学前教育资源相对较少的国家，有待进一步增加公共学前教育资源。

（三）20个国家财政投入比例超过六成，中国相对水平低

财政投入是一个国家学前教育发展的有力保障，OECD各成员国学前教育财政投入呈现出各不相同的特点，体现在财政体制、投入总量以及对不同性质学前教育机构的资助方式等多个方面。

学前教育经费来源包括公共资源和私人（非公共）资源两部分。其中，公共资源包括国际组织的援助资金或信贷资金，以及来自各国中央政府和地方政府的财政性经费投入。私人投入则主要指幼儿父母对其子女接受相应学前教育服务所花费的家庭经费支出，还包括来自独立机构诸如教会、福利机构或公司等的捐助。对于那些已经实现学前教育普及的国家，尽管公共投入已占据学前教育经费的很大比重，但是私人投入对于支持一些家庭获取更长时间或额外学前教育服务来说仍很重要。当然，对于学前教育欠发达的国家，私人投入有可能是幼儿家庭享受学前教育权利的唯一经费来源。

1. 各国总体投入比例差异较大

从学前教育投入的总量来看，总体来说，OECD各国在学前教育上的支出都不超过其GDP的1%，相对于其他阶段的教育支出而言水平较低。

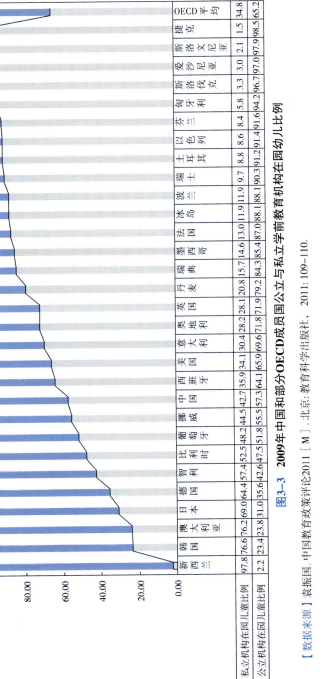

图3-3 2009年中国和部分OECD成员国公立与私立学前教育机构在园幼儿比例

	新西兰	韩国	澳大利亚	日本	德国	智利	比利时	葡萄牙	挪威	中国	西班牙	美国	意大利	奥地利	英国	丹麦	瑞典	墨西哥	法国	冰岛	瑞士	土耳其	以色列	芬兰	匈牙利	斯洛伐克	爱沙尼亚	斯洛文尼亚	捷克	OECD平均
私立机构在园儿童比例	97.8	76.6	76.2	69.0	64.4	57.4	52.5	48.2	44.5	42.7	35.9	34.1	30.4	28.2	28.1	20.8	15.7	14.6	13.0	11.9	9.7	8.8	8.6	8.4	5.8	3.3	3.0	2.1	1.5	34.8
公立机构在园儿童比例	2.2	23.4	23.8	31.0	35.6	42.6	47.5	51.8	55.5	57.3	64.1	65.9	69.6	71.8	71.9	79.2	84.3	85.4	87.0	88.1	90.3	91.2	91.4	91.6	94.2	96.7	97.0	97.9	98.5	65.2

【数据来源】袁振国. 中国教育政策评论2011 [M] .北京: 教育科学出版社, 2011: 109-110.

由图 3 - 4 可直观地看出，除了德国、英国、匈牙利等少数几个国家之外，各国学前教育阶段的生均支出水平均低于或远远低于初等、中等和高等教育等其他各级教育的水平。[①]

OECD 各国教育机构在学前教育阶段的支出具有显著的差异，根据各国学前教育投入占 GDP 的不同比重，可以将各 OECD 成员国分为以下三类。

（1）学前教育占 GDP 的比例在 0.6% 以上的国家有 9 个，包括冰岛（1%）、西班牙（0.8%）、瑞典（0.7%）、波兰（0.7%）、墨西哥（0.7%）、匈牙利（0.7%）、法国（0.7%）、丹麦（0.7%）和智利（0.7%）。

（2）学前教育占 GDP 的比例在 0.3%—0.6% 的国家有 14 个，包括斯洛文尼亚（0.6%）、比利时（0.6%）、挪威（0.5%）、新西兰（0.5%）、卢森堡（0.5%）、意大利（0.5%）、德国（0.5%）、爱沙尼亚（0.5%）、捷克（0.5%）、奥地利（0.5%）、美国（0.4%）、斯洛伐克（0.4%）、荷兰（0.4%）和芬兰（0.4%）。

（3）学前教育占 GDP 的比例在 0.3% 以下的国家有 5 个，包括英国（0.3%）、瑞士（0.2%）、韩国（0.2%）、日本（0.2%）和澳大利亚（0.1%）。

较之于 OECD 各成员国学前教育投入占 GDP 的比重，我国 2008 年学前教育经费收入仅占 GDP 的 0.066%，与投入比例最低的澳大利亚相差 0.034 个百分点，仅相当于 OECD 平均水平的 12%，与 OECD 各国仍有很大差距（图 3 - 5）。

2. 20 个国家学前教育财政投入比例超过六成

从学前教育的经费来源来看，各国学前教育事业发展经费来源呈现多元化的特点，即由政府财政投入、社会捐赠和家长交费等多种经费投入渠道构成，而主要区别在于各部分投入占学前教育经费总量的比重各有不同。有以政府财政投入为主的国家，也有以社会力量及儿童家庭支付学费为主的国家，还有二者均势的国家。其中，OECD 各国公共支出比例达到

[①] OECD. Starting Strong II: Early Childhood Education and Care［M］. Paris: OECD Publishing, 2006.

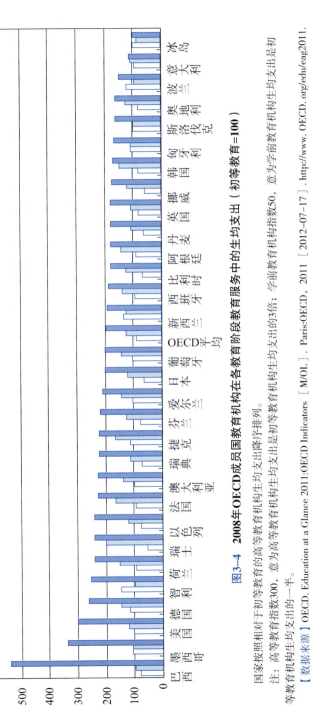

图3-4 2008年OECD成员国教育机构在各教育阶段教育服务中的生均支出（初等教育=100）

国家按照相对于初等教育机构生均支出降序排列。

注：高等教育指数300，意为高等教育机构生均支出是初等教育机构生均支出的3倍；学前教育机构指数50，意为学前教育机构生均支出是初等教育机构生均支出的一半。

【数据来源】OECD. Education at a Glance 2011:OECD Indicators ［M/OL］. Paris:OECD, 2011 ［2012-07-17］. http://www. OECD. org/edu/eag2011.

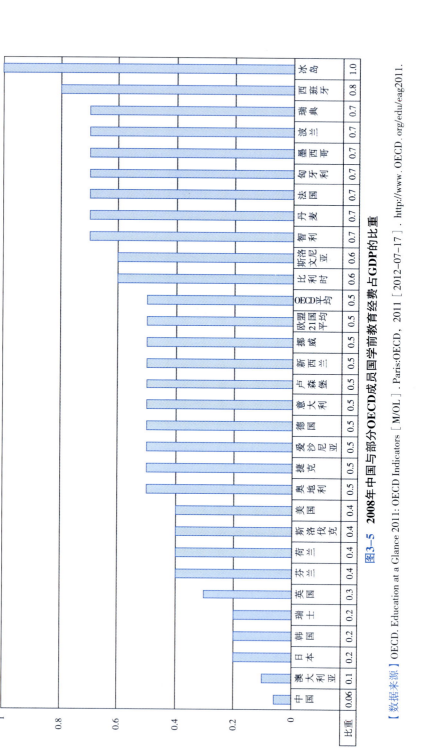

图3-5　2008年中国与部分OECD成员国学前教育经费占GDP的比重

比重	中国	澳大利亚	日本	韩国	瑞士	英国	芬兰	荷兰	斯洛伐克	美国	奥地利	捷克	爱沙尼亚	德国	意大利	卢森堡	新西兰	挪威	欧盟21国平均	OECD平均	比利时	斯洛文尼亚	智利	丹麦	法国	匈牙利	墨西哥	波兰	瑞典	西班牙	冰岛
	0.06	0.1	0.2	0.2	0.2	0.3	0.4	0.4	0.4	0.4	0.5	0.5	0.5	0.5	0.5	0.5	0.5	0.5	0.5	0.5	0.6	0.6	0.7	0.7	0.7	0.7	0.7	0.7	0.7	0.8	1.0

【数据来源】OECD. Education at a Glance 2011: OECD Indicators［M/OL］. Paris:OECD, 2011［2012-07-17］. http://www. OECD. org/edu/eag2011.

了 79.7%，欧盟 19 国的公共资源比例达到了 87.2%。[①]，具体来说，这些国家主要可分为以下几类。[②]

（1）政府财政投入比例超过 90% 的国家有 7 个，包括瑞典（100%）、荷兰（98.5%）、比利时（96.4%）、法国（94%）、意大利（93.1%）、捷克（91.0%）和芬兰（90.6%）。

（2）政府财政投入比例为 80%—89.9% 的国家有 7 个，包括新西兰（89.2%）、英国（86.1%）、波兰（85.3%）、斯洛伐克（83.9%）、挪威（82.6%）、墨西哥（81.8%）和丹麦（81.2%）。

（3）政府财政投入比例为 60%—79.9% 的国家有 6 个，包括西班牙（78.2%）、美国（77.8%）、智利（75.1%）、德国（72.8%）、冰岛（72.7%）和奥地利（68.9%）。

（4）政府财政投入低于 60% 的国家只有韩国（49.7%）、日本（43.8%）和澳大利亚（40.5%）三国。

中国与 OECD 各国相比较，2008 年政府公共财政投入的比例为 66.86%，与上述四类中的第三类相近，但低于这类中的 6 个国家。

我们还可以通过比较各国学前教育中的私人投入，从另一个侧面分析不同国家学前教育经费来源的构成。OECD 成员国学前教育阶段私人投入比例平均约为总经费的 18.5%，比初等和中等教育阶段的私人投入比例都要高。同样，这一比例在各个成员国之间的差别很大。在比利时、荷兰、瑞典以及爱沙尼亚，这一比例为 5.0% 或更少；在奥地利、智利、德国和冰岛，这一比例为 25% 或更高；在澳大利亚、日本及韩国，这一比例甚至超过了 50%。中国 2008 年学前教育私人投入占总经费的 33.1%，比例比较高（图 3 - 6）。

公共资源和非公共资源在多数情况下是相互依存的。一些国家的公共资源仅限于扶助那些低收入家庭或欠发达地区的学前教育发展，在这种情况下，那些富裕家庭就必须支出更多的私人经费。同样，在一些妇女就业

---

① 教育部发展规划司.2009 全国教育事业发展简明统计分析［Z］.北京：教育部发展规划司，2009：25.

② 袁振国.中国教育政策评论 2011［M］.北京：教育科学出版社，2011：180.

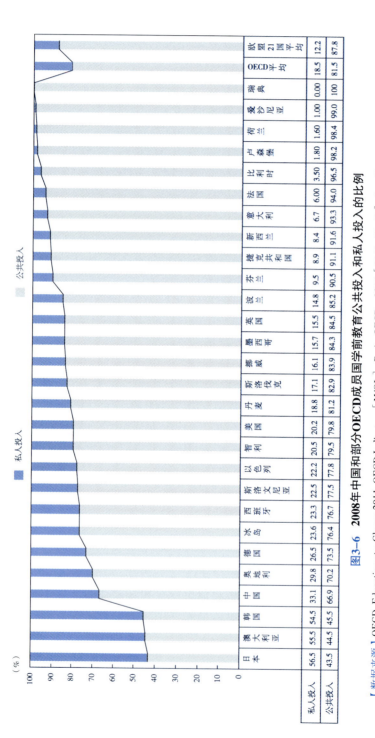

图3-6 2008年中国和部分OECD成员国学前教育公共投入和私人投入的比例

	日本	澳大利亚	韩国	中国	奥地利	德国	冰岛	西班牙	斯洛文尼亚	以色列	智利	美国	丹麦	斯洛伐克	挪威	墨西哥	英国	波兰	芬兰	捷克共和国	新西兰	意大利	法国	比利时	卢森堡	荷兰	爱沙尼亚	瑞典	OECD平均	欧盟21国平均
私人投入	56.5	55.5	54.5	33.1	29.8	26.5	23.6	23.3	22.5	22.2	20.5	20.2	18.8	17.1	16.1	15.7	15.5	14.8	9.5	8.9	8.4	6.7	6.00	3.50	1.80	1.60	1.00	0.00	18.5	12.2
公共投入	43.5	44.5	45.5	66.9	70.2	73.5	76.4	76.7	77.5	77.8	79.5	79.8	81.2	82.9	83.9	84.3	84.5	85.2	90.5	91.1	91.6	93.3	94.0	96.5	98.2	98.4	99.0	100	81.5	87.8

【数据来源】OECD. Education at a Glance 2011: OECD Indicators [M/OL]. Paris: OECD, 2011 [2012-07-17]. http://www. OECD. org/edu/eag2011.

率很高的国家，由于对学前教育服务的需求强劲，幼儿家庭同样会投入更多私人经费，以补充有限的公共资源。从另一个角度来看，非公共资源对于促进公共资源的有效利用和规范学前教育服务市场，也起到了不可替代的作用。譬如越来越多的国家更倾向于将其公共资源用于建立一个完善的学前教育服务市场，制定各类学前教育机构的注册标准，并负责实施监管，而幼儿家庭则在这一规范的市场体系内，更多地利用私人支出自由选择并购买相应的学前教育服务。

政府保证和增加对学前教育的财政投入有多种方式，可以直接举办公立学前教育机构，也可以通过其他渠道，如对私立学前教育机构的奖励、补助，以及对幼儿家庭的津贴、税费抵扣等，间接实现对学前教育的投资。与此同时，一国政府还可以通过财政税收等经济杠杆，加强对非公立学前教育机构的引导、管理与扶持力度。

3. 学前教育经费占教育经费的比例各国差异显著，平均占比高达8%

在公共经费由精英教育转向大众普及教育的国际教育发展趋势中，加大对学前教育的公共投入即提高学前教育经费占教育总经费的比例，已成为一种普遍做法。由图3-7可以看出，OECD成员国总体来说在学前教育

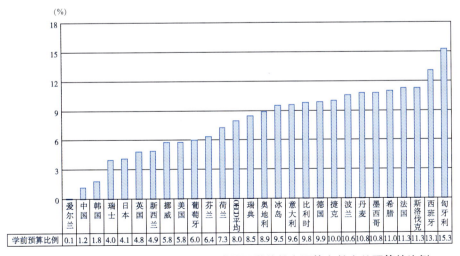

	爱尔兰	中国	韩国	瑞士	日本	英国	新西兰	挪威	美国	葡萄牙	芬兰	荷兰	OECD平均	瑞典	奥地利	冰岛	意大利	比利时	德国	捷克	波兰	丹麦	墨西哥	希腊	法国	斯洛伐克	西班牙	匈牙利
学前预算比例	0.1	1.2	1.8	4.0	4.1	4.8	4.9	5.8	5.8	6.0	6.4	7.3	8.0	8.5	8.9	9.5	9.6	9.8	9.9	10.0	10.6	10.8	10.8	11.0	11.3	11.3	13.1	15.3

图3-7 **2005年中国和部分OECD成员国学前教育预算占教育总预算的比例**

【数据来源】OECD. Education at a Glance 2008：OECD Indicators ［M］. Paris：OECD：220.

方面的投入是巨大的。2005 年 OECD 成员国学前教育阶段的预算平均占各级教育总预算的 8%。① 但各成员国的学前教育公共经费在整个教育经费中所占的份额存在显著差异。其中，爱尔兰和韩国对学前教育阶段的公共投入占教育经费总预算的比例不到 2%，而匈牙利、西班牙、斯洛伐克和法国等国，对学前教育阶段的公共投入占教育经费总预算的比例均超过11%，处于较高水平。相比较而言，中国学前教育财政经费投入占财政性教育总经费投入的比重极低，2005 年仅为 1.24%，落后于 26 个国家，仅高于爱尔兰，相当于比例最高的匈牙利水平的 78.4%。

4. 16 个国家年生均经费在 6000 美元以上且呈明显上升趋势

生均经费是衡量学前教育投入的重要指标。如图 3 - 8 所示，2008 年OECD 成员国平均年生均教育经费为 6210 美元，其中欧盟国家的平均年生均教育经费更是高达 6397 美元。相比而言，2008 年中国幼儿园的年生均经费支出仅为 803.4 元（人民币），与 OECD 国家平均水平差异巨大，与欧盟国家平均水平的差距更大，生均经费最少的墨西哥也比中国高 18 倍以上。

近年来，随着各国政府对学前教育重视程度的日益提升，OECD 各成员国学前教育阶段年生均经费呈显著增加趋势。比较 2005 年和 2008 年的数据可以看到，增幅最大的三个国家是冰岛、新西兰和意大利，分别增加了 3200 美元、2653 美元和 2048 美元；韩国、美国、西班牙、瑞典、挪威、斯洛伐克和丹麦等 9 个国家增加了 1000 美元以上，其中前 7 个国家增加的数额都高于 1328 美元的 OECD 平均水平。中国 2005 年生均经费为人民币 479.8 元，2008 年为 803.4 元，基数微小，增量也不大（图 3 - 9）。

（四）各国均重视师资培养培训并提高教师薪酬待遇，中国师资待遇偏低

学前教育师资建设对于各国学前教育质量的保障和学前教育事业的发展至关重要。下面对 OECD 各成员国幼儿教师人数、师幼比以及教师待遇、资质水平要求与资格制度进行比较研究和分析，希望能为我国建设高质量的、可持续发展的学前教育师资队伍提供有益参考。

---

① OECD. Education at a Glance 2008：OECD Indicators ［M］. Paris：OECD，2008：252.

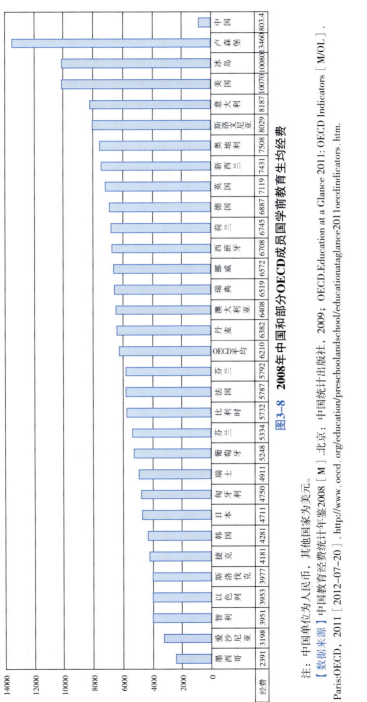

图3-8 2008年中国和部分OECD成员国学前教育生均经费

	墨西哥	爱沙尼亚	智利	以色列	斯洛伐克	捷克	韩国	日本	匈牙利	瑞士	葡萄牙	芬兰	比利时	法国	芬兰	OECD平均	丹麦	澳大利亚	瑞典	挪威	西班牙	荷兰	德国	英国	新西兰	奥地利	斯洛文尼亚	意大利	美国	冰岛	卢森堡	中国
经费	2391	3198	3951	3953	3977	4181	4281	4711	4750	4911	5248	5334	5732	5787	5792	6210	6382	6408	6519	6572	6708	6745	6887	7119	7431	7508	8029	8187	10070	10080	3460	803.4

注：中国单位为人民币，其他国家为美元。

【数据来源】中国教育经费统计年鉴2008［M］.北京：中国统计出版社，2009；OECD.Education at a Glance 2011: OECD Indicators［M/OL］.
Paris:OECD, 2011［2012-07-20］.http://www. oecd. org/education/preschoolandschool/educationataglance2011oecindicators. htm.

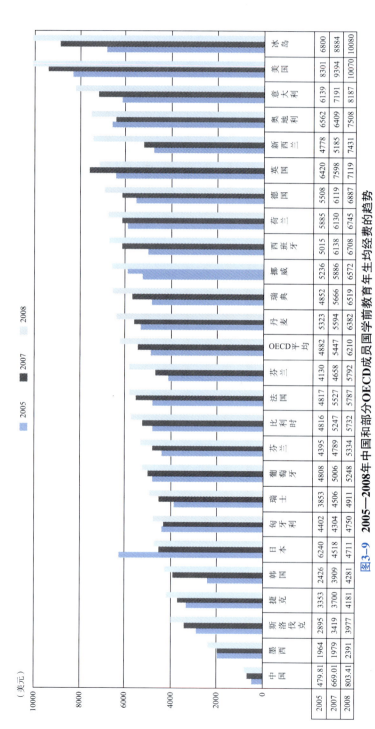

（美元）

	中国	墨西哥	斯洛伐克	捷克	韩国	日本	匈牙利	瑞士	葡萄牙	芬兰	比利时	法国	芬兰	OECD平均	丹麦	瑞典	挪威	西班牙	荷兰	德国	英国	新西兰	奥地利	意大利	美国	冰岛
2005	479.81	1964	2895	3353	2426	6240	4402	3853	4808	4395	4816	4817	4130	4882	5323	4852	5236	5015	5885	5508	6420	4778	6562	6139	8301	6800
2007	669.01	1979	3419	3700	3909	4518	4304	4506	5006	4789	5247	5527	4658	5447	5594	5666	5886	6138	6130	6119	7598	5185	6409	7191	9394	8884
2008	803.41	2391	3977	4181	4711		4750	4911	5248	5334	5732	5787	5792	6210	6382	6519	6572	6708	6745	6887	7119	7431	7508	8187	10070	10080

图3-9 2005—2008年中国和部分OECD成员国学前教育年生均经费的趋势

注：中国单位为人民币，其他国家为美元。

【数据来源】中国教育经费统计年鉴[M].2005，2007，2008.北京：中国统计出版社．2006，2008，2009；OECD成员国.2005年数据：OECD.Education at a Glance 2008.[M/OL].Paris: OECD，2008［2012-07-20］.http: //www.OECD.org/edu/eag2008; OECD成员国2007年数据： OECD.Education at a Glance 2010［M/OL］. Paris:OECD，2010［2012-07-20］.http://www.OECD.org/edu/eag2010; OECD成员国2008年数据： OECD.Education at a Glance 2011［M/OL］. Paris: OECD，2011［2012-07-20］.http://www.OECD.org/edu/eag2011.

1. 教师人数有所增加且女性教师人数占到九成以上

OECD 各国在持续加大对学前教育投入的同时，也重视学前教师队伍的人才储备。联合国教科文组织（UNESCO）的数据统计显示，2008—2009 年，绝大多数 OECD 成员国的学前教师绝对人数有所增长。例如：英国学前教师人数由 2008 年的 51629 人增至 2009 年的 59513 人；西班牙由于人口较多，其学前教师人数更是由 2008 年的 132740 人增至 2009 年的 153366 人。同样，中国由于人口基数大，仅 2008—2009 年一年间，幼儿园教师总人数就增加了 136545 人，到 2009 年我国幼儿园教师人数已达到 1570756 人，是美国学前教育阶段教师总人数的三倍多（表 3 - 2）。

表 3 - 2　**2008—2009 年中国和部分 OECD 成员国学前教育阶段教师人数变化**

（单位：人）

国家	2008 年教师人数	2009 年教师人数	国家	2008 年教师人数	2009 年教师人数
冰岛	1964	2082	匈牙利	30006	29935
斯洛文尼亚	4885	5067	比利时	30201	30704
爱沙尼亚	6754	8609	智利	28367	33220
新西兰	8969	8758	英国	51629	59513
斯洛伐克	10806	11127	日本	108728	108435
芬兰	12856	13472	法国	141976	136755
葡萄牙	16995	17451	西班牙	132740	153366
奥地利	16812	18274	墨西哥	175657	179694
捷克	21432	21972	德国	215948	215920
土耳其	25901	29342	美国	445138	473332
中国	1434211	1570756			

【数据来源】UNESCO Institute for Statistics ［DB/OL］. ［2012 - 07 - 18］. http://www. uis. unesco. org/Library/Documents/GED_ 2010_ EN. pdf.

另外，OECD 所有国家学前教育阶段的女性教师人数占教师总人数的比重都很大，除法国之外，其余 OECD 成员国女性教师所占比例均高于

90%，其中韩国、捷克、斯洛伐克和匈牙利更是高达 99% 以上。中国女性教师的占比为 97.4%（表 3 - 3）。

表 3 - 3　中国和部分 OECD 成员国学前教育阶段女性教师所占比例

（单位:%）

国家	女性教师比例	国家	女性教师比例
法国	82. 44	葡萄牙	97. 42
英国	92. 41	比利时	97. 78
西班牙	93. 50	德国	97. 82
美国	93. 96	波兰	97. 86
土耳其	94. 40	新西兰	98. 39
墨西哥	95. 42	奥地利	98. 92
冰岛	95. 73	韩国	99. 21
芬兰	97. 02	捷克	99. 72
智利	97. 20	匈牙利	99. 81
中国	97. 40	斯洛伐克	99. 87

【数据来源】 UNESCO Institute for Statistics ［DB/OL］. ［2012 - 07 - 18］. http://www. uis. unesco. org/Library/Documents/GED_ 2010_ EN. pdf.

2. 八成以上国家师幼比在 1∶20 以下且呈逐年下降趋势

学前教育阶段的师幼比指的是相关教学人员（教师和助教）与幼儿的比值，是反映学前教育质量的重要指标之一。

表 3 - 4　2009 年 OECD 20 个成员国学前教育阶段师幼比总体情况

师幼比	国家数	百分比
1∶6 至 1∶10	2	10
1∶11 至 1∶15	11	55
1∶16 至 1∶20	4	20
1∶21 至 1∶29	3	15

【数据来源】 OECD. Education at a Glance 2011：OECD Indicators ［M/OL］. Paris：OECD，2011 ［2012 - 07 - 20］. http://www. oecd. org/education/preschoolandschool/educationataglance2011oecdindicators. htm.

2009 年，共有 20 个 OECD 成员国报告了学前教育教师的数量和与之相应的师幼比，总体情况如表 3-4 所示，师幼比在 1∶20 以下的国家占多数（85%）。同年，我国师幼比为 1∶23，与多数 OECD 国家相比仍存在较大差距。

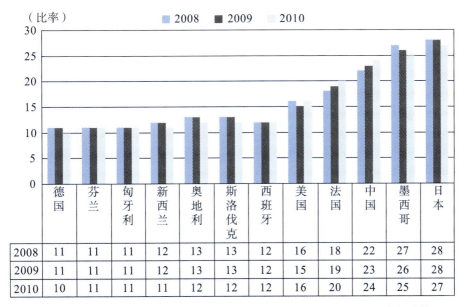

（比率）

	德国	芬兰	匈牙利	新西兰	奥地利	斯洛伐克	西班牙	美国	法国	中国	墨西哥	日本
2008	11	11	11	12	13	13	12	16	18	22	27	28
2009	11	11	11	12	13	13	12	15	19	23	26	28
2010	10	11	11	11	12	12	12	16	20	24	25	27

图 3-10　2008—2010 年中国与部分 OECD 成员国学前教育生师比变化趋势

【数据来源】UNESCO Institute for Statistics ［DB/OL］. ［2012-07-21］. http://stats. uis. unesco. org/unesco/TableViewer/tableView. aspx? ReportId=165.

从近几年 OECD 国家学前教育阶段生师比的发展趋势来看，多数 OECD 成员国生师比呈逐年下降趋势，然而，法国和中国的情况恰恰相反，2008—2010 年有小幅上升，法国从 18 上升到 20，中国从 22 上升到 24（图 3-10）。

3. 教师薪酬待遇差异较大但公立机构好于私立机构

OECD 国家幼儿教师工资水平的共同特征是：公立学前教育机构教师的工资水平普遍高于私立学前教育机构教师。而各个成员国的幼儿教师工资待遇与社会地位又有明显不同：一些国家幼儿教师享受同中小学教师相当的较高工资待遇，社会地位普遍较高，如日本；一些国家公立学前教育系统的幼儿教师工作环境、收入水平和福利待遇，普遍高于私立机构教师，就职于公立机构还是私立机构成为影响幼儿教师工资的首要因素，如美国。此外，幼儿教师的职位、入职年限等均构成影响幼儿教师工资待遇的主要因素。

日本幼儿教师具有较高的工资待遇水平，而且与中小学教师一样拥有较高社会地位。日本政府为提高幼儿教师队伍的质量，鼓励更多优秀人才从事学前教育工作，近年来大幅提高幼儿教师工资待遇，并对志愿任教的学生实行奖励制度。例如国立和公立幼儿教师工资比一般国家公务员高出20%左右，且普遍高于私立机构的幼儿教师。总体上讲，日本幼儿教师具有同中小学教师同等的身份、地位，特别是作为教育公务员的法定身份与特殊优惠待遇，使得幼儿教师职业成为该国具有较高社会地位与社会声望的职业，也因此具有较高竞争性。

法国与日本情况相似。由于法国幼儿教师的准公务员身份，中央财政直接拨付幼儿教师工资，其工资待遇非常有保障，社会地位也较高。

美国公立学前教育系统的幼儿教师工作环境相对较好，收入和福利待遇水平相对较高。根据美国劳工部 2011 年发布的数据，2010 年美国幼儿园教师的年平均工资为 51550 美元，学前班教师的年平均工资为 29200 美元。[①] 然而美国幼儿教师在工资待遇方面的问题在于，幼儿园教师与保育中心保育员的工资差距过大，特别是美国私立系统中儿童保育员的工资非常低。此外，美国"提前开端"项目教师的工资水平正在逐步增加，已与学前班教师工资水平基本相当。

英国学前教育工作者的工资水平有一定的地区性，与各地经济发展水平、消费水平等因素密切相关。例如，伦敦地区学前教育工作者的收入就相对较高。近年来，随着英国不断提升对学前教育保育事业的重视程度，学前教育工作者的工资水平相应有了明显提高。但整体来讲，2010 年英国普通雇用人员平均每小时的薪金为 14.65 英镑，而各类学前保育机构工作

---

① Bureau of Labor Statistics. Occupational Employment and Wages News Release ［EB/OL］. ［2012－07－16］. http://www. bls. gov/news. release/ocwage. htm.

者的工资水平与之相比仍处于比较低的水平。①

当然，以上国家学前教师工资不能代表 OECD 所有国家。一些国家相对来说能保证学前教师拥有较高的工资，比如在西班牙，学前教师的工资约为小学教师工资的 90%，而西班牙小学教师工资则稍超出人均国内生产总值。与此相反的是墨西哥学前教师的工资比较低，为了增加收入，许多教师采取双班轮流制的方法，也有些教师找了教育领域之外的第二职业。

4. 颁布法律法规保障幼儿教师资质认证和培养培训

比较研究显示，将幼儿教师纳入国家统一的教师资质系列是一些国家的共同做法，对有效提高幼儿教师资质水平、提升学前教育教学质量起到了实质性作用。大多数 OECD 国家并未提供有关学前教育阶段满足最低培训要求的教师比例数据。但不能否认的是，OECD 高质量学前教育有赖于通过教师教育和培训使其幼儿教师拥有专门化的知识基础。

为确保幼儿教师的质量，日本政府制定了一系列法律法规，并分别建立幼儿园教师和保育所保育士的许可证（即资格证书）制度。按日本有关法律的规定，凡是教师必须持有教师许可证。对幼儿园教师来讲，按照《教员许可法》、《教员许可法施行令》等法律的规定：首先，不论国、公、私立与否，凡幼儿园教员均需具备幼儿园教员许可证；其次，幼儿园教员许可证分普通许可证和临时许可证两种。普通许可证分三类。第一类是幼儿园教员专修许可证，一般发给硕士学位的毕业生。第二类是幼儿园教员一级许可证，发给学士学位（本科学历）的毕业生。第三类是幼儿园教员的二级许可证，发给接受 2 年以上高等教育的毕业生。持有普通许可证的幼儿教师为教谕，且一旦获得该许可证，终身有效，并全国通用。持临时许可证的幼儿教师为助教谕，在特别情况下可以通过教育职员考试获得该资格。该许可证有效期为三年（有特殊需要时可以延长），且只能在所授予的地区使用。

---

① Office for National Statistics [EB/OL]. [2012 – 07 – 16]. http://www.statistics.gov.uk/downloads/theme_ labour/ashe—2010/2010-all-employees.pdf/ (Table 1.6a).

　　美国公立、私立学前教育系统和"提前开端"项目系统并存的局面，使得其幼儿教师的资格认证也较他国更显多元化。美国公立幼儿园教师可取得幼儿教育教师资格证书或小学教师资格证书抑或二者兼具。美国教育部的统计数据显示，1998—1999 年，在美国公立幼儿园的教师中 61% 的教师拥有本科学历，32% 的教师拥有硕士学历，而拥有博士学历和教育专门技能的教师占 7%。在这些教师当中，54% 的人获得了学前教育的教师资格证书，88% 的人拥有小学教师资格证书。① 而在"提前开端"项目中，90% 的教师拥有儿童发展助理（Child Development Associate，简称 CDA）证书、幼儿教育的教师资格证书或者学士学位。② 2005 年，69% 的"提前开端"教师有至少 2 年的专业学习，32.8% 的教师拥有专科学位，31.5% 的教师拥有学士学位，4.7% 的教师拥有研究生学位，22% 的教师获得了 CDA 证书。此外，在只获得 CDA 证书的"提前开端"教师队伍中，有将近 50% 的人正在攻读学位，在获得专科学位的"提前开端"教师里，有 20% 的教师在攻读学士学位。③

　　英国学前教育和保育领域的资格证书结构比较复杂，课程管理局（Qualifications and Curriculum Authority，简称 QCA）的网站上列出的与儿童发展相关的证书共计 77 类。④ 各类证书并非按照一定的计划发展而来，而是随着社会需求的变化而不断发展形成的。总的来说，与学前教育工作相关的资格证书共分以下三类：全国职业资格证书（National Vocational Qualification，简称 NVQ）、基础学位（foundation degree）和儿童早期研究学位（幼儿教育学学位）（early childhood studies degree），其证书获取途径

---

① Walston J T, West J, U. S. Department of Education, National Center for Education Statistics. Full-day and Half-day Kindergarten in the United States：Findings from the Early Childhood Longitudinal Study, Kindergarten Class of 1998 – 99（NCES 2004 – 078）［M］. Washington, DC：U. S. Government Printing Office, 2004：7.

② OECD. OECD Country Note. Early Childhood Education and Care Policy in The United States of America［M］. Paris：OECD, 2000：30.

③ McCormick Tribune Center for Early Childhood Leadership, National-Louis University, Head Start Programs and Teaching Staff in 2005.

④ Owen. S. Training and workforce issues in the early years［M］//Pugh G, Duffy B. Contemporary issues in the early years. 4th Edition. London：Paul Chapman Publishing, 2006：183 – 193.

各不相同。各类证书类型各有其优势所在，在互相竞争的同时又互为补充，相互促进，最终呈现出一个多样化的证书结构体系。这些证书或学位课程在经过专业认可后，形成了不同的资格证书等级，从而方便政府及托幼机构的管理人员据此组织相应的聘用工作。

瑞典近期通过了为缩小小学和各种学前教育工作者差距而进行的学前教育教师培训制度改革，其中包括幼儿园教师、小学教师以及业余教员。之前幼儿园教师和业余教员只需接受三年的大学教育，而小学教师则需接受三年半的大学教育。通过改革，目前这些不同类别的教师都将接受相同时间的大学教育，即共计三年半时间的学习。

在其他 OECD 国家，比如法国，幼儿教师必须通过国家级别的考试，而这种考试只对那些已获得准入凭证的教师开放，如规定只有拥有三年制高等教育文凭才可以参加此类考试。[1] 在比利时、丹麦、德国、希腊、爱尔兰、卢森堡、葡萄牙和芬兰等国，要求幼儿教师在中学毕业后再完成至少三年的继续教育；而在西班牙，幼儿教师则需要至少获得硕士学位。[2]

二、九个人口大国中的中国学前教育

1993 年，联合国教科文组织将人口数量最多、文盲比率最高的九个国家，包括孟加拉、巴西、中国、埃及、印度、印度尼西亚、墨西哥、尼日利亚和巴基斯坦作为世界全民教育发展的"特别优先对象"——九国均为发展中人口大国，九国人口超过世界人口总数的一半，文盲人口占世界总数的2/3，并拥有全球一半以上的辍学儿童，九国的教育系统也因此面临

---

① OECD Directorate for Education. Early Childhood Education and Care Policy：Country Note for France［M］. Paris：OECD，2004.

② OECD/ UNESCO. Policy Review Report：Early Childhood Care and Education in Brazil［M］. Paris：OECD/ UNESCO，2005.

着相似的挑战。① 联合国教科文组织认为，如果九国的教育取得重大进展，那么全世界的扫除文盲事业和基础教育就可以取得重大突破。在 1993 年印度首都新德里召开的首次会议上，九国政府首脑达成共识——基础教育发展是国家发展不可缺少的一部分，对于改善人民生活质量具有决定性的作用。实现可持续发展、消除贫困离不开全民教育的普及，这在发展中国家尤其如此。② 自 1993 全民教育计划实施以来，九国全民教育取得了令人鼓舞的成就：各国初等教育净入学率和扫盲率都有了显著的提高，仅从中国来看，成年文盲占总人口的比率从 1949 年的 80% 下降到了 2010 年的不到 5%。③

九个人口大国体现出一些共同特征，包括强大的人口压力、大量的偏远地区人群、庞大的教育系统、相对低水平的中央政府教育经费投入、成人文盲率较高等问题。对于学前教育来说，九国中有多个国家的学前教育毛入园率仍低于 40%；在全世界的失学儿童中，来自这些国家的儿童占 45%。此外，这些国家还存在生师比居高不下以及教学质量达不到要求等诸多问题。这表明，九个人口大国发展学前教育的挑战巨大，任务艰巨。本部分将通过对九个人口大国学前教育的普及情况、幼儿园办园体制与机制、投入状况与成本分担以及教师队伍等基本现状进行比较，分析中国在九个人口大国中学前教育的相对发展水平。

（一）各国入园率不断增长，中国居中等水平

近年来，九个人口大国致力于提高学前教育普及程度，不断扩大学前教育规模，具体体现为各国学前儿童毛入园率均有不同程度的增长，在园儿童数均呈现出明显的增长态势。从毛入园率和适龄儿童受教育率两项指标来看，中国学前教育普及程度在九个国家中尚处于中等水平。

---

① UNESCO. E-9 initiative. ［Z/OL］. ［2012 – 07 – 16］. http：//www. unesco. org/en/education-for-all-international-coordination/themes/international-cooperation/e-9-initiative/.

② 新华社. 推进全民教育新的里程碑——九个人口大国全民教育部长级会议综述［N］. 2001 – 08 – 23.

③ 中华人民共和国中央人民政府. 第八届九个发展中人口大国教育部长会议聚焦扫盲［EB/OL］. ［2012 – 08 – 20］. http：//www. gov. cn/jrzg/2010 – 06/24/content_ 1635613. htm.

1. 各国毛入园率差距显著但都有不同程度的增长

据联合国教科文组织数据，九个人口大国学前儿童毛入园率差距显著。从图 3 - 11 可以看出，除巴基斯坦数据未获得之外，其他几个国家中，墨西哥学前儿童毛入园率最高，孟加拉、尼日利亚、埃及三个国家的学前儿童毛入园率相对较低，中国、印度尼西亚、印度、巴西学前儿童毛入园率处于中等水平，且中国男童和女童的入园率没有差异。

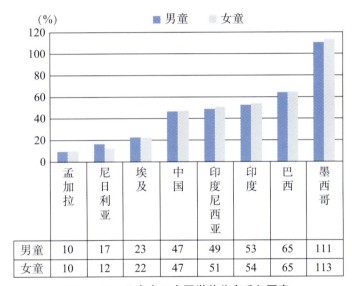

	孟加拉	尼日利亚	埃及	中国	印度尼西亚	印度	巴西	墨西哥
男童	10	17	23	47	49	53	65	111
女童	10	12	22	47	51	54	65	113

图 3 - 11　八个人口大国学前儿童毛入园率

注：图中数据为 2007—2010 年可以找到的最新数据，中国为 2008 年数据。

【数据来源】UNICEF. Statistics and Monitoring ［EB/OL］.［2012 - 07 - 02］. http://www. unicef. org/infobycountry.

近 10 年，各国学前儿童毛入园率都有不同程度的增长。从表 3 - 5 可知，在九个人口大国中，墨西哥学前儿童入园率增长最快，增幅为 38% ；其次是印度、印度尼西亚、中国和埃及，分别增长了 36% 、26% 、11% 和 10% ；孟加拉从 1999 年的 18% 下降到 2009 年的 10%。巴基斯坦、巴西 2009 年的数据暂无。

表 3 – 5　1999 年及 2009 年九个人口大国学前儿童入园率

（单位:%）

国家	1999 年	2009 年
墨西哥	74	112
印度	18	54
印度尼西亚	24	50
中国	36	47
埃及	10	20
孟加拉	18	10
巴基斯坦	62	—
巴西	58	—
尼日利亚	—	15

【数据来源】UNESCO Institute for Statistics. Global Education Digest 2011: Comparing Education Statistics Across the World [M]. Montreal: UNESCO Institute for Statistics, 2011: 92 – 100.

2009—2010 年印度学前教育机构为 67822 所[①]，与印度相比，2010 年中国的学前教育机构数是印度的 2.2 倍。但我国学前儿童的入园率低于印度，增幅也小于印度。

2. 在园儿童数量呈现出增长趋势，中国增幅最大

根据 2009 年九个人口大国的相关统计数据，对各国适龄入园儿童数、在园儿童数以及在园儿童数占适龄儿童数的百分比等几项指标进行比较分析发现，适龄儿童数超过千万的四个国家是印度、中国、尼日利亚和巴西，四国中，巴西和印度的在园儿童数比例即学前受教育率均高于我国。我国在园儿童数占适龄儿童数的比例在九个国家中处于中等水平，印度比我国高 4 个百分点，巴西比我国高 17 个百分点，而墨西哥比我国高 54 个百分点（表 3 –6）。

---

① Ministry of Human Resource Development, Government of India. Tables of Statistics of School Education [EB/OL]. [2012 – 07 – 09]. http://www. mhrd. gov. in/statistics_ data? tid_ 2 =156.

表3-6　**2009 年九个人口大国在园儿童数及其占适龄儿童数比例**

国　　家	适龄入园儿童数(人)	在园儿童数(人)	在园儿童数占适龄儿童数的比例(%)
墨西哥	4499714	4645464	103.00
巴西	10222468	6810379	66.60
印度	75240521	40294884	53.56
中国	50513137	24749600	49.00
印度尼西亚	8799778	4203300	47.80
埃及	3427762	813934	23.80
尼日利亚	14220861	1904611	13.40
孟加拉	9330430	1066978	11.40
巴基斯坦	7770791	—	—

【数据来源】UNESCO Institute for Statistics［EB/OL］.［2012 – 07 – 21］. http://stats. uis. unesco. org/unesco/tableviewer/document. aspx? ReportId = 143.

从各国近年来在园儿童数变化情况来看，中国和其他大多数国家一样，都呈现出增长趋势。但 2006 年至今，中国在园儿童数呈较快增长趋势，增长幅度远远大于其他国家，从 2006 年的 21790290 人，增长为 2010 年的 26578141 人，而其他 8 个国家增幅不大（图 3 – 12）。

（二）公立幼儿园占较大比重，中国处于中等偏下水平

作为社会公共服务机构，公立幼儿园的发展水平可以代表一个国家创建公共学前教育体系的力度，以及该国儿童享受普惠性学前教育的情况。通过对九个人口大国的比较发现，各国的公立园相对数量居多，占学前教育机构总数的绝大比例，儿童在公办园接受教育的比例较高且有上升趋势，这与中国的情况正好相反，表明中国的公共学前教育资源相对缺乏，有待增加。

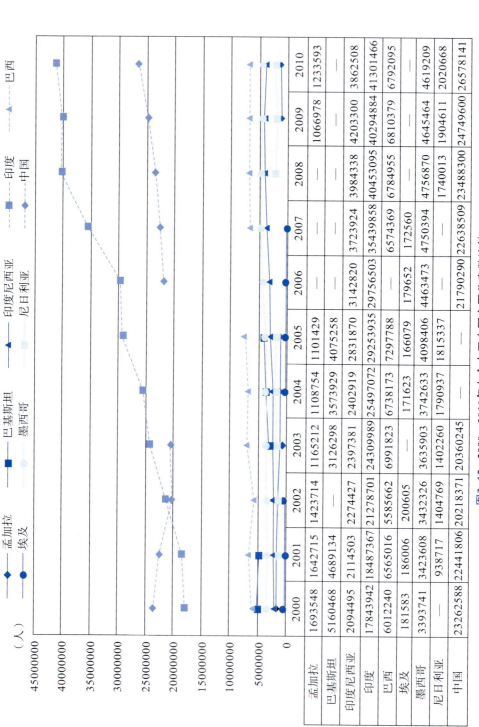

	2000	2001	2002	2003	2004	2005	2006	2007	2008	2009	2010
孟加拉	1693548	1642715	1423714	1165212	1108754	1101429	—	—	—	1066978	1233593
巴基斯坦	5160468	4689134	—	3126298	3573929	4075258	—	—	—	—	—
印度尼西亚	2094495	2114503	2274427	2397381	2402919	2831870	3142820	3723924	3984338	4203300	3862508
印度	17843942	18487367	21278701	24309989	25497072	29253935	29756503	35439858	40453095	40294884	41301466
巴西	6012240	6565016	5585662	6991823	6738173	7297788	—	6574369	6784955	6810379	6792095
埃及	181583	186006	200605	—	171623	166079	179652	172560	—	—	—
墨西哥	3393741	3423608	3432326	3635903	3742633	4098406	4463473	4750394	4756870	4645464	4619209
尼日利亚	—	938717	1404769	1402260	1790937	1815337	—	—	1740013	1904611	2020668
中国	23262588	22441806	20218371	20360245			21790290	22638509	23488300	24749600	26578141

图3-12　2000—2010年九个人口大国在园儿童数比较

【数据来源】UNESCO Institute for Statistics［EB/OL］.［2012-07-21］. http//stats.uis.unesco.org/unesco/tableviewer/document.aspx?ReportId=143.

1. 公立园占到多数，规定受资助的私立园类型

各国学前教育机构的类型划分各有不同，相对而言，我国与印度有一定的可比性。我国学前教育机构可以划分为公办园和民办园两种类型，这一基本划分与印度是相同的，但不同之处在于，印度公立园数量占了 75% 的绝大比例，且私立园中明确包含了受资助的私立园这一类型，并占到了 4% 的比例。中国民办园占幼儿园的绝大多数，2011 年起国家在政策上规定了提供普惠性服务的民办园（即私立园）可接受一定的财政支持，目前也有一些地区在进行实践探索（图 3 – 13）。

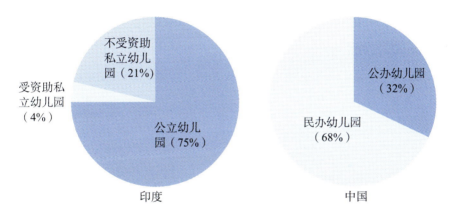

图 3 – 13　**2009—2010 年印度和中国各类学前教育机构所占比例比较**

【数据来源】Ministry of Human Resource Development, Government of India. Tables of Statistics of School Education［EB/OL］.［2012 – 07 – 09］. http://www. mhrd. gov. in/statistics_ data? tid_ 2 =156；中华人民共和国教育部. 教育统计数据［EB/OL］.［2012 – 07 – 12］. http://www. moe. gov. cn/publicfiles/business/htmlfiles/moe/s4965/201012/113496. html.

与巴西、埃及公立幼儿园占多数的情况相反，中国民办园绝对数量较多，相对比例较高。从民办园占学前机构总数的比例来看，我国与巴西、埃及差异显著，我国民办园占到 68%（图 3 – 14）。

2. 公立幼儿园在园儿童比例较高

通过对九个人口大国的比较可以发现，中国公立幼儿园在园儿童的比例处于中等偏下水平，低于墨西哥（85%）、尼日利亚（78%）、巴西（73%）和埃及（70%），仅高于孟加拉（45%）和印度尼西亚（2%）（图 3 – 15）。

图 3－14　各国公立和私立学前教育机构比例

【数据来源】Arab Republic of Egypt Ministry of Education. The Development of Education 2004—2008：A National Report ［R］. Cairo：2008，133；中华人民共和国教育部. 教育统计数据［EB/OL］.［2012－07－12］. http://www. moe. gov. cn/publicfiles/business/htmlfiles/moe/s6200/201201/129614. html.

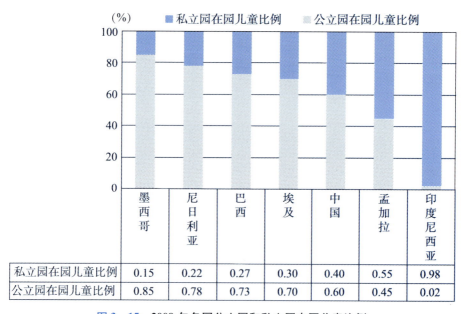

图 3－15　**2009 年各国公立园和私立园在园儿童比例**

【数据来源】UNESCO Institute for Statistics［EB/OL］.［2012－09－21］. http://stats. uis. unesco. org/unesco/TableViewer/document. aspx？ReportId＝143&IF_ Language＝eng.

（三）政府财政投入为主要经费来源，中国各项水平很低

保障经费投入是促进学前教育可持续发展的重要基础，因此，明确学前教育经费投入机制和成本分担机制，保证学前教育经费在教育财政性经费中的比例显得尤为重要。总体看来，九国学前教育经费来源渠道均呈现出多样化趋势，其中政府的财政投入是学前教育发展经费的主要来源。在学前教育发展水平较高的国家，政府对学前教育的财政投入比例较大，且财政性学前教育经费占教育经费比例和 GDP 比例相对较高，而中国在这几项指标上水平都很低，仍落后于多个国家。

1. 经费来源呈现多元化趋势但政府财政比重越来越大

各国学前教育经费来源渠道都呈现出多样化趋势，在学前教育发展水平较高的国家，政府对学前教育的财政投入比例往往相对较高，如墨西哥的学前教育经费 80% 来自政府的财政投入，不到 19% 来自家长的投入。[①]巴西将近 60% 的教育支出来自公共部门，市政当局是学前教育公共经费的投资主体，投资比例由 1995 年的 80% 增加到 2002 年的 92.5%。[②] 尼日利亚学前教育经费既来自联邦、市区和地方政府的公共教育支出，也包括私营部门、家长和非政府组织的投入，从 2004 年起，尼日利亚公共学前教育经费不断增长。[③] 中国学前教育经费主要来源于预算内学前教育经费，并且呈现逐年递增的趋势，这与巴西、尼日利亚的情况相似。

2. 各国财政性学前教育经费占财政性教育经费比例差距显著

联合国教科文组织的资料显示，2009 年孟加拉、巴基斯坦、尼日利亚财政性学前教育经费几乎没有。在墨西哥、巴西、印度尼西亚、印度、中国这几个国家中，印度尼西亚财政性学前教育经费占财政性教育经费的比例最低，只有 0.7%；其次为中国，比例为 1%；墨西哥财政性学前教育经

---

①　中国学前教育发展战略研究课题组. 中国学前教育发展战略研究［M］. 北京：教育科学出版社，2010：42.

②　UNESCO. Policy Review Report：Early Childhood Care and Education In Brazil［R］. 2006：37.

③　Education International. Early Childhood Education：A Global Scenario（A report on A study conducted by the Education International ECE Task Force）［R］. 2010：67.

费所占比例最高，达到10%；巴西占7%，印度2006年的水平比我国2009年的水平仍高出0.1个百分点（图3-16）。

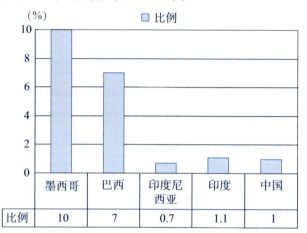

图3-16 2009年各国财政性学前教育经费占财政性教育经费比例

注：印度为2006年数据。

【数据来源】UNESCO Institute for Statistics［EB/OL］.［2012-07-16］. http://stats. uis. unesco. org/unesco/TableViewer/document. aspx? ReportId=143&IF_ Language=eng.

3. 财政性学前教育经费占GDP比例墨西哥最高，中国最低

联合国教科文组织的资料显示，2008年在印度尼西亚、巴西、墨西哥、中国这几个国家中，墨西哥的学前教育经费、财政性学前教育经费占GDP的比例最高，分别为0.69%和0.58%；中国最低，分别只有0.07%和0.04%（图3-17）。

（四）各国均对教师的学历水平和任职资格有明确要求

教师是决定教育成败的关键因素①，师资水平对于保障学前教育质量至关重要。为此，各国在师资建设上做出了许多共同的努力，包括不断扩大教师队伍、不断提高教师学历水平、规定幼儿园教师任职资格，以此进一步保障教师质量。另外，各国师幼比情况差异显著，中国在九国中处于中等偏上水平。

---

① 佐藤学. 课程与教师［M］. 钟启泉，译. 北京：教育科学出版社，2003：384.

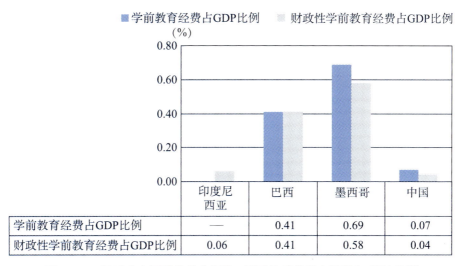

国家	印度尼西亚	巴西	墨西哥	中国
学前教育经费占GDP比例	——	0.41	0.69	0.07
财政性学前教育经费占GDP比例	0.06	0.41	0.58	0.04

图 3 – 17　2008 年各国学前教育经费、财政性学前教育经费占 GDP 比例

【数据来源】 UNESCO Institute for Statistics［EB/OL］.［2012 – 07 – 16］. http://stats. uis. unesco. org/unesco/TableViewer/document. aspx? ReportId = 143&IF_ Language = eng.

1. 各国教师人数基本为正增长，印度尼西亚和埃及涨幅最大

中国的学前教育工作者人数在九个人口大国中最多。表 3 – 7 显示了 1999 年和 2009 年九个人口大国学前教育工作者人数的变化，可以看出，各国教师人数基本为正增长，且印度尼西亚和埃及涨幅最大，达到或超过了 140% 。

表 3 –7　1999 年与 2009 年九个人口大国学前教育教师人数

国家	1999 年（人）	2009 年（人）	增幅（%）
印度尼西亚	117546	339669	190
埃及	13673	32809	140
中国	875427	1089778	24. 5
巴西	303560	374715	23. 4
墨西哥	150064	179694	19. 7
孟加拉	67504	61568（2002）	——
印度	——	738260（2006）	——

续表

国家	1999 年（人）	2009 年（人）	增幅（%）
巴基斯坦	—	86444（2004）	—
尼日利亚	—	60189（2008）	—

注：括号中为统计年份。

【数据来源】 UNESCO Institute for Statistics ［EB/OL］. ［2012 - 07 - 21］. http：//stats. uis. unesco. org/unesco/tableviewer/document. aspx？ ReportId = 143.

　　从 2009 年各国学前教育机构中女性工作者所占的比例来看，除孟加拉和巴基斯坦低于 50% 以外，其他国家女性工作者在学前教育机构中都占据了绝大多数。在九个人口大国中，中国、埃及、印度尼西亚、巴西、墨西哥 5 个国家的学前教育工作者中女性所占比例超过 90% ，而印度更是高达 100% （图 3 - 8）。

表 3 - 8　**2009 年学前教育工作者人数及女性工作者所占比例**

国家	2009 年（人）	女性所占比例（%）
印度	738260（2006）	100
埃及	32809	99
中国	1089778	97
印度尼西亚	339669	97
巴西	374715	97
墨西哥	179694	95
尼日利亚	60189（2008）	64
巴基斯坦	86444（2004）	45
孟加拉	61568（2002）	34

注：括号中为统计年份。

【数据来源】 UNESCO Institute for Statistics ［EB/OL］. ［2012 - 09 - 21］. http：//stats. uis. unesco. org/unesco/tableviewer/document. aspx？ ReportId = 143.

2. 各国教师学历水平不断提高，中等教育以下学历比例很小

　　巴西和中国幼儿园教师的学历水平都在不断提高，中等和专科教育

（含高中、专科）学历以下教师比例很小。由于数据所限，仅将中国 2010
年数据与巴西 2003 年数据相比较，可以看出中国中等教育学历教师比重较
大，高等教育学历教师的比例远小于巴西（图 3 – 18）。

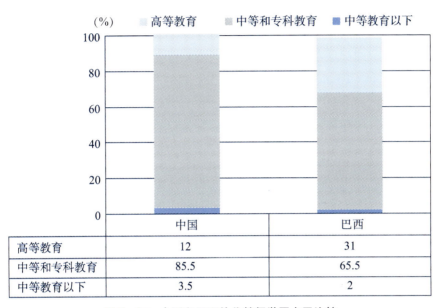

	中国	巴西
高等教育	12	31
中等和专科教育	85.5	65.5
中等教育以下	3.5	2

图 3 – 18 中国和巴西幼儿教师学历水平比较

注：中国为 2010 年数据，巴西为 2003 年数据。

【数据来源】UNESCO. Policy Review Report：Early Childhood Care and Education In Brazil［R］.
2006：27.

3. 多国规定幼儿园教师任职资格

九个人口大国中的大多数国家都对幼儿园教师的任职资格进行了规
定，只是各国要求不一，标准不同。

孟加拉政府要求所招新教师的 60% 必须为女性，新教师入职资格为：
女性拥有中等学校资格证（SSC）男性拥有高级中学资格证（HSC）。巴基
斯坦规定，学前教育工作者需具备中等教育以上学历和一年的培训资格证
书，但各省有不同水平。印度规定，学前教育教师资格证书的获得需接受
一学年、150 个教学日的高等教育。墨西哥规定获得学前教育教师资格需

具备四年制的学士学位。① 埃及政府针对不同的幼教机构和工作对象，对幼儿园教师的入职资格分别做出了规定：对于招收 4—6 岁儿童的幼儿园，教师必须有 4 年制的相关本科学位（如学前教育、社会工作、心理学、教育学等）；对于招收 3 个月—5 岁儿童的保育园，教师必须有高中学历或同等学力，并且参加过相关的短期培训。印度尼西亚从事学前教育的人员可分为两类，即专职幼儿教师（Professional educator）和半正式的幼儿教育者（Semi-professional educators）。其中专职幼儿教师至少需要拥有两年制幼儿教师培训学院的证书，而半正式的幼儿教育者则至少需要拥有高中毕业证书并且接受过相关培训，同时还需获得早期儿童教育证书。幼儿园和小学教育理事会还计划通过使幼儿园教师获得两年制教师培训学院（D2 - PGTK）幼儿教育专业的文凭来提高幼儿园教师的资格水平，并通过一些专业化的培训课程来提高幼儿园管理者的资格水平。

中国《幼儿园工作规程》规定幼儿园教师必须具有《教师资格条例》规定的幼儿园教师资格。基本学历要求是幼儿师范学校毕业及具备以上学历。

然而，各国幼儿教师的现实状况与其对幼儿教师资格的要求之间存在着一定差距。如印度尼西亚幼儿教师中符合从业资格要求，即获得两年制教师培训学院幼儿教育专业毕业证书的教师仅占 6%，大部分幼儿教师为高中或中等教师培训学校的毕业生。② 针对大部分幼儿教师不能满足政府要求的资格水平这一问题，一个可行的解决方案就是恢复"中间人员"（intermediary cadre），即原来印度尼西亚教育制度中的幼儿园教师助教制度。幼儿园教师助教需要拥有高中水平的毕业证书（SLTA），同时其专业应为学前教育。2005 年 51% 的幼儿园教师已经达到这一学历水平。

4. 各国师幼比差异较大，中国处于中等偏上水平

九个人口大国学前教育机构中的师幼比存在差异。从 2009 年各国师幼比状况看，中国的师幼比略高于世界平均水平，在九个人口大国中处于中

---

① UNESCO. Early Childhood Care and Education in E-9 Countries: Status and Outlook [R]. 2004: 28.

② UNESCO. The background report of Indonesia [R]. 2004: 30.

等偏上水平，但仍远远低于印度尼西亚（1∶12）和巴西（1∶18）。2008
年，联合国儿童基金会（UNICEF）提出了促进学前教育质量的一系列最
低标准，其中就包括在学前教育机构中工作人员数与儿童数之比不低于1
∶15，尽管这一标准主要是基于 OECD 国家的学前教育数据得出的，但是
其对于其他各个国家而言，也是一个有用的指示性指标（图3－19）。①

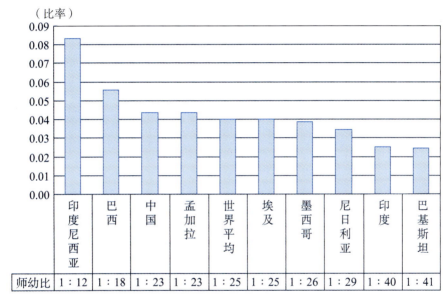

图 3－19　2009 年九个人口大国学前教育机构师幼比

注：孟加拉为 2002 年数据，巴基斯坦为 2004 年数据，印度为 2006 年数据，尼日利亚为 2008
年数据，其他国家均为 2009 年数据。

【数据来源】UNESCO Institute for Statistics ［EB/OL］．［2012 － 07 － 21］．http://stats. uis.
unesco. org/unesco/tableviewer/document. aspx? ReportId = 143.

5. 埃及和墨西哥教师接受培训比例较高，中国属于中等水平

联合国儿童基金会于 2008 年提出的促进学前教育质量的一系列最低标
准中，包括在学前教育机构中接受过培训的工作人员应占 80%。2001 年，
埃及接受过专业培训的幼儿教师所占比例已达 85. 7%；2009 年，墨西哥学

---

① Education International. Early Childhood Education：A Global Scenario（A report on A study con-
ducted by the Education International ECE Task Force）［R］. 2010：25.

前教育机构中接受过专业培训的幼儿教师所占比例为82%；孟加拉学前教育机构中接受过专业培训的幼儿教师所占比例为23.12%；中国2010年专任教师接受专业培训的比例为61.89%。截止到2010年，尼日利亚有超过70%的教师没有接受过幼儿教育专业培训，尽管这些教师可能获得了一般教学资格（general teaching qualifications）。① 由此可以看出，埃及和墨西哥幼儿教师接受培训的比例较高，中国属于中等水平，而孟加拉、尼日利亚幼儿教师接受培训的比例较低，这与各国的幼儿教师培训措施有关。

三、中国学前教育在金砖四国中的位置及与其他经济体的比较

随着中国综合国力的日益增强，中国在国际各领域中的地位和作用也不断增强。发展学前教育作为增强综合国力尤其是人才竞争力的重要手段已受到世界各国的普遍重视，其发展水平在很大程度上反映着一国的综合国力尤其是教育发展水平。因此，除了将中国学前教育的发展与OECD国家和九个发展中人口大国进行重点分析比较之外，根据可得数据，本书将进一步从金砖四国、世界平均水平、转型国家平均水平和发展中国家平均水平等多个角度进行比较分析，以期更客观、全面地反映我国学前教育在世界范围内的水平。

本部分从学前教育的普及情况、幼儿园办园体制与格局、学前教育投入状况与成本分担、幼儿园教师队伍的状况等方面，分析比较中国学前教育在金砖四国中的发展水平，并在与其他经济体的比较中分析我国学前教育的发展水平。

（一）四国入园率都在增长，印度、俄罗斯增长很快

根据中国在金砖四国中的位置，在将中国与其余金砖国家尤其是俄罗斯、印度两国及其他经济体进行比较后发现，1999—2009年的10年间，

---

① Education International. Early Childhood Education：A Global Scenario（A report on A study conducted by the Education International ECE Task Force）［R］. 2010：68.

中国学前儿童入园率增长缓慢，与发达国家和转型国家的平均毛入园率相比仍有很大差距，表明中国在学前教育普及、为更多适龄儿童提供学前教育机会方面需要做更多的努力。

1. 印度、俄罗斯入园率增幅很大，俄罗斯已高达90%

金砖四国学前教育毛入园率差距显著，发展速度差异巨大。从1999年和2009年学前教育入园率的对比情况来看，四国入园率都有一定幅度的增长，其中，印度增长最快，从1999年的18%迅速增长为2009年的54%，10年间增长了36个百分点。俄罗斯次之，从1999年的68%增长到2009年的90%，10年间增长了22个百分点。相对而言，中国入园率的增长较为缓慢，10年间增幅只有11个百分点（图3-20）。

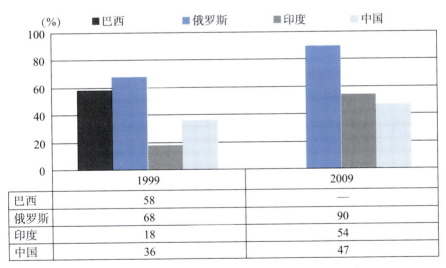

	1999	2009
巴西	58	—
俄罗斯	68	90
印度	18	54
中国	36	47

图3-20　1999年与2009年金砖四国学前教育入园率

注：巴西2009年数据缺失，中国2009年官方统计数据为50.9%。

【数据来源】UNESCO Institute for Statistics. Global Education Digest 2011：Comparing Education Statistics Across the World［M］. Montreal：UNESCO Institute for Statistics. 2011：92-98.

将中国学前教育毛入园率与其他经济体进行比较可以看出，中国学前教育毛入园率与世界平均水平基本持平，高于发展中国家的平均值，但较发达国家和转型国家的平均毛入园率还有很大差距（图3-21）。

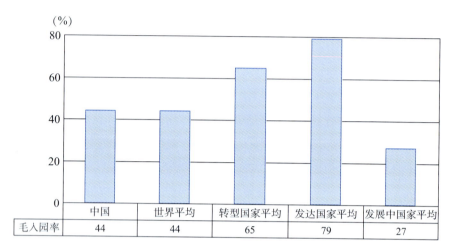

图 3－21　2008 年中国与其他经济体学前教育毛入园率对比

【数据来源】UNESCO. Education for all global monitoring report 2011 ［R］. 2011：286－293 (Table 3B).

　　从男童和女童入园接受学前教育的情况来看，总体上各国差异并不显著。巴西和中国的男女童学前教育毛入园率相同，分别为65%和47%；俄罗斯男童和女童的学前教育毛入园率相差不大，分别为91%和89%；印度女童的学前教育入园率比男童高一个百分点，为54%（图3－22）。

　　2. 学前教育机构数量中国最多，俄罗斯最少

　　中国是金砖四国中学前教育机构数量最多的国家，其次是巴西和印度，俄罗斯学前教育机构从1993年以后急速缩减，数量最少。从绝对数量的比较来看，中国学前教育机构的数量是俄罗斯的3.3倍，是印度的2.2倍，是巴西的1.4倍（图3－23）。

　　3. 四国在园儿童数量都在增长，印度和中国涨幅最大

　　从2001年和2009年金砖四国在园儿童数的变化可以看出：中国与印度在园儿童数量远多于俄罗斯和巴西；四国在园儿童数量都在增长，且印度和中国的涨幅最大，分别增长了118%和31.5%；俄罗斯增长了19.8%，巴西增幅最小，仅为3.7%（图3－24）。

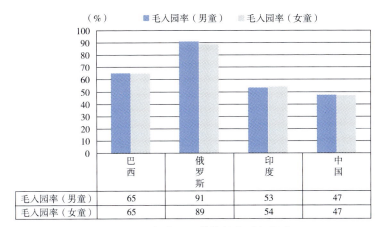

	巴西	俄罗斯	印度	中国
毛入园率（男童）	65	91	53	47
毛入园率（女童）	65	89	54	47

图 3 - 22　金砖四国学前教育毛入园率

注：图中数据为2007—2010年可以找到的最新数据，中国为2008年数据。

【数 据 来 源】 UNICEF. Statistics and Monitoring ［EB/OL］. ［2012 - 07 - 02］. http://www. unicef. org/infobycountry/brazil_ statistics. html#90；http://www. unicef. org/infobycountry/russia_ statistics. html；http://www. unicef. org/infobycountry/india _ statistics. html；http://www. unicef. org/infobycountry/china_ statistics. html.

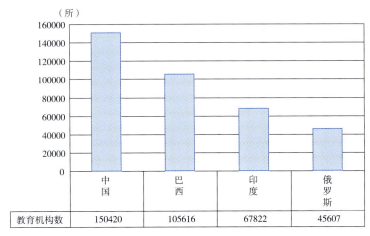

	中国	巴西	印度	俄罗斯
教育机构数	150420	105616	67822	45607

图 3 - 23　2009—2010 年金砖四国学前教育机构数

注：巴西为2005年数据。

【数据来源】 Ministry of Human Resource Development, Government of India. Tables of Statistics of School Education ［EB/OL］. ［2012 - 07 - 09］. http://www. mhrd. gov. in/statistics_ data? tid_ 2 = 156；Becker. F d R. Early Childhood Education in Brazil：The obstacles to a successful experience ［EB/OL］. ［2012 - 07 - 11］. http://www. umanizales. co/revistacinde/vol5/Art1. pdf；МИНИСТЕРСТВО ОБРАЗОВАНИЯ И НАУКИ РОССИЙСКОЙ ФЕДЕРАЦИИ. ОБРАЗОВАНИЕ В РОССИИ - 2008. Статистический бюллетень. Москва, 2009：29.

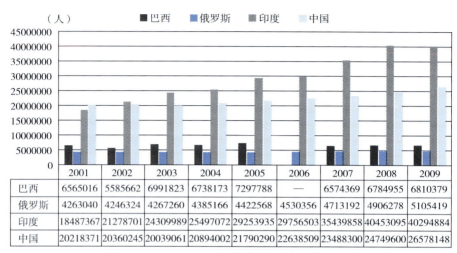

（人）   ■巴西 ■俄罗斯 ▨印度 ▨中国

	2001	2002	2003	2004	2005	2006	2007	2008	2009
巴西	6565016	5585662	6991823	6738173	7297788	—	6574369	6784955	6810379
俄罗斯	4263040	4246324	4267260	4385166	4422568	4530356	4713192	4906278	5105419
印度	18487367	21278701	24309989	25497072	29253935	29756503	35439858	40453095	40294884
中国	20218371	20360245	20039061	20894002	21790290	22638509	23488300	24749600	26578148

图 3 – 24   2001—2009 年金砖四国在园儿童数变化

【数据来源】UNESCO Institute for Statistics ［EB/OL］.［2012 – 09 – 21］. http://stats. uis. unesco. org/unesco/tableviewer/document. aspx? ReportId = 143.

与其他经济体的在园儿童数相比，中国在园儿童数几乎与发达国家在园儿童数持平，远多于转型国家的在园儿童总数（图 3 – 25）。

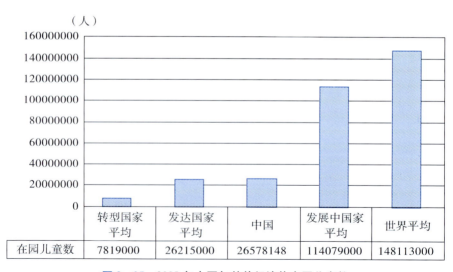

（人）

	转型国家平均	发达国家平均	中国	发展中国家平均	世界平均
在园儿童数	7819000	26215000	26578148	114079000	148113000

图 3 – 25   2008 年中国与其他经济体在园儿童数

注：中国为 2009 年数据。

【数据来源】UNESCO. Education for all global monitoring report 2011 ［R］. 2011：292 （Table 3B）.

（二）俄罗斯和印度公立幼儿园及在园幼儿数占比较大

如前所述，中国是金砖四国中学前教育机构数量最多的国家。但从公立园与私立园的比例来看，以私立园数量居多，接近半数的在园儿童在私立园中接受学前教育。俄罗斯、巴西与中国情况相反，两国的学前教育机构中私立园比例很小，公立园占到幼儿园总数的70%以上，覆盖了绝大多数儿童的学前教育。这种对比在一定程度上反映了我国公共学前教育资源的短缺，公共学前教育服务体系需要加强建设。

1. 俄罗斯与巴西公办园比例较高，中国情况相反

从金砖四国中数据相对完整的三国来看，2010年中国私立园数量远远多于公办园数量，占幼儿园总数的绝大多数，比例高达68%。而从2005年的数据看，俄罗斯与巴西公立园数量居多，分别占总数的78%[1]和75%[2]，近几年仍在不断提高（图3-26）。

2. 俄罗斯和印度公办幼儿园在园幼儿占绝大比例，中国比例低

在金砖四国中，中国民办幼儿园儿童占在园儿童数的比例是最大的，达47%，高出巴西近20个百分点（巴西私立园儿童占27.3%）。与我国情况相反的是，俄罗斯和印度公立幼儿园在园幼儿占绝大多数，私立幼儿园儿童数所占比例极小（图3-27）。

与其他经济体相比，中国民办幼儿园在园幼儿所占比例是很大的，与发展中国家平均水平基本持平，超过世界平均水平15个百分点，更远远超过转型国家（1%）和发达国家（10%）的平均水平。换言之，中国公办园比例与发展中国家相近，低于世界平均水平，更低于转型国家和发达国家的水平，可见中国的学前教育公共资源还特别缺乏，必须进一步加速扩大公办学前教育资源（图3-28）。

---

[1]　UNESCO. Early Childhood Education Country Report: Status and Development of the Preschool Education System in the Russian Federation [R]. 2006: 9.

[2]　Becker F d R. Early Childhood Education in Brazil: The obstacles to a successful experience [EB/OL]. [2012-07-11]. http://www. umanizales. edu. co/revistacinde/vol5/Art1. pdf.

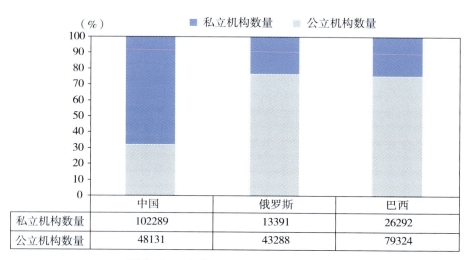

	中国	俄罗斯	巴西
私立机构数量	102289	13391	26292
公立机构数量	48131	43288	79324

图 3 - 26 金砖四国公立园和私立园数量

注：巴西、俄罗斯为 2005 年数据，中国为 2010 年数据。

【数据来源】Becker F d R. Early Childhood Education in Brazil：The obstacles to a successful experience ［EB/OL］．［2012 - 07 - 11］． http：//www. umanizales. edu. co/revistacinde/vol5/Art1. pdf；UNESCO. Early Childhood Education Country Report：Status and Development of the Preschool Education System in the Russian Federation ［R］. 2006：9；中华人民共和国教育部. 教育统计数据 ［EB/OL］.［2012 - 07 - 12］． http：//www. moe. gov. cn/publicfiles/business/htmlfiles/moe/s6200/201201/129614. html.

	巴西	俄罗斯	印度	中国
公立园在园儿童数	4936991	5062651	23219492	15772001
私立园在园儿童数	1855104	42768	1090497	13994694

图 3 - 27 2010 年金砖四国公立幼儿园和私立幼儿园在园儿童数

注：俄罗斯为 2009 年数据，印度为 2003 年数据。

【数据来源】UNESCO Institute for Statistics ［EB/OL］．［2012 - 09 - 21］． http：//stats. uis. unesco. org/unesco/tableviewer/document. aspx？ReportId = 143.

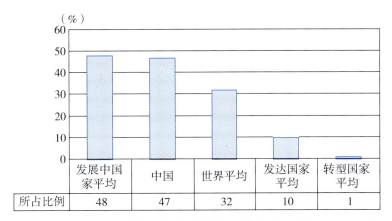

	发展中国家平均	中国	世界平均	发达国家平均	转型国家平均
所占比例	48	47	32	10	1

图3-28　2007—2008年中国与世界其他经济体私立幼儿园在园幼儿所占比例

注：中国为2010年数据。

【数据来源】UNESCO. Education for all global monitoring report 2011［R］. 2011：286-293（Table 3B）.

（三）政府财政投入是各国学前教育经费的重要来源

总体上看，金砖四国均已将政府的财政投入作为学前教育经费的主要来源，同时积极探索将私人资金引入学前教育领域。从学前教育投入比例来看，在学前教育经费投入占教育经费比例和占GDP的比例两项指标上，中国与俄罗斯、巴西相比仍有很大差距，因此，落实和保障学前教育经费仍是影响我国学前教育发展的重要因素。

1. 学前教育经费主要来源是政府财政投入，但各国政府分担比例不同

金砖四国学前教育经费的主要来源是政府的财政投入，但各国的各级政府分担比例不同。2002年巴西市政当局是学前教育的投资主体，对学前教育的投入占92.5%，州和联邦政府的投资比例有所减少，分别占7.4%和0.1%。[①] 俄罗斯情况与巴西相似，但从2005年开始，幼儿园不再由联

---

① UNESCO. Policy Review Report：Early Childhood Care and Education in Brazil［R］. 2006：37.

邦预算拨款, 资助主体已经转移到地区和当地政府。[①] 在印度, 除了政府投入之外, 综合儿童发展项目 (ICDS), 得到了国际关怀协会[②]、世界银行、联合国儿童基金会、世界食品项目等多个国际组织的资金支持[③]。中国以国家财政性教育经费投入为主, 但也鼓励社会力量办学投入、家长支付、社会捐赠等多种私人资金补充到学前教育经费中。

2. 学前教育经费占教育经费的比例差异显著

从 UNESCO 对金砖四国的统计数据可以看出, 中国学前教育经费占国家教育总经费的比例较低, 2008 年仅占 1.37%, 2009 年也只有 1.48%, 远远低于俄罗斯 (15.03%) 和巴西 (7.61%) (图 3 – 29)。

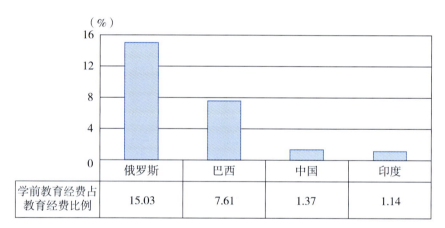

（%）

	俄罗斯	巴西	中国	印度
学前教育经费占教育经费比例	15.03	7.61	1.37	1.14

图 3 – 29　2008 年金砖四国学前教育经费占教育经费的比例

注：印度为 2006 年数据。

【数据来源】UNESCO Institute for Statistics［EB/OL］. ［2012 – 09 – 21］. http:// stats. uis. unesco. org/unesco/tableviewer/document. aspx? ReportId = 143.

---

① Taratukhina M S, Polyakova M N, et al. Early childhood care and education in the Russian Federation (Paper prepared for the Education for All Global Monitoring Report 2007) ［Z］. Strong foundations: early childhood care and education, 2006: 9.

② CARE 创建于 1945 年, 是一个致力于对抗全球贫困的人道主义组织机构。该机构创建之初的英文全称为 "Cooperative for American Remittances to Europe", 即 "美国汇款到欧洲合作社"。今天, 该组织机构的服务已扩展至全世界 60 个国家, 其名称也改为 "为协助和抚慰全世界而合作", 即国际关怀协会 (Cooperative for Assistance and Relief Everywhere, Inc)。

③ Kapil U. Integrated Child Development Services (ICDS) Scheme: A program for holistic development of children in India ［J］. Indian Journal of Pediatrics, 2002, 69 (7): 597 – 601.

3. 财政性学前教育经费占 GDP 比例俄罗斯最高，中国最低

从图 3 - 30 可以看出，巴西、俄罗斯和中国财政性学前教育经费占 GDP 的比例差异显著。俄罗斯的财政性学前教育经费占 GDP 比例最高，2008 年占 GDP 的比例超过了 0.6%，且近年来呈现上升趋势。其次是巴西，保持在 0.4% 左右。最低的是中国，10 年来一直在 0.03%—0.05%，远远低于俄罗斯和巴西。

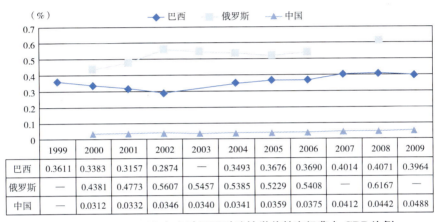

	1999	2000	2001	2002	2003	2004	2005	2006	2007	2008	2009
巴西	0.3611	0.3383	0.3157	0.2874	—	0.3493	0.3676	0.3690	0.4014	0.4071	0.3964
俄罗斯	—	0.4381	0.4773	0.5607	0.5457	0.5385	0.5229	0.5408	—	0.6167	—
中国	—	0.0312	0.0332	0.0346	0.0340	0.0341	0.0359	0.0375	0.0412	0.0442	0.0488

图 3 - 30 1999—2009 年金砖四国财政性学前教育经费占 GDP 比例

【数据来源】 UNESCO Institute for Statistics ［EB/OL］. ［2012 - 07 - 16］. http://stats. uis. unesco. org/unesco/tableviewer/document. aspx? ReportId = 143.

（四）四国对教师都有最低学历要求，师幼比差异显著

金砖四国的学前教师状况既有共同之处，也存在差异。在教师数量上，除俄罗斯外，各国教师数量都在增加，且中国教师最多，但从师幼比来看，中国还远低于俄罗斯、巴西；在教师质量上，四国均规定了幼儿园教师的最低学历要求，但中国具有高等教育学历的教师比例较小；四国在学前教育师资建设过程中均重视教师在职培训，但在实施措施上有所不同；在教师待遇上，四国教师工资待遇普遍偏低，仍有待提高。

1. 除俄罗斯外，各国教师人数都在增加

金砖四国中，近年来，除俄罗斯教师人数有所减少外，中国、巴西和印

度的教师人数都在增加，且中国的增长幅度最大、人数最多（图3-31）。

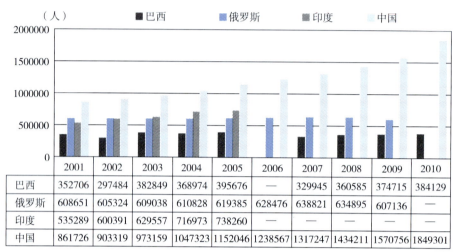

	2001	2002	2003	2004	2005	2006	2007	2008	2009	2010
巴西	352706	297484	382849	368974	395676	—	329945	360585	374715	384129
俄罗斯	608651	605324	609038	610828	619385	628476	638821	634895	607136	—
印度	535289	600391	629557	716973	738260					
中国	861726	903319	973159	1047323	1152046	1238567	1317247	1434211	1570756	1849301

图3-31　2000—2010 年金砖四国学前教师人数

【数据来源】UNESCO Institute for Statistics ［EB/OL］．［2012 - 09 - 21］．http://stats. uis. unesco. org/unesco/tableviewer/document. aspx? ReportId = 143.

　　与其他经济体相比，中国幼儿教师人数远多于转型国家的幼儿教师总数，但少于发达国家的幼儿教师数。从 1999 年和 2008 年幼儿教师人数变化中可以发现，除了转型国家幼儿教师总数有所减少外，中国与其他经济体的幼儿教师人数均为正增长，且中国的涨幅最大（表3-9）。

表3-9　1999 年和 2008 年中国与其他经济体教师人数变化

	1999 年（人）	2008 年（人）	涨幅（%）
中国	861726（2001）	1434211	166
发展中国家	3051000	4525000	148
世界	5471000	7244000	132
发达国家	1421000	1748000	123
转型国家	998000	971000	- 2. 7

注：括号中为统计年份。

【数据来源】UNESCO. Education for all global monitoring report 2011 ［R］. 2011：332（Table 8）.

从女性教师比例来看，中国与其他经济体的情况基本一致，女性教师比例在90%以上，且中国与发达国家、转型国家的女性教师比例均超过了95%（图3－32）。

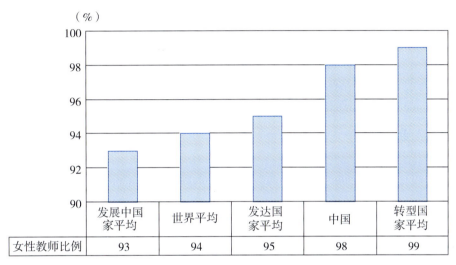

图3－32　2008年中国与其他经济体学前教育女性教师比例

【数据来源】UNESCO. Education for all global monitoring report 2011［R］. 2011：332（Table 8）.

2. 四国都规定了幼儿园教师的最低学历要求

金砖四国都规定了幼儿园教师的最低学历要求。从图3－33可以看出，巴西、俄罗斯和中国三个国家中等教育及以上学历的教师占到了96%以上，中等教育以下学历的教师比例极小。但相比较而言，中国具有高等教育学历的幼儿教师比例还比较小，绝大多数（85.5%）教师只具备中等教育学历。印度教师学历数据暂无。

3. 师幼比四国差别显著，俄罗斯已达1∶8

金砖四国学前教育机构师幼比有显著差别，图3－34反映了2009年各国师幼比状况。2009年中国师幼比高于2006年印度的数据，但还远远低于俄罗斯（1∶8）和巴西（1∶18）。

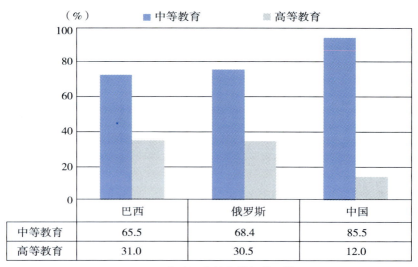

	巴西	俄罗斯	中国
中等教育	65.5	68.4	85.5
高等教育	31.0	30.5	12.0

图 3 - 33   金砖国家幼儿教师学历情况

注：1. 巴西为 2003 年数据，俄罗斯为 2009 年数据，中国为 2010 年数据。

2. 中国中等和专科教育学历包括高中和专科，俄罗斯高等教育学历含高等教育（Higher Education）和不完整高等教育（Incomplete Higher Education）。

【数据来源】UNESCO. Policy Review Report：Early Childhood Care and Education In Brazil ［R］. 2007：27；World Data on Education：Russian Federation ［DB/OL］. ［2012 - 07 - 17］. http://www. ibe. unesco. org/en/worldwide/unesco-regions/europe-and-north-america/russian-federation/profile-of-education. html；中华人民共和国教育部 . 2010 年教育统计数据 ［EB/OL］. ［2012 - 07 - 17］. http://www. moe. edu. cn/publicfiles/business/htmlfiles/moe/s6200/201201/129536. html#.

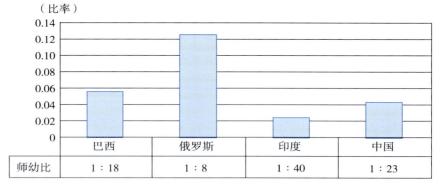

	巴西	俄罗斯	印度	中国
师幼比	1：18	1：8	1：40	1：23

图 3 - 34   2009 年金砖四国幼儿园师幼比

注：印度为 2006 年数据。

【数据来源】UNESCO Institute for Statistics ［EB/OL］. ［2012 - 09 - 21］. http://stats. uis. unesco. org/unesco/tableviewer/document. aspx？ ReportId = 143.

从 2008 年中国与其他经济体师幼比情况来看，中国师幼比略高于发展中国家平均值，但仍然低于世界平均水平，与转型国家（1∶8）和发达国家（1∶15）相比还有很大差距（图 3 - 35）。

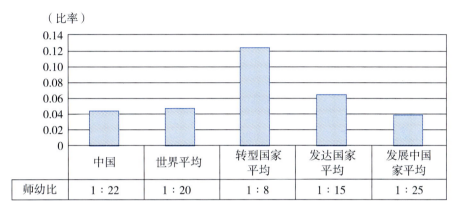

（比率）

师幼比	1∶22	1∶20	1∶8	1∶15	1∶25
	中国	世界平均	转型国家平均	发达国家平均	发展中国家平均

图 3 - 35　**2007—2008 年中国与其他经济体师幼比**

【数据来源】UNESCO. Education for all global monitoring report 2011 ［R］. 2011：326 - 333（Table 18）.

师幼比是影响和衡量国家学前教育质量的核心要素，中国在金砖四国中的水平及与其他经济体相比较所处的地位都表明，中国必须着力改善师幼比例过大的现状，为提供有质量的学前教育创造条件。

4. 四国教师工资待遇整体水平偏低

研究发现，与其他行业相比，金砖四国幼儿园教师的工资待遇整体水平都不高。如俄罗斯教育行业的平均月工资远低于金融业、工业等行业，幼儿教师的工资水平低于 3000 卢布/月，而养育员的月工资只有 1300 卢布。[1] 印度第 27 项最低工资计划案（27th schedule of the minimumwages act）中没有儿童保育工作人员/保育学校教师等职称，因此这些工作人员的最低工资和工作条件并没有得到国家法律的规范和保障。中国情况基本类似，幼儿园教师的待遇总体水平不高。除此之外，四国幼儿园教师的薪

---

① 俄罗斯幼师的工资水平可能与教师等同 ［EB/OL］. ［2012 - 07 - 18］. http://www. ailiuxue. com/info/ru/content - 00066196. html.

资因其资格水平、职称、幼儿园性质、工作地点的不同等而具有较大差异。

5. 四国均采取多种方式进行幼儿园教师在职培训

金砖四国都十分重视幼儿教师在职培训，采用了多种方式为教师提供培训。

一种是以项目为核心提供覆盖广泛的教师培训，如印度和中国。印度中央政府围绕 ICDS 项目设计了专门的国家培训计划，每年各个邦/联邦属地都要向中央提交"邦培训行动计划"（State Training Action Plans，简称STRAPs），规划当年本邦儿童综合发展项目工作人员培训计划。以 2007—2008 年度为例，除了果阿邦（Goa）、达曼－第乌（Daman & Diu）和庞第皆瑞（Pondicherry），其他所有的邦/联邦属地都提交了 2007—2008 年度的行动计划，经过审核，32 个邦都获得了通过。通过邦培训行动计划，政府批准了 81.83 千万卢比，其中，65.13 千万卢比用于常规培训（职业和进修），13.55 千万卢比用于新招收的儿童综合发展中心工作人员的培训，还有 3.16 千万卢比用于其他培训。① 中国于 2011 年启动实施"幼儿教师国家级培训计划"，包括农村幼儿教师短期集中培训、农村幼儿园"转岗教师"培训和农村幼儿园骨干教师置换脱产研修三大培训项目。计划对中西部地区农村公办幼儿园和普惠性民办幼儿园园长、骨干教师、转岗教师进行培训。

另一种方式是要求教师在教学过程中继续进修，提升教学资格。如俄罗斯政府于 1992—1993 年对许多在职培训机构进行重组，成立了包括教师培训大学、专业发展机构和教育发展中心等教师培训机构，同时创立了融教育教学和教师培训于一体的多种机构，包括师范高中（a pedagogiacal lyceum）、师范学院（a pedagogiacal college）、师范研究所（a pedagogical institute）、师范大学（a pedagogical university，研究生阶段的教育）②，不同机构为教师提供选修短期课程或培训内容，以此提高教师的受教育程度。

---

① Ministry of Women and Child Development. Annual report 2007－2008. [R/OL]. [2012－07－16]. http://wcd. nic. in/.

② UNESCO. World Data on Education：Russian Federation [Z]. 7th ed. 2010：29－30.

还有一种方式是利用计算机技术支持教师的在职培训。如巴西致力于开放大学的建设（the Open University of Brazil，UAB），联邦政府、州和市政联合高等教育机构实施远程高等教育网络工程，旨在为没有获得最低要求资格的公立学校基础教师（包括幼儿园教师）提供培训，预计覆盖200万名教师。[①]

---

① UNESCO. World Data on Education：Brazil［Z］. 7th ed. 2010：32.

第四章

《教育规划纲要》颁布以来我国学前教育的政策框架与地方经验

以 2010 年为统计数据的时间结点，通过对 2001—2010 年 10 年间我国学前教育事业发展概况和分地区学前教育事业发展状况的分析，并将我国学前教育发展与 OECD 国家、九个人口大国中的其他 8 个国家和其他金砖国家的学前教育发展进行比较研究，可以看到：10 年间我国学前教育普及程度不断提高，学前教育的规模不断扩大，学前教育经费不断增长，师资队伍的学历水平明显提高。但是，就总体而言，我国学前教育的普及程度还很低，学前教育资源尤其是公共资源仍然十分短缺，学前教育投入尤其是财政性投入严重不足，学前教育发展不平衡，区域差异巨大，与世界各主要国家相比我国学前教育的发展水平还很低，差距很大。我国学前教育的发展状况与我国广大人民群众对学前教育的强烈需求和热切期盼也不相适应。

为了顺应国际形势，促进教育与社会经济的协调发展，回应和满足广大民众对学前教育的强烈需求和热切期盼，以 2010 年 7 月《教育规划纲要》所描绘的学前教育未来 10 年发展的蓝图为先导，政府连续出台了一系列重要政策文件，勾画了我国学前教育普惠性发展和基本公共服务体系构建的基本框架。各省份学前教育三年行动计划的制定和实施，以及富有创造性的地方性探索和成功经验，也为国家政策的落实和学前教育宏伟蓝图的实现，提供了有力的保障。

一、学前教育发展的国家政策

2010 年以《教育规划纲要》为先导的国家政策体系，以发展普惠性学前教育资源为重点，以构建覆盖城乡的学前教育公共服务体系为基本方向，以实施学前教育三年行动计划为重要举措，开始了加快发展学前教育，缩小与世界各国的差距，满足广大民众需求的伟大征程。

（一）国家政策出台的背景

我国以《教育规划纲要》为先导的一系列学前教育政策的出台，基于对学前教育发展现状、问题和需求的深入了解和准确把握，基于对发达国家、发展中人口大国和其他国家学前教育发展经验的研究比较和分析借鉴，是立足全国、基于全局并会同相关部门的深入研究、系统设计和全面部署。

1. 学前教育普及程度需尽快提高，学前教育资源需加快扩大

2001—2010 年，我国的学前教育普及情况不断改善。学前教育普及程度的提高可以从两个方面来反映。一是学前教育普及率的增长，学前三年毛入园率不断提高，到 2010 年已经达到了 56.6%；学前一年毛入园率也在 70% 以上并基本保持稳定，到 2010 年已经有 91.85% 的儿童在进入小学时接受过学前教育。二是学前教育规模的不断扩大，幼儿园园所数量、幼儿园班级数量、幼儿园班级规模和幼儿园在园儿童数都在稳步增加。由此看出，学前教育普及程度的不断提高意味着我国有越来越多的适龄儿童有机会进入正式的学前教育机构接受学前教育。但是，56.6% 的学前三年毛入园率同时意味着还有 43.4% 的适龄儿童没有进入幼儿园接受完整的学前教育。而且，我国学前教育发展的区域差异很大，中西部地区的入园率远远低于东部地区，2010 年东部地区的平均入园率高出中西部地区近 30 个

百分点。

从国际视野来看，我国学前入园率与世界平均水平基本持平，与发达国家和转型国家平均毛入园率还有很大差距。具体分析可见：我国学前三年毛入园率虽然在 9 个人口大国中居于中等水平，但在金砖四国中最低；2008 年 OECD 国家中除土耳其低于我国外，其他各国的毛入园率均高于我国，其中 8 个国家的毛入园率超过了 100%，另有 11 个国家的毛入园率在 90%—99%，毛入园率在 80% 以上的国家共有 26 个。而同年我国学前三年儿童入园率为 45.1%，2010 年也仅为 56.6%，与多数 OECD 国家还相差甚远。可以说，我国学前教育普及水平在世界各国的排名与我国经济发展水平在世界各国的排名很不相称，我国学前教育普及水平远远落后于经济发展水平。

2. 学前教育办园格局显著改变，需要调整并增加公办园比例

从 20 世纪 90 年代末至 2010 年的十几年里，由于社会变革和国有企事业单位改制，我国学前教育的办园格局发生了很大的变化。总体来说，已经由以公办园为主转变为以民办园为主的格局。到 2010 年，民办园数量已经占到我国幼儿园总量的 68%，民办园班级数也占到我国幼儿园班级总量的 50%，民办园在园儿童数占在园儿童总数的 47%。但数据显示（且经验也表明），学前教育普及率较高和学前教育质量较好的省份和东部地区都是以公办园为主体的办园格局，公办园比例较高。

对世界各主要国家的学前教育办园格局的研究发现，多数 OECD 国家公立幼儿园的比例超过 60%；九个人口大国中印度、巴西、埃及等国的公立园占多数，如印度的公立园占 75% 且 4% 的私立园接受政府的直接资助；金砖四国中俄罗斯、巴西的公办园数量居多，2005 年两国公办园分别占园所数量的 78% 和 75%。可以看出，世界各主要国家的办园格局绝大多数都是公办园和民办园并存，但公办园所占比例越来越多是一个国际性的发展趋势。

由于我国学前教育管理体制的影响，公办园特别是教育部门办园在办园规范、保教质量、师资水平以及教育效果方面总体上要优于民办园，并且公办园一直发挥着示范、引领学前教育发展的作用。事实上，从公办园

数量较多的省份、地区学前教育普及程度较高和学前教育质量较高这一实际情况也可以看出，保证公办园在园所格局中的主体地位是保障学前教育公益性和普惠性的有力举措与必要条件。世界各国的办园格局发展趋势也同样说明了扩大公办园的数量和提高公办园的质量，是加强政府对学前教育的发展责任的具体表现之一。

3. 学前教育经费亟待加大财政投入和建立合理的成本分担机制

2001—2010 年，我国的学前教育经费投入不断增长，无论是幼儿园教育经费总投入、幼儿园财政性教育经费和幼儿园预算内教育经费的绝对量，还是三者分别在教育总投入、财政性教育经费投入和预算内教育经费投入中的相对比例，都呈逐年递增的趋势。而且，虽然学前教育经费投入的渠道多样，但在现阶段国家财政性学前教育经费仍然是学前教育经费的最主要来源。这说明我国政府对学前教育的重视程度越来越高，学前教育在整个教育体系中的地位在逐步提升。此外，生均学前教育经费也在逐年增长，这种增长是财政性学前教育经费逐年增长的直接反映。

国际比较发现，OECD 各国在学前教育投入方面总体偏少且差异较大，但我国的学前教育投入与之相比还是存在很大差距，远远低于 OECD 平均投入水平。九个人口大国中，2008 年学前教育经费占 GDP 比例最高的是墨西哥（0.69%），最低的为中国（0.07%），2009 年金砖四国之一的俄罗斯学前教育经费投入占教育经费投入的比例高达 15%，我国仅为1.37%。同样，就生均经费而言，我国的生均学前教育经费与 OECD 国家的平均水平相差甚远。由此可见，与世界各主要国家的学前教育经费投入和生均经费相比较，我国的学前教育投入和生均经费都还处于较低水平，远远低于大多数发达国家和转型国家。此外，无论是 OECD 各国还是九个人口大国抑或金砖四国，在学前教育经费来源上都呈现出一个共同的趋势，即各个国家的学前教育经费来源多元化，但均以政府财政投入为主要经费来源。

可见，必须大幅增加经费投入总量，切实提高生均学前教育经费水平，为实现学前教育在更大范围内的普及和优质发展提供经济保障。更为重要的是，由于我国还未建立合理的政府、社会、家长等不同主体共同分担学前教育成本的机制，也未明确国家、省（自治区、直辖市）、区县、乡镇等各级政府在学前教育投入责任中的适当分担比例，因此在调动不同主体增加学前教育投入时难以有据可依，有章可循，缺乏操作性的学前教育成本测算方式和分担机制，这也是各省份、各区域学前教育经费投入差异如此之大的原因之一。基于此，建立合理的学前教育成本分担机制成为调动各方积极投入学前教育的前提，也成为各级政府明确投入责任保证可持续投入的保障。

4. 广大民众对公益普惠的学前教育呼声很高，发展学前教育形势紧迫

从我国广大民众的需求来看，进入 21 世纪之后的 10 年间，随着社会经济的快速发展，学前教育发展的规模和速度越来越不能满足广大民众日益增长的需求，"入园难"、"入园贵"的问题比较突出。2009 年"两会"期间，全国政协有 16 份委员和党派提案关注学前儿童"入园难"问题。2010 年，我国总体上仍有 43.4% 的适龄幼儿不能进入幼儿园。广大农村地区、城市低收入家庭、新建小区居民和外来务工家庭儿童，成为"入园难"的主要人群。另外，随着广大民众对高质量幼儿园需求的增加，在一些大中城市又引发了"入好园更难"的新问题。

可见，随着我国社会经济的快速发展和跃居领先地位，快速提高普及率、大幅增加公共资源和加大财政投入是未来国家政策的着力点。构建覆盖城乡的学前教育公共服务体系，为广大民众提供广覆盖、保基本、有质量的学前教育，是国家政策的基本要求。

（二）发展学前教育的国家政策框架

从 2010 年《教育规划纲要》颁布以来国家出台的一系列学前教育政策，清晰地勾画了我国学前教育发展的蓝图，提出了未来 10 年学前教育发展的战略目标，明确了学前教育的性质和发展方向、各级政府发展学前教育的职责，确定了发展学前教育的基本途径、具体措施和工作重点，在中国学前教育发展史上具有重要的里程碑意义。

表 4 - 1　2010 年以《教育规划纲要》为先导的重要学前教育政策文件

文件名	发布时间	重　　点
《国家中长期教育改革和发展规划纲要（2010—2020 年)》（第三章及相关章节）	2010 年 7 月	提出基本普及学前教育的战略目标，明确了政府职责和发展学前教育的重点
《国务院关于当前发展学前教育的若干意见》	2010 年 11 月	全面部署学前教育改革发展，全方位制度设计，破解"入园难"十条有力措施
《关于加大财政投入支持学前教育发展的通知》	2011 年 9 月	"十二五"中央财政安排 500 亿元，实施 4 大类 7 个项目，重点支持中西部农村学前教育
《国家基本公共服务体系"十二五"规划》	2012 年 7 月	普惠性学前教育纳入国家基本公共教育制度

1. 学前教育的战略目标、性质定位和发展方向

《教育规划纲要》提出了到 2020 年基本普及学前教育的战略发展目标。积极发展学前教育，到 2020 年，普及学前一年教育（毛入园率达到 95%），基本普及学前两年教育（毛入园率达到 80%），有条件的地区普及学前三年教育（毛入园率达到 70%）。

学前教育"国十条"深刻阐释了学前教育的性质定位和重要意义，把学前教育摆在了国计民生的重要位置。"国十条"指出：学前教育是终身学习的开端，是国民教育体系的重要组成部分，是社会公益事业；办好学前教育，关系亿万儿童的健康成长，关系千家万户的切身利益，关系国家和民族的未来。

"国十条"明确了学前教育公益普惠的基本方向，《国家基本公共服务体系"十二五"规划》进一步明确将普惠性学前教育纳入国家基本公共教育制度，提出：建立政府主导、社会参与、公办民办并举的办园体制，构建覆盖城乡、布局合理的学前教育公共服务体系。大力发展公办园，提供"广覆盖、保基本"的学前教育公共服务。积极引导和扶持民办幼儿园提

供普惠性服务。为家庭经济困难儿童、孤儿和残疾儿童接受学前教育提供资助。加快构建县、乡、村学前教育服务网络。

2. 发展学前教育的具体措施

为了实现普及学前教育和提供"广覆盖、保基本"的学前教育公共服务的战略目标，《教育规划纲要》和"国十条"明确了发展学前教育的具体措施。

第一，多形式扩大普惠性学前教育资源。大力发展公办园，通过新建改扩建以及合作办园等方式提供"广覆盖、保基本"的学前教育服务。积极扶持民办园特别是面向大众、收费较低的普惠性民办园。建好、用好和管好城镇小区配套幼儿园，并将其举办成公办或委托办成普惠性民办幼儿园，作为缓解城市"入园难"问题的主渠道，保证面向小区适龄儿童提供方便就近的普惠性服务。把发展农村学前教育作为重点和难点，建立三级学前教育服务网络，国家通过实施学前教育重大项目，重点支持中西部农村全面改善学前教育状况和进一步提高普及水平。

第二，多渠道加大学前教育投入尤其是财政性投入。各级政府要将学前教育经费列入财政预算，新增教育经费要向学前教育倾斜，财政性学前教育经费在同级财政性教育经费中占合理的比例，并在2011—2013年这三年内有明显提高。各地要研究制定公办幼儿园生均经费标准和生均财政拨款标准，要建立学前教育资助制度，资助家庭经济困难儿童、孤儿和残疾儿童接受普惠性学前教育。各级政府设立学前教育专项经费，中央财政设立专项经费（4大类7个重点项目），支持中西部农村地区、少数民族地区和边疆地区发展学前教育和学前双语教育；地方政府加大投入，重点支持边远贫困地区和少数民族地区发展学前教育。

第三，多种途径加强教师队伍建设。针对当前的现实需求，教师队伍建设的三项举措包括：配足配齐幼儿园教职工，公办园按国家要求和地方有关规定进行核编，逐步配齐，民办园要按标准配齐教职工。依法落实幼儿园教师工资、职称和社会保障等方面的待遇，维护其合法权益。完善师资培养培训体系，提高幼儿园教师队伍素质，健全、办好和扩大中等、专科和高等不同层面的培养体系；建立幼儿园园长和教师培训体系，实施国家级园长和骨干教师培训计划，各地 5 年内对园长和教师进行一轮全员培训。

第四，完善学前教育管理机制。要对幼儿园加强准入管理，强化安全管理，规范幼儿园收费。坚持科学的保育和教育，建立幼儿园保教质量评估监管体系。各级政府要加强对学前教育的统筹协调，健全教育部门主管、有关部门分工负责的工作机制，明确教育、编制、发展改革、财政等相关部门的职责。学前教育"国十条"特别强调：地方政府是发展学前教育、解决"入园难"问题的责任主体，各省（区、市）要建立督导检查、考核奖惩和问责机制。

3. 各级政府发展学前教育的职责

《教育规划纲要》和学前教育"国十条"对各级政府发展学前教育的规划、投入、师资队伍建设、提高质量及保障公平等方面职责作了具体规定。《教育规划纲要》还特别指出：教育行政部门加强对学前教育的宏观指导和管理，相关部门履行各自职责，充分调动各方面力量发展学前教育。

学前教育"国十条"进一步对各政府部门的职责进行了明确的规定。教育部门要完善政策，制定标准，充实管理、教研力量，加强学前教育的监督管理科学指导。机构编制部门要结合实际合理确定公办幼儿园教职工编制。发展改革部门要把学前教育纳入当地经济社会发展规划，支持幼儿园建设发展。财政部门要加大投入，制定支持学前教育的优惠政策。城乡建设和国土资源部门要落实城镇小区及新农村配套幼儿园的规划、用地。人力资源和社会保障部门要制定幼儿园教职工的人事（劳动）、工资待遇、社会保障和技术职称（职务）评聘政策。价格、财政、教育部门要根据职责分工，加强幼儿园收费管理。综治、公安部门要加强对幼儿园安全保卫工作的监督指导，整治、净化周边环境。卫生部门要监督指导幼儿园卫生保健工作。民政、工商、质检、安全生产监管、食品药品监管等部门要根据职能分工，加强对幼儿园的指导和管理。妇联、残联等单位要积极开展对家庭教育、残疾儿童早期教育的宣传指导。充分发挥城市社区居委会和农村村民自治组织的作用，建立社区和家长参与幼儿园管理和监督的机制。

（三）重大举措：制定与实施学前教育三年行动计划

为更好地实施《教育规划纲要》中学前教育发展的目标，"国十条"要求各省份制定和实施学前教育三年行动计划。到 2011 年上半年，各省份均在充分调研盘清底数和科学预测与规划的基础上，完成了学前教育三年行动计划的编制并开始付诸实施。各省份的学前教育三年行动计划均提出了符合地方实际的发展目标和任务、具有地方特色的发展思路和重要举措，有力地推动了各地学前教育事业的快速发展。

1. 国家对学前教育三年行动计划的基本要求

2010 年 11 月，国务院发布的学前教育"国十条"中明确提出了未来我国学前教育发展的基本方向：建立"公益、普惠"、"广覆盖、保基本"，覆盖城乡、布局合理的学前教育公共服务体系；保障适龄儿童接受基本的、有质量的学前教育；制定和实施学前教育三年行动计划，以加快学前教育的发展，解决"入园难"问题。学前教育"国十条"对各省份制定和实施学前教育三年行动计划提出了三个方面的要求。一是掌握现状，准确测算。要深入调查，准确了解和把握当地学前教育的基本情况和存在的突出问题，科学测算未来三年学前教育的需求和供需缺口。二是明确目标，分解任务。各地以县为单位编制学前教育三年行动计划，确定发展目标，分解年度任务，落实项目经费。三是加快进程，取得实效。2011 年 3 月底前编制完成，2011—2013 年用三年时间落实实施。

2010 年 12 月，国务委员刘延东在全国学前教育工作电视电话会议上强调指出：实施学前教育三年行动计划要重在行动，立足当前，着眼长远，标本兼治，突出针对性、操作性，对于发展学前教育所面临的现实困难与突出问题要有解决之策，对于学前教育的体制机制改革要有明确路径，对于三年内基本缓解入园难问题要有路线图和时间表。

国家层面对各地制定学前教育三年行动计划提出了四点基本要求。

一是科学规划，合理布局。要准确掌握当地学前教育基本情况和突出问题，在摸清"家底"的基础上，从当地实际和群众需求出发，合理安排学前教育的规划和布局，不强求整齐划一，不追求一个模式，不搞一刀切。

二是确定目标，明确任务。要着眼本区域经济社会发展状况和适龄人口变化趋势，科学测算不同年份的入园需求和供需缺口，合理确定三年发展目标，并逐年落实。

三是制定政策，强化措施。地方各级政府对实施三年行动计划所需的财政投入要有适当的分担比例，列入财政预算，统筹考虑幼儿园运行和教职工工资、社保等问题，努力提高投入水平。

四是明确责任，抓好落实。各省区市编制的计划要以县为单位，主要措施要落实到县，建设规划要落实到点。要有针对性地设计发展学前教育的工程项目，并纳入当地政府实施的民生工程，在人力、物力和财力上予以重点保障。要建立责任制，落实责任目标、责任部门和责任人，一级抓一级，层层抓落实。

2. 各省份学前教育三年行动计划的发展目标与特点

2011 年上半年，全国 31 个省（自治区、直辖市）和新疆生产建设兵团均已完成了学前教育三年行动计划的编制工作。各省份学前教育三年行动计划的基本框架包括发展现状、发展目标、指导思想、基本原则、主要措施和工作要求等几个部分。各地均着眼于努力提高学前教育的普及率，多种途径扩大公办资源或普惠性学前教育资源，增加财政性学前教育投入，充实幼儿园教师队伍。

（1）2011—2013 年迅速提高入园率

普遍提高入园率是学前教育三年行动计划的重点。各省份都进行了充分的调研，分析和测算人口出生率变化趋势和入园需求，在此基础上根据《教育规划纲要》的普及目标，综合当地的物力财力和教育发展状况，确定了 2011—2013 年学前儿童入园率的总目标和年度目标。

盘清自身底数，包括幼儿园数及其容量，增容的可能性与学位数，需要新增的学位数以及需要新增新建的园所数等，在此基础上确定幼儿园改建扩建的重点项目。

表4-2　各省份学前三年行动计划的发展目标与重点建设项目

省份	2013 年发展目标	重点建设项目
北京	增加学位 7.5 万个 入园率达到 90% 以上（2011 年为 80.8%）	新建改建扩建 370 所，接收小区园 147 所
天津	2012 年入园率达到 95%	新建改建扩建 120 所公办园
河北	增加学位 35.96 万个 入园率超过 68%（2010 年为 65.35%）	新建 2084 所，改扩建 3452 所 75% 以上为普惠性园
山西	新增学位 18 万个 入园率达到 63%（2010 年为 60.7%）；条件好地区达到 85%	新建改扩建 600 所标准化公办园
内蒙古	入园率达到 70%（2010 年为 52.8%）	新建改建扩建 1480 所公办园
辽宁	入园率达到 86%（2011 年为 84%）	入园率每年提高 1 个百分点 新建改建扩建幼儿园 1893 所
吉林	入园率达到 61%（2010 年为 56.8%）	新建改建扩建 1209 所公办园
黑龙江	新增学位 25 万个 入园率达到 65%（2011 年为 51%）	新建改建扩建 1200 所公办园
上海	2010 年入园率已达 98%（常住）	新建改建扩建 100 所公办园 重点是内涵发展，免费早教指导，满足进城务工人员子女入园需求
江苏	2010 年入园率已达 95.6%	省级优质园建设：三年创建 1130 所；2015 年 70% 达省优
浙江	入园率达到 95% 以上（包括进城务工人员子女）	等级园达 85% 以上
安徽	新增学位 26 万个 入园率达到 60%（2010 年为 50%）	增加公办园 1928 所 普惠性园占 65% 以上

续表

省份	2013 年发展目标	重点建设项目
福建	新增学位 37 万个 入园率达到 93% （2010 年为 90%）	新建改建扩建 1215 所公办园
江西	入园率达到 59% （2010 年为 55%）	新建改建扩建 1200 所公办园
山东	2015 年达到 75%；经济发达地区达 85% 以上	2015 年：公办园达 70%；70% 的幼儿园达省定标准
河南	入园率达到 61% 以上 （2010 年为 52.8%）	新建改建扩建 4000 所公办园；70% 的幼儿园达到基本标准
湖北	入园率达到 60% 以上 （2010 年为 57.4%） 经济发达地区达到 80% 以上	新建改建扩建幼儿园 500 所
湖南	新增学位 52.6 万个 入园率达到 62% （2010 年为 52.7%） 公办园和普惠性民办园占 40% 以上	新增幼儿园 3018 所
广西	新增学位 15 万个 入园率达到 58% （2010 年为 54%）	新建改建扩建幼儿园 6628 所
海南	入园率达到 55% 以上	新建改建扩建公办园 155 所
重庆	入园率达到 78% （2010 年为 70.9%）	新建改建扩建幼儿园 1080 所
四川	入园率达到 69% （2010 年为 62.5%）	新建改建扩建公办园 1200 所
贵州	入园率达到 59% （2010 年为 55.4%）	新增 500 所公办园
云南	入园率达到 50% （2010 年为 37.43%）	每乡 1 所中心园
西藏	入园率达到 50% （2010 年为 24.5%）	（学前 1—3 年不等）"十二五"期间新建改扩建幼儿园 676 所
陕西	入园率达到 75% （2010 年为 62.19%）	建 1000 所公办达标乡镇中心园
甘肃	新增学位 27 万个 入园率达到 45% （2010 年为 39.68%）	新建改建扩建幼儿园 1000 所

续表

省份	2013 年发展目标	重点建设项目
青海	新增学位 5.05 万个 入园率达到 65%（2010 年为 45%）	新建改建扩建幼儿园 581 所
宁夏	入园率达到 59% 以上（2010 年为 50.9%）	新建改建扩建幼儿园 379 所
新疆	入园率达到 66% 以上（2010 年为 59.59%）	新建改建扩建幼儿园 2017 所

【数据来源】国家教育体制改革领导小组办公室. 各省（区、市）学前教育三年行动计划汇编［G］. 2011 年 9 月西安"学前教育现场推进会"交流材料.

从各省份的发展目标可见，大部分地区预期入园率在三年行动计划实施期间有大幅度提高。如北京、安徽、湖南三个省份计划平均每年增长 3.1—3.3 个百分点；黑龙江、陕西、云南三个省份计划平均每年增长 4.2—4.7 个百分点，这 6 个省份预期增幅都比较大。而内蒙古、青海和西藏三个省份的入园率预期增幅最大，分别计划平均每年增长 5.7、6.7 和 8.5 个百分点。

（2）发展目标的区域差异巨大

从各省份的发展目标可见，各地区学前教育普及率在三年行动计划的框架下尽管普遍提升比较快，但发展不平衡。这种不平衡在东中西部地区之间、各省份之间甚至是省内各区县之间都较为显著。

对北京、天津、浙江、河北、黑龙江、河南、贵州和陕西 8 个省份及其部分区县相关数据的进一步分析显示，这种发展的巨大差异不仅在省份之间存在，在同一省份内的各个区县之间也存在。如普及率高的浙江省 2010 年的入园率就已经达到了 95%，其中宁波市的户籍儿童入园率已经达到 99.2%，北京和天津预计通过实施学前教育三年行动计划，在 2013 年入园率将达到 90% 以上。而河北、黑龙江和河南三个中部省份 2013 年的预期入园率仅在 61%—68%；贵州省 2013 年的目标还不足 60%。再从不同省份内各区县的情况来看，河南的新郑市和开封县普及率相差 10 个百分点，而两者各比省级目标高出 15 个和 25 个百分点；黑龙江的哈尔滨市比肇源县低 20 个百分点，天津的河东区比北辰区低 26 个百分点，省份内各区县之间的差异巨大。

表 4 – 3　八省份（包括区县）三年入园率目标和年度目标

省份		2010	2011	2012	2013
北京	全市	85%（户籍） 80%（常住）	85.6% 80.8%	— 	95% 90%
	海淀区（推算）	77%（常住）	88.1%	95.9%	99.7%
	大兴区	—	—	—	94%（户籍）
天津	全市	—	—	95%	—
	北辰区		96%	98%	
	静海县	—	95%	96%	—
	河东区	—	60%	66%	72%
浙江	全省	95%	75%（等级园）	80%（等级园）	85%（等级园）
	宁波市	99.2%（户籍净） 151%（毛）	标准化建设 平安幼儿园建设		
河北	全省	—	66%	67%	68%
	张家口市宣化区	98%	—		100%
	张家口市万全县	91%	91.5%	92%	92.5%
黑龙江	全省	51%	55%	60%	65%
	哈尔滨市	—	—	—	75%
	肇源县	66.5%	—	—	95%
河南	全省	52.8%	55%	58%	61%
	新郑市	77.5%	80	83%	85%
	开封县	60.3%	65%	70%	75%

省份		2010	2011	2012	2013
贵州	全省	55.4%	57%	58%	59%
	毕节实验区	36.2%	40%	45%	50%
	盘县	—	50%	56%	60%
陕西	全省	62.2%	65%	70%	75%
	西安市	81.97%	—	—	90%

【数据来源】中国学前教育研究会学前教育管理研究专业委员会. 学前教育三年行动计划文件及经验汇编［G］. 2011 年 9 月河北省张家口"履行政府职责，促进农村学前教育发展现场会"资料.

区域间入园率巨大差距的形成有着复杂的原因。首先是经济发达程度。就总体而言，经济条件好的省份，财政投入力度大，幼儿的入园率都比较高，如浙江省，尤其是宁波市；而经济条件相对较差的地区，财力不足，对学前教育的财政性投入有限，幼儿的入园率发展目标就比较低，如贵州省。其次是政府的重视程度，尽管国家出台了学前教育"国十条"，但有些省份的相关领导对学前教育的重视程度仍然不够。还有一些省份或地区受地理环境和人口居住分散、交通不便等客观条件所限，入园率难以提升，需要采取巡回辅导等其他非正规的形式，形成对散居学前儿童教育的覆盖。

3. 各省份学前教育的发展思路和重要举措

根据学前教育"国十条"的基本要求，发展学前教育必须坚持公益性和普惠性，努力构建覆盖城乡、布局合理的学前教育公共服务体系，保障适龄儿童接受基本的、有质量的学前教育；必须坚持政府主导，社会参与，公办民办并举，落实各级政府责任，充分调动各方面积极性；必须坚持改革创新，着力破除制约学前教育科学发展的体制机制障碍；必须坚持因地制宜，从实际出发，为幼儿和家长提供方便就近、灵活多样、多种层次的学前教育服务；必须坚持科学育儿，遵循幼儿身心发展规律，促进幼儿健康快乐成长。根据这"五个必须"的基本要求，各省份主要采取以下几种发展思路和重要举措。

（1）着重增加公办资源和普惠性民办资源

学前教育"国十条"要求各地大力发展公办幼儿园，提供"广覆盖、保基本"的学前教育公共服务。加大政府投入，新建、改建、扩建一批安全、适用的幼儿园。不得用政府投入建设超标准、高收费的幼儿园。中小学布局调整后的富余教育资源和其他富余公共资源，优先改建成幼儿园。鼓励优质公办幼儿园举办分园或合作办园。制定优惠政策，支持街道、农村集体举办幼儿园。

学前教育"国十条"还要求鼓励社会力量以多种形式举办幼儿园。通过保证合理用地、减免税费等方式，支持社会力量办园。积极扶持民办幼儿园特别是面向大众、收费较低的普惠性民办幼儿园发展。采取政府购买服务、减免租金、以奖代补和派驻公办教师等方式，引导和支持民办幼儿园提供普惠性服务。民办幼儿园在审批登记、分类定级、评估指导、教师培训、职称评定、资格认定和表彰奖励等方面与公办幼儿园具有同等地位。

各地根据学前教育"国十条"的基本要求，充分考虑自身实际状况，以解决"入园难"问题为突破口，创新体制机制，采取了不同的发展思路。一些地区以增加公办幼儿园为主，发展普惠性的公办园，如河北省的"三为主"模式；一些地方由于以往的民办园比例高而采取了引导民办园提供普惠性服务的发展思路，如宁波市的"政府主导，民办园主体"模式。这些省份在大力发展普惠性的公办园、积极扶持民办园提供普惠性的服务方面，积累了经验。

（2）努力实现学前机构全局覆盖

实现学前教育机构全局覆盖是一些省份学前教育三年行动计划的重要举措。各省份根据自身的地理环境和人口分布特点，采用了按人口分布设园和按覆盖范围与距离设园的不同做法。

一是按人口分布设园。如河北省在其发布的《河北省人民政府关于大力发展学前教育的若干意见》中要求：将幼儿园建设作为重要组成部分，纳入城镇建设规划、新农村建设规划、教育发展总体规划。下一步发展学前教育以独立建制的幼儿园为主，不再举办学前班；原则上城镇服务人口

1 万人、农村服务人口 3000—6000 人应设置 1 所幼儿园，每所幼儿园规模不超过 360 人，每个乡镇至少建 1 所达到三级以上标准的独立建制的公办性质中心幼儿园。在大村独立办园，小村根据需要设分园或联合办园，人口较少的村庄可实行"幼小一体化"，幼儿园和小学联合管理。逐步取消学前班和混合班，向招收学前三年儿童的完全性幼儿园过渡。《河北省人民政府关于大力发展学前教育的若干意见》还要求，各县（市、区）要根据"十二五"经济社会发展规划、适龄人口变化趋势、学前教育发展现状、幼儿园布局设置要求，努力实现幼儿园布点网络化、全覆盖，方便幼儿就近入园。

二是按覆盖范围和距离设园。一些地方根据服务半径设园，合理布局，方便居民家庭适龄儿童就近入园。如山东省幼儿园基本办园标准要求，村办幼儿园布局以乡镇（街道）为单位进行统一规划，在每 1.5 公里（服务半径）范围内设置 1 处至少 3 个班（小、中、大各 1 个班）规模的标准化幼儿园。

（3）城市小区配套幼儿园办成公办园或普惠性民办园

学前教育"国十条"要求，城镇小区没有配套幼儿园的，应根据居住区规划和居住人口规模，按照国家有关规定配套建设幼儿园。新建小区配套幼儿园要与小区同步规划、同步建设、同步交付使用。建设用地按国家有关规定予以保障。未按规定安排配套幼儿园建设的小区规划不予审批。城镇小区配套幼儿园作为公共教育资源由当地政府统筹安排，举办公办幼儿园或委托办成普惠性民办幼儿园。城镇幼儿园建设要充分考虑进城务工人员随迁子女接受学前教育的需求。

在学前教育三年行动计划中，许多省份都将城镇小区配套幼儿园建设作为解决城市入园难问题的重点。基本的发展思路都是按照学前教育"国十条"的基本要求，将小区配套幼儿园作为公共教育资源由当地政府统筹安排，举办公办幼儿园或委托办成普惠性民办幼儿园，保证面向小区适龄儿童提供方便就近的普惠性服务，任何单位或个人不得改变其用途。如大连市要求小区配套幼儿园 100% 公办。河北省在其学前教育三年行动计划中提出：任何单位和个人不得改变小区配套幼儿园的性质和用途；对已改变性质和用途的，由当地政府限期整改，予以纠正。一些地区不断完善城市小区学前教育布点，满足社区儿童就近入园的需求。北京市要求小区配套幼儿园 80% 办成公办园。如大兴区不仅将 80% 的小区建园用于举办公办园，而且政府办园比例达 70% 以上，坚持两个基本原则，即"大园公办，小园普惠民办"及"大园独办，小园办成分园"。

（4）农村以建设乡镇中心园为主并形成三级网络

学前教育"国十条"要求努力扩大农村学前教育资源。各地要把发展农村学前教育作为社会主义新农村建设的重要内容，将幼儿园作为新农村公共服务设施统一规划，优先建设，加快发展。各级政府要加大对农村学前教育的投入，从 2010 年开始，国家实施推进农村学前教育项目，重点支持中西部地区；地方各级政府要安排专门资金，重点建设农村幼儿园。乡镇和大村独立建园，小村设分园或联合办园，人口分散地区举办流动幼儿园、季节班等，配备专职巡回指导教师，逐步完善县、乡、村学前教育网络。改善农村幼儿园保教条件，配备基本的保教设施、玩教具、幼儿读物等。创造更多条件，着力保障留守儿童入园。发展农村学前教育要充分考虑农村人口分布和流动趋势，合理布局，有效使用资源。

2010 年教育部办公厅、国家发展改革委办公厅发布了《关于实施中西部农村学前教育推进工程试点项目的指导意见》，在全国确定了 10 个中西部农村学前教育推进工程试点省份。通过这个工程，中西部农村地区的学前教育普及率将得到极大提高。

实现全覆盖。各地根据自身的情况，采用不同的思路和方式发展农村学前教育。如河北省在农村推行"三为主"模式，以加快农村学前教育发展。把农村学前教育纳入农村公共事业和新农村建设的重要内容，将幼儿园作为新农村公共服务设施统一规划，优先建设；逐步完善县、乡、村级学前教育网络，提高农村学前教育普及程度。一些地方如河北省和福建省，在乡村幼儿园配备专职巡回指导教师，为散居儿童提供学前教育服务。

推进标准化。在一些学前教育普及率比较高的地区，开始进行幼儿园的标准化建设，全面提升幼儿园的办园基本条件和保教质量。如江苏、浙江等地幼儿园的内涵发展、质量提升，以及标准园、等级园、优质园建设。还有一些学前教育普及率不高的地区如山东、河北、河南、陕西等地采取了边普及边达标或同步普及同步提高的思路和举措。

提升保教质量。各省份通过多种途径和方式，有效提高农村幼儿园的办园质量和保教水平。如优质资源向农村扩展，河北省全面推行优质幼儿园在农村承办新园、托管薄弱园、举办分园的集团化办园模式，扩大优质学前教育覆盖面。再如对口帮扶与支援，河北省积极开展城乡对口支援，倡导城乡幼儿园结对帮扶，加快农村幼儿园教育质量提高。

（5）各地开始探索弱势群体子女的入园保障问题

一些省份已经开始关注到了解决进城务工人员随迁子女的入园问题。如河北省在其学前教育三年行动计划中提出：教育行政部门在充分考虑城镇化进程和进城务工人员随迁子女接受学前教育需求的基础上，认真做好新建居住小区配套幼儿园接收工作。天津实施"阳光乐园"工程，在环城四区和滨海新区设立15个"阳光乐园"项目，主要扶持以招收低收入家庭和农民工子女为主的幼儿园发展。验收达标后，由市、区县财政配送教学设备、玩具教具，区县级教育行政部门对"阳光乐园"项目加强业务指导和培训。

4. 各省份学前教育三年行动计划的保障机制

资金和人员是保障学前教育三年行动计划顺利实施的首要条件。各省份均设法拓宽学前教育的经费来源，尤其是不同程度地加大了财政投入，并设法保证幼儿园教师的来源和稳定，从而保证幼儿园的建设和运行，使广大幼儿能够接受有质量保证的学前教育。

（1）加大财政投入，保障三年行动计划落实

"国十条"提出要多种渠道加大学前教育投入。要求各级政府将学前教育经费列入财政预算。新增教育经费要向学前教育倾斜。财政性学前教育经费在同级财政性教育经费中要占合理比例，未来三年要有明显提高。各地根据实际研究制定公办幼儿园生均经费标准和生均财政拨款标准。制定优惠政策，鼓励社会力量办园和捐资助园。家庭合理分担学前教育成本。建立学前教育资助制度，资助家庭经济困难儿童、孤儿和残疾儿童接

受普惠性学前教育。发展残疾儿童学前康复教育。中央财政设立专项经费，支持中西部农村地区、少数民族地区和边疆地区发展学前教育及学前双语教育。地方政府要加大投入，重点支持边远贫困地区和少数民族地区发展学前教育。规范学前教育经费的使用和管理。

——各省份财政投入加大，但多数省份投入比例仍未确定

学前教育"国十条"中提出政府的财政投入要"有比例"，新增教育经费要向学前教育倾斜，是学前教育经费投入的重大变革，财政性学前教育经费终于在财政性教育经费的大盘中有了自己的位置和比例。

从各省份财政性学前教育经费的投入情况来看，上海市早在2010年就占到了财政性教育经费的7%，今后仍将有所增长；从各省份学前教育三年行动计划的文本分析可见，浙江、河北和辽宁也在财政性教育经费中列出了数量不等的比例；此外，还有一些省份的个别区县列出了比例。总体而言，只有少数省份少数地区确定了财政性学前教育经费在财政性教育经费中的比例。

表4-4　学前教育三年行动计划中列出财政投入比例的省份举例

省份		财政性学前教育经费在财政性教育经费中所占比例	备注
北京	全市	—	生均经费由每生每年200元提高到1200元
	大兴区	7%	—
天津	全市	—	—
	河东区	2011年：2.5% 2012年：3.5% 2013年：4%	—
	北辰区	—	依幼儿园级类不同由20—100元不等

续表

省份		财政性学前教育经费在财政性教育经费中所占比例	备注
浙江	全省	5%	2010 年：2.43%
	宁波市	8%	不举办高中的县市 12%
河北	全省	2.47%	—
辽宁	全省	2011 年：2% 2012 年：3% 2013 年：4%	2010 年：0.96%
河南	全省	—	—
	开封县	2011 年：8% 2012 年：9% 2013 年：10%	生均经费每年每生 150 元
湖南	全省	—	—
	长沙市岳麓区	2011 年：5.5% 2012 年：6% 2013 年：6.5%	生均经费每年每生 100 元
陕西	全省	—	实行学前一年免费教育
	西安市	—	实行学前一年免费教育
广西	全省	—	生均经费每年每生 20 元
	陆川县	2011 年：4% 2012 年：5% 2013 年：6% 以上	—

注：数据不全，只包括可得的数据。

【数据来源】各省份学前教育三年行动计划文本；各区县资料来源于：中国学前教育研究会学前教育管理研究专业委员会. 学前教育三年行动计划文件及经验汇编［G］. 2011 年 9 月河北省张家口市"履行政府职责，促进农村学前教育发展现场会"资料；广西壮族自治区陆川县、湖南省长沙岳麓区资料来源于：2011 年 9 月 5 日西安"全国学前教育现场推进会"经验交流材料.

——对公办幼儿园的生均教育经费已有探索，但仅有少数确立

各地在省份和区县不同的层面进行了公办幼儿园生均教育经费标准的探索。从各省份学前教育三年行动计划的文本分析可见，只有北京、广西等个别省份在省级层面确定了数额不等的公办园生均教育经费标准。河南的开封县、长沙的岳麓区、浙江的杭州市都是在市区县层面进行探索。陕西省从 2011 年 9 月起，全面启动学前一年免费教育。全省所有公办（包括教育部门办、集体办、其他部门办）幼儿园免收入园保教费，民办幼儿园比照公办幼儿园免费标准减收保教费。所需经费由省、市、县各级财政予以保障，省级根据适龄幼儿人数、毛入园率及各地学前一年免费工作开展情况等因素实行以奖代补，市、县（市、区）应足额安排本级应承担资金。辽宁省规定农村乡镇中心园和城镇公办园的经费由省、市、县（市、区）按 1∶1∶1 比例匹配投入。

——对普惠性民办园的财政性支持已在探索

各地积极扶持面向大众、收费较低的普惠性民办幼儿园发展。采取政府购买服务、减免租金、以奖代补、派驻公办教师等方式，引导和支持民办幼儿园提供普惠性服务。

一些地区对民办园进行等级评定，根据不同等级进行奖补。北京市提出，对接受政府委托、办成普惠性幼儿园的民办园，采取减免租金等补贴政策，对连续两年考核成绩优秀的民办幼儿园，参照教育部门办园生均经费标准给予一定的奖励。青岛、合肥等地对已经认定为普惠性民办幼儿园的学前机构给予一定的奖励扶持。

——对弱势群体儿童的入园资助制度刚刚开始

许多省份在不同的层面上探索了对弱势群体儿童的入园资助办法。重庆市提出减免 17 万家庭经济困难儿童、孤儿和残疾儿童保教费和伙食费。辽宁省研究制定《辽宁省家庭经济困难儿童入园资助办法》。福建省 2011 年起省级财政对城乡低保家庭儿童给予每人每年 1000 元保教费补助。北京市通过减免保育费等方式资助家庭经济困难儿童接受学前教育，2012 年 9 月 1 日开始实行的新收费标准规定：凡持有《北京市城市（农村）居民最低社会保障领取证》、《北京市城市居民生活困难补助金领取证》的家庭经

济困难儿童免交保育教育费；凡持有《北京市低收入家庭救助证》的城乡低收入家庭儿童，免交50%的保育教育费。浙江省启动重大行动计划，其中包括"贫困家庭子女入园教育费补助行动计划"，从2011年秋季开始，省级财政每年安排经费，对欠发达县（市）的城乡低保家庭子女和残疾儿童入园减免保教费给予转移支付补助。《宁波市学前教育三年提升行动计划》提出：建立学前教育资助制度，资助家庭经济困难儿童、孤儿和残疾儿童接受普惠性学前教育，继续实行户籍城乡低收入家庭子女、烈士子女不低于50%保育费财政资助和低保家庭子女三年学前教育免费政策。

（2）加强教师队伍建设，适应学前教育快速普及需要

根据学前教育"国十条"的要求：各地基于国家要求，结合本地实际，合理确定生师比，核定公办幼儿园教职工编制，逐步配齐幼儿园教职工。公开招聘具备条件的毕业生充实幼儿教师队伍。中小学富余教师经培训合格后可转入学前教育。

——拓展师资来源渠道

招考。学前教育"国十条"要求公开招聘具备条件的毕业生充实幼儿教师队伍，这也成为各地的普遍做法。在每年的学前教育专业毕业生中，各地均通过教师招考，挑选一批合适的毕业生进入幼儿园教师工作岗位，成为幼儿园教师队伍稳定的来源。一些地方创新体制机制，在职前培养中，一方面扩大高校学前教育专业招生计划，同时还实施非学前教育专业在校生辅修学前教育第二学历或中期转入学前教育专业的政策。

转岗。中小学在布局调整、撤点并校过程中富余的教师，通过转岗培训，进入幼儿教师岗位。他们的主要优势是具有教育背景和经验，具有教师编制，主要不足是不了解幼儿园教育的特点和幼儿的年龄特点。经过具有针对性的培训，能够很快适应幼儿园的教育工作。

扶正。对在岗的具有幼儿园教师资格的临时教师，通过考试竞岗，转为正式教师。他们的优势是已经具有幼儿园教师资格证，而且有了一定的实践经验，容易适应幼儿园的保教工作。

特岗计划。为扩大学前师资，一些省份实施了特岗教师计划，如选派优秀学前教育专业毕业生到农村任教等。

——落实教师地位待遇

"国十条"要求：依法落实幼儿教师地位和待遇。切实维护幼儿教师权益，完善落实幼儿园教职工工资保障办法、专业技术职称（职务）评聘机制和社会保障政策。对长期在农村基层和艰苦边远地区工作的公办幼儿教师，按国家规定实行工资倾斜政策。对优秀幼儿园园长、教师进行表彰。

落实编制。公办园教师的编制得到较好的解决。各地政府在三年行动计划中均要求根据幼儿园办园规模和定编标准，逐步为幼儿园配备公办教师。如河北省计划新增在编教师 2011 年 1.78 万名，2012 年 2.47 万名；幼儿园公办教职工工资由政府全额保障，纳入事业单位社会保障序列。

保障待遇。宁波市对事业编制教师，参照义务教育阶段教师工资待遇；对持有教师资格证书、具有专业技术资格的非事业编制专任教师，人均年收入达到当地社会平均工资的 1.5 倍以上；符合条件的非事业编制专任教师，可参加事业单位养老、医疗等"五险一金"社会保障。天津市河东区积极探索对公办园中非公办教师的统一管理模式，做到统一聘任、统一签订劳动合同、统一调配，依法保障非公办教师的待遇和合法权益。

（3）设立地方性学前教育工程，推进事业发展

为了推进学前教育三年行动计划，从 2011 年起到 2013 年，中央财政设计并重点支持 4 大类 7 个重点项目。第一类是"校舍改建类"项目，支持中西部农村扩大学前教育资源。主要包括利用农村闲置校舍改建幼儿园、农村小学增设附属幼儿园、开展学前教育巡回指教试点 3 个重点项目。第二类是"综合奖补类"项目，鼓励社会参与、多渠道多形式举办幼儿园。主要包括：引导和支持民办园提供普惠性、低收费服务，鼓励城市多渠道多形式办园和妥善解决进城务工人员随迁子女入园问题。第三类是"幼师培训类"项目，实施幼儿教师国家级培训计划，全面提高幼儿教师队伍整体素质和专业化水平。第四类是"幼儿资助类"项目，建立学前教育资助制度，对家庭经济困难儿童、孤儿和残疾儿童入园给予资助。

依据中央财政的政策框架，各省份根据自身需要，设立了各种适宜的有针对性的项目，以加快学前教育的发展，保障学前教育三年行动计划的如期完成。各省份学前教育三年行动计划中普遍推进的学前教育工程或项

目主要有以下几类。

- 幼儿园新建改扩建工程或项目。由于各省份公办园普遍比较少，各省份新建幼儿园项目主要是建公办园，改扩建项目既包括公办也包括民办。这类项目扩大了幼儿园学位数和公办园的数量。
- 幼儿园条件达标/标准化建设工程或项目。这类项目一方面是改善薄弱园的办园条件，使其达到基本的质量要求；另一方面是在幼儿园条件普遍比较好的地区，将办园条件在原有基础上提高到新的水平。
- 农村幼儿园建设工程。各地普遍开展了乡镇中心园建设项目，每乡镇均建1—2所独立建制公办园。有条件的地区还普遍提高了村办园的水平，如天津进行了村办园标准化建设。
- 民办园扶持、规范工程。如广西、青岛、合肥等一些地区的做法是确定普惠性民办幼儿园的基本标准（主要是符合政府限价和幼儿园质量标准），并进行认定工作，政府对普惠性民办园进行补助。辽宁省探索举办普惠性连锁幼儿园。
- 幼儿园教师培训工程。各地均设定了对幼儿园教师和园长进行全员培训的项目。根据国培计划课程标准分别对新入职教师、骨干教师、转岗教师、园长进行有针对性的培训。一些省份还对培训者进行了培训。黑龙江省启动"晨曦计划"，湖北省启动"名师培育工程"，培养专家型园长和名教师。

总之，各省份均制定并实施了学前教育三年行动计划，对区域学前教育发展进行了全面、科学和系统的设计，为实现《教育规划纲要》中制定的学教育发展目标，初步构建学前教育"国十条"中提出的覆盖城乡、公平公益、广覆盖保基本的学前教育公共服务体系，绘制出了清晰的时间表和路线图，并正在付诸实施。

二、发展学前教育的地方经验研究

为贯彻落实《教育规划纲要》，国家出台了一系列促进学前教育发展的政策措施，各省份着力编制和实施学前教育三年行动计划，积极探索适应本地区实际情况的学前教育发展模式，创造性地提出和实施了许多促进学前教育普及的有效政策举措，取得了一系列的阶段性成效，扎实推进了本地区学前教育的发展。本部分剖析了各地三年行动计划的制定和实施情况，并选取了 7 个典型的地方性经验案例。其中既有整体性地构建学前教育发展模式的地方性尝试，也有创造性地出台具体政策措施促进学前教育普及与发展的局部性探索。我们对每一个典型案例进行了深入剖析，通过较为全面地分析这些地方性探索的背景、政策设计、具体举措、已经取得的成效以及推广应用的条件，力图全面展示每一种地方经验的实际状况以及具有普适性的启示，并最终为推进我国学前教育的普及与发展提供借鉴。

（一）构建公益普惠的学前教育发展模式

学前教育"国十条"指出，"发展学前教育，必须坚持公益性和普惠性，努力构建覆盖城乡、布局合理的学前教育公共服务体系"，明确了构建公益普惠的学前教育体系是我国学前教育发展的目标与方向。上海市、河北省和宁波市根据这一精神，在构建公益普惠的学前教育发展模式方面做出了有益的探索。上海市实施了 0—6 岁一体化学前教育发展模式，河北省走上了"以政府和集体办园为主、以公办教师为主、以政府和集体投入为主"的学前教育发展之路，而宁波市则选择了政府主导民办园发展模式，虽然三个地区根据本地区的经济社会条件和学前教育发展基础，选择了不同的发展道路与模式，但都在构建公益普惠的学前教育体系方面取得了初步的成效。

1. 上海市：0—6 岁一体化学前教育发展模式①

上海市在发展学前教育的过程中一直坚持"0—6 岁一体化"的发展模式，其学前教育的发展水平位于全国前列，也为其他省份的学前教育发

---

① 案例中的相关政策均来自上海市教育委员会网站与上海市政府（上海教育）等网站。相关内容的梳理参考了严隽琪、尹后庆、何幼华等人的相关发言资料。

展提供了借鉴思路。

（1）双重挑战促使学前教育发展模式创新

上海市作为我国对外开放的前沿，社会经济飞速发展，进入21世纪以来更是迎来了建设社会主义现代化国际大都市和成为国际经济、金融、贸易、航运中心之一的重要战略机遇期。为推动社会经济进一步发展，促进现代化进程，上海市提出了率先全面建成小康社会、率先基本实现现代化的战略目标。教育在上海城市现代化进程中要发挥先导性、全局性、基础性的作用，学前教育作为基础教育的有机组成部分，是终身教育的奠基阶段，学前教育现代化也成为教育现代化的应有之义。由此，上海市的学前教育发展确定了实现现代化的战略目标。

由于受20世纪八九十年代第三次人口出生高峰的影响，上海市户籍学前适龄儿童大幅增加，并且随着进城务工父母而来的非上海市户籍的学前适龄儿童也大量涌入，学前教育的需求量急剧增加，上海市学前教育发展面临着新的挑战。具体表现在三个方面：一是入园压力增大，园舍建设任务重；二是学前教育师资队伍数量有缺口，优秀专业教师需求矛盾突出，0—3岁散居婴幼儿家庭接受科学育儿指导服务难以保证，现有幼儿园的保教人员（保健教师、保育员和营养员）受用人机制、待遇等问题的制约，队伍不稳定，人员素质难以保证；三是学前教育的内涵建设要求更高，人民群众对学前教育的多样化需求日益强烈，上海现代化国际大都市的建设进程也要求学前教育质量和水平不断提高。可以说，上海的学前教育正面临着增加数量、提高质量的双重挑战。

上海市的学前教育既需要朝着实现现代化的远期战略目标前进，又需要应对眼前现实的挑战。在此背景下，构建普及普惠的学前教育体系，发挥政府公共服务职能，成为新时期上海市学前教育发展的重要战略主题。上海市采取了构建并完善0—6岁托幼一体化学前教育体系的发展模式和发展策略，通过扩大优质学前教育资源和促进学前教育公平推动上海市的学前教育发展。

（2）政府统筹规划，构建0—6岁一体化学前教育体系

1999年，上海市颁发了《关于0—6岁学前教育管理体制改革的若干

意见》（沪府办发［1999］32 号），提出"初步形成 0—6 岁学前教育整体、系统、科学的管理一体化格局，逐步达到依法管理、结构合理、投资高效、运行机制科学有序的发展水平"的改革目标，并尝试构建由市区教育行政部门主管 0—6 岁的学前教育工作，卫生行政部门负责卫生保健工作，规划、建设、财政、物价等相关部门在各自的职责范围内分工负责的学前教育管理体系。在初步完成托幼一体化管理体制的基础上，为进一步深化 0—6 岁一体化内涵建设，上海市教委将发展的核心集中在 0—3 岁早期教养服务质量的提升上。2003 年，上海市教委制定并颁布了《上海市 0—3 岁婴幼儿教养方案（试行)》，作为托幼园所实施 3 岁前教养工作的活动指南。随后上海市全面启动 0—3 岁婴幼儿启蒙教育工程并颁发了《关于推进 0—3 岁散居儿童早期教养工作的意见》，对科学育儿指导的目标、形式、内容、管理及运行机制等提出了要求，有力地推进了上海市普及科学育儿指导工作的开展。随后颁发的《上海市早期教养服务机构管理规定》对早期教养服务机构的设置条件、工作要求、申办程序、收费与管理等方面做了明确规定。2008 年上海市教委修订并颁发《上海市 0—3 岁婴幼儿教养方案》，进一步规范学前教育机构 0—3 岁婴幼儿教养工作，并使家庭教育指导更为科学化。至此，上海市 0—6 岁一体化学前教育发展体系得以基本建立。

为保障 0—6 岁一体化学前教育发展模式的有效实施，市政府对学前教育的发展进行统筹规划，先后出台了《上海市学前教育三年行动计划（2006 年—2008 年)》、《上海市学前教育三年行动计划（2011—2013 年)》，通过明确各阶段学前教育发展的重点，不断完善上海市 0—6 岁一体化的学前教育发展模式。其第一个三年行动计划提出 2008 年"本市 98% 以上具有上海户籍或持有《上海市居住证》的适龄儿童能够就近接受 3 年学前教育；让 3 岁以下儿童的家长及看护人员每年接受 4 次以上有质量的科学育儿指导"的目标。第二个三年行动计划则提出 2011—2013 年的发展目标为"实现本市常住人口中 3—6 周岁儿童接受学前教育及看护服务全覆盖，扩大 3 周岁以下儿童家长每年接受 4 次以上有质量、免费的指导服务"，并提出在 3 年中全市新建和改扩建 100 所幼儿园，新增民办三级园 205 所，规范 320 个学前看护点，以满足进城务工人员随迁子女入园和看护的需求。

（3）创新体制机制，实现 0—6 岁学前教育系统发展

在明确了学前教育基本发展方向的基础上，上海市结合各区县实际情况，通过优化学前教育管理体制，发展以公办园为主体、社会共同参与的学前教育办园体制，建立以财政拨款为主、多渠道筹措学前教育经费为辅的投入体制，推进学前教育师资队伍建设与幼儿园课程改革进程等措施，充分发挥政府公共服务职能，为构建 0—6 岁一体化学前教育发展模式提供有力保障。

——实施目标责任制，优化学前教育管理体制

一是实行地方负责、分级管理和相关部门分工协作的学前教育管理体制，确保学前教育事业发展规划与城市经济社会发展水平相适应，确保各类学前教育机构布局合理。由上海市人民政府领导教委主管，在区县层面，由一位分管教育的区（县）长全面负责，并由区县教育行政部门主管；市、区县卫生部门负责学前儿童的卫生保健业务，计划、建设、财政、物价、人事等有关部门在各自的职责范围内负责学前教育中有关的工作；托幼工作办公室与学前教育的业务处（科）在市、区县托幼工作领导小组的领导下，共同实施学前教育管理的职责。

二是建立市、区县两级学前教育联席会议制度，定期研究解决学前教育发展中的热点、难点问题，统筹协调学前教育发展工作。上海市政府成立了由分管副市长为第一召集人，市政府副秘书长和市教委主任为召集人，市发展改革委、财政局、住房保障房屋管理局、规划国土资源局、建设交通委、编办、人力资源社会保障局、卫生局和农委等 11 个部门为成员的上海市学前教育联席会议，负责全市学前教育工作的统筹领导、协调和管理。

三是加强政府对学前教育的督导工作。市政府将托幼事业发展纳入政府教育督导的范畴，建立市教育督导部门督政、区教育督导部门督学的体制。市教育督导部门负责对区县政府发展学前教育和实施监督管理情况的督导评估，区县教育督导部门则负责对幼儿园办园方向、办学条件、队伍

素质和办学质量等情况的监督。

——发展以公办园为主体、社会共同参与的学前教育办园体制

为应对上海市新一轮入园高峰的到来，上海市政府不断推进学前教育办园体制改革，逐步形成以公办园为主体、社会共同参与的学前教育办园体制。从 2007 年开始，上海市政府将幼儿园建设列入重点工作。此后三年，公办幼儿园数量以每年 50—60 所的速度递增。与此同时，在政府承担主要办学责任的基础上，还鼓励有资质的社会公益团体、基金会、事业法人等举办幼儿园，并按照《中华人民共和国民办教育促进法》和《中华人民共和国民办教育促进法实施细则》，加强对民办幼儿园的管理和办学理念的引导，积极扶持民办幼儿园的发展，不断提升民办幼儿园的整体办学层次。

——建立以财政拨款为主、多渠道筹措学前教育经费为辅的投入体制

为进一步促进学前教育事业的发展，上海市各区县政府建立以财政拨款为主、多渠道筹措学前教育经费为辅的投入体制，逐年增加对学前教育的投入。2001—2003 年，上海市 19 个区县共对教育部门办园投入 23.94 亿元，其中区县、镇财政教育拨款 22.85 亿元。幼儿管理费收入 11.09 亿元，吸纳其他资金 2.77 亿元。2004 年上海市对学前教育投入 11.09 亿元，2011 年提高到 51.06 亿元。2011 年上海市学前教育财政投入占全市教育财政经费总投入的比例为 8.13%，高于全国平均水平。同时，上海市还加大了市级财政转移支付和专项经费的力度。2006—2008 年，上海市政府每年安排 4 亿元重点资助财政相对困难、基础设施条件较差、无法独立承担基建经费的人口导入郊区农村，促进教育资源的均衡配置。

——整合教育力量，建立和完善 0—6 岁学前教育体系

学前教育一体化的最终目标是促进幼儿的发展，实现 0—6 岁婴幼儿学前教育的一体化，正常儿童与有缺陷儿童的一体化，学前教育机构和社区教育的一体化，市区和郊区学前教育的同步发展。为此，上海市积极推进学前教育业务管理的系统化、整体化和科学化，使之与管理体制改革同步进行。

一是建立 0—6 岁学前教育业务指导网络。上海市在各区县成立 0—3

岁学前教育业务指导组，以区县托幼办牵头，聚集教研员、儿保医生、区托幼中心及第一线的园所长、教师共同探讨本区域内的0—3岁教养工作；积极完善0—6岁学前教育研究网络，将0—3岁婴幼儿教育研究的职责落实到市教研室，并组成由市教研员牵头，区县教研员、有经验的托幼工作者组成的研究组，进行专题研究，带动全市集体教养机构婴幼儿教养工作的开展；积极开展"0—3岁婴幼儿早期关心和发展"的研究，确保学前教育的科学性。

二是积极探索整体、系统的0—6岁学前教育。上海市各区县通过选派有大专以上学历的教师带3岁以下的托班，或者派出骨干教师进入托儿所，传授先进教育理念、教育方法，探索开展3岁以下婴幼儿的教养，并研究0—3岁教育与3—6岁教育的衔接。市区和郊区开展城郊学前教育的对口学习交流。积极探索托幼一体化的组合模式：有紧密型的托幼联体办园和松散型托幼结对办园形式；有集体所有制性质的托儿所招收幼儿，也有教育部门办的幼儿园向下招收3岁以下婴幼儿，有集体办或教育部门办统一体制的托幼机构，也有两种体制并存的托幼机构。依托社区，发挥托幼机构的辐射作用，面向家庭进行早期的科学育儿指导，包括托幼园所利用双休日向家长进行家教辅导、专家咨询、亲子游戏建议等，以及为本地区每一个有户籍的儿童建立成长档案，对有缺陷、需要特殊教育的儿童，实行送教上门等形式。

——优化人员配置，推进师资队伍整体建设

师资队伍建设是学前教育事业发展的关键。上海市采取多种措施优化人员配置，提高幼儿园保教人员专业水平，保障上海市学前教育整体师资队伍建设。

一是市、区县教育部门密切把握幼儿园保教人员的需求动态，通过市、区县协调联动，系统开展幼儿园保教队伍的培养，使幼儿园保教人员先培训后上岗。

二是市教育部门根据学前教育发展需要，扩大幼儿园保教人员培养渠道。通过高校自主定向培养和委托培养、招聘高校应届毕业生进行幼儿师资专业培训等方式，拓展并增加幼儿园教师和保健教师的培养渠道与数量。同时在中等职业学校增设相关专业，发展社会人员职业培训，加快对幼儿园保育员、营养员以及从事 3 岁以下学前教育服务的育婴师等人员的培养。

三是市和区县相关部门采取倾斜政策，稳定幼儿园保教队伍。为鼓励和吸引高校毕业生到郊区农村幼儿园任教，对到农村及偏远地区幼儿园任教的应届高校毕业生给予津贴；对自愿任教的本市普通高校应届毕业生且签订 5 年以上合同者，给予"上海市大学生支援服务西部计划和去郊区镇校任教奖励金"；通过提供一定的住房优惠等措施，吸引外省份高等院校学前教育专业的优秀毕业生到本市郊区农村任教，稳定在郊区农村任教的教师队伍。同时，通过人事挂靠、人员资金下拨等方式，保证幼儿园保育人员享受相应的待遇，保持队伍的相对稳定。

四是完善幼儿园保教人员专业发展和教师素质评价机制。重视幼儿园新教师上岗实习与培训工作；完善幼儿园保教人员职后培训机制和激励机制；开展骨干园长与骨干教师的培养，并纳入上海市"名师、名校长培养工程"；积极探索以园为本、促进教师专业发展的培训方式；加强城区与郊区师资对口交流，通过园长、教师带教，对口科研课题指导，以及教研活动交流等，提高郊区幼儿园园长与教师的管理和教学水平。

——推进幼儿园课程改革，提升学前教育内涵发展

上海市于 1998 年启动了学前教育二期课改，并于 2004 年起进入全面推广阶段。二期课改确立了"以幼儿发展为本"的理念，关注幼儿的年龄特点和发展的个体差异，并在课程目标、课程组织结构、课程内容、课程实施和课程评价等方面进行了全面系统的设计和改革，以充分促进儿童终身的可持续的身心健康发展。注重教育科学研究，以课题研究提高教师专业能力，提高教养质量。

为适应学前教育发展需求，上海市在第一个三年行动计划中，对幼儿园的课程改革提出了进一步明确的要求，包括：确立以儿童发展为本的理念，加强幼儿园保育教育的实践研究；突出素质启蒙教育，注重儿童潜能开发和个性发展等。2008 年，上海召开了幼儿园教学工作会议并出台了《上海市幼儿园园长课程管理指导意见》、《上海市幼儿园保教质量评价指

南》、《上海市幼儿园幼小衔接活动的指导意见》等文件，提出了全面提高学前教育的办园质量等改革内容。2011年初上海市组织开展全市保教质量调研工作，并于2012年2月召开了"上海市幼儿园保教质量调查通报暨研讨会"，促进全市学前教育内涵发展。

（4）建立托幼一体化的管理体制，进一步提升保教质量

上海市政府通过制定并落实一系列政策与措施，促进学前教育事业改革不断向纵深发展，并推动学前教育保教质量不断提升。

其一，建立了分工明确、多部门合作的管理体制。成立了由分管市长牵头，政府各相关部门分管领导参加的市托幼工作领导小组，形成了由市区教育行政部门主管0—6岁的学前教育工作，卫生行政部门负责卫生保健工作，计划、建设、财政、物价等相关部门在各自的职责范围内分工负责的学前教育管理体系。

其二，入园率不断提高，学前教育事业规模不断扩大。2009年，上海市公办园占幼儿园总数的70.57%，公办园教师占幼儿教师总数的75.62%，公办园在园儿童数占在园儿童总数的79.1%。2010年在园幼儿数为40.03万人，常住人口适龄儿童的入园率达98%以上。已初步形成了以政府为主导，公办园为主体，公办、民办、股份制、中外合作办园并存的多元办园体制。

其三，加大了政府对学前教育的经费投入。据统计，2011年上海市学前教育财政投入占财政性教育投入的比例比2004年增加了2.53个百分点。通过新建、改扩建、迁建、公建配套和教育资源调整使用等举措，2008—2010年每年增加50—60所幼儿园。幼儿园的办学条件明显改善。

其四，师资队伍不断扩大，教师专业水平不断提升。到2011年，上海市共有幼儿园教职工4.58万人。专任教师中大学专科及以上学历者占94.05%，大学本科及以上学历者占54.03%。通过多途径多形式的培训使得幼儿园的保健教师、保育员、营养员逐步符合岗位要求，做到持证上岗。

其五，提高了各级各类幼儿园的保教质量。2006—2008年的三年时间里，上海市中心城区共有30所优质幼儿园与45所农村幼儿园结对，通过

各种教研交流活动，提高了郊区幼儿园园长管理和教师教学水平。加大对民办幼儿园的扶持力度，提高其办园质量。到 2009 年，全市已有 10 所民办园达到一级园水平。2011 年，上海市一级以上的幼儿园已达 383 所，占幼儿园总数的 30.59％；0—3 岁婴幼儿科学育儿工作得到普及，95％以上户籍 0—3 岁婴幼儿的家长和看护人员每年得到 4 次以上有质量的科学育儿指导。此外，上海市将进一步完善学前教育信息化管理和应用体系，加强学前教育课程资源库建设，提高幼儿园保教工作效率和保教质量。上海市还计划探索建立由教育部门和卫生部门等共同参与的幼儿健康水平监测和评估机制，并试点"医生进幼儿园"工作机制，推进儿科医生进幼儿园工作，加强对保健教师和家长科学育儿的指导。

（5）加强政府统筹服务职能才能推动 0—6 岁一体化模式的实施

上海市构建的 0—6 岁一体化学前教育发展模式，与上海市政府公共服务职能的有效发挥有着密切的关系，在推广应用上海市学前教育改革与发展经验时应特别注重政府的统筹协调作用。

——政府需要统筹管理学前教育发展

上海市学前教育改革与发展的有效实施，建立在以下两大基础之上。一是坚持地方负责、分级管理和相关部门分工协作的学前教育管理体制。上海市区县政府对本区域学前教育事业发展负主要责任，同时根据人口变化趋势，制定本区域学前教育事业发展规划，并承担对学前教育机构的管理与指导职责。二是建立健全市、区县两级学前教育联席会议制度，定期研究解决学前教育发展中的热点、难点问题，负责全市学前教育工作的统筹领导、协调和管理。上海市政府统筹管理学前教育格局的建构，是各项政策与措施得以有效贯彻实施的关键。

此外，加强政府对学前教育事业发展的督导评估，能够有力保障各项改革举措的有力实施。上海市政府将托幼事业发展纳入政府教育督导的范畴，建立市教育督导部门督政、区教育督导部门督学的体制。市教育督导部门负责对区县政府发展学前教育和实施监督管理情况的督导评估，区县教育督导部门则负责对幼儿园办园方向、办学条件、队伍素质和办学质量等情况的监督。

——政策实施与经费保障并举

上海市学前教育体制改革之所以能取得较好成效，离不开上海市政府颁布的各项系统化政策的支持。从托幼一体化管理体制的建设，到学前教育规模与内涵建设，从幼儿园的建设到0—3岁婴幼儿科学教养活动的开展等，均有一系列相关政策的保障。与此同时，上海市政府加大财政投入，设立学前教育专项经费，有效保证了各项改革措施的深入实施。由此可见，制定支持性的政策和拨付相应的经费是实施学前教育改革的前提与保障，也是政府履行发展学前教育职责的主要体现。

2. 河北省："三为主"学前教育发展模式

近十年来，河北省委省政府一直重视学前教育的发展，突出学前教育的公益性，始终坚持"以政府和集体办园为主、以公办教师为主、以政府和集体投入为主"的"三为主"学前教育发展模式（以下简称"三为主"），因地制宜，创新机制，以特色求发展，促进了全省学前教育事业的快速发展，推进了农村学前教育的普及。

（1）促进农村学前教育普及是学前教育发展的重点和难点

河北省从地理位置上来说属于东部地区，目前被定位为东部沿海省份，但从经济实力、产业结构、居民收入和生活水平等方面综合分析，其中部省份特征更为明显。[1] 河北省现设11个地级市，172个县（市、区），其中有51个国家和省级扶贫开发工作贫困县。

2011年，河北省在园幼儿总数为1834639人，其中农村在园儿童数达到1487779人，占比81.09%。同年，城镇居民人均可支配收入为18292.23元，农村居民人均纯收入仅为7120元。河北省学前教育发展的重点难点都在农村。从某种意义上说，学前教育的三年普及只有在农村得以实现，才可能会有全省的普及。河北省确定了"以农村学前教育为重点，加快推进普及学前教育的步伐"的总体思路，积极探索以广大农村地区为主的学前教育发展模式。

---

[1] 庞丽娟. 政府主导 创新体制——我国地方学前教育改革探索与政策启示［M］. 北京：北京师范大学出版社，2012.

同时，河北省农村中小学校布局调整也为农村学前教育的发展提供了契机。河北省在大力推进农村小学布局调整的同时，坚持将中小学布局优化同农村规范化幼儿园的建设统筹考虑。2003年以来，根据《国务院关于基础教育改革与发展的决定》所提出的"因地制宜调整农村义务教育学校布局"精神，河北省通过实施中小学危房改造工程拉动中小学布局结构调整，不仅实现了危房改造与中小学布局调整的"双赢"，而且充分利用闲置的中小学校舍，对其进行改造和修缮，并优先改建为规范化幼儿园。此外，河北省还将中小学剩余师资转岗到幼教工作岗位上，有效解决了学前教育师资缺口巨大的问题。

总的来说，河北省充分认识到以普及农村学前教育为主的省情，坚持在农村地区实施政府主导办园，再加上进行农村中小学布局调整所带来的机遇，成为河北省选择"三为主"学前教育发展模式的主要原因，同时这些因素也为河北省顺利实施"三为主"学前教育发展政策提供了有利条件。

（2）坚持"三为主"的发展理念，保障学前教育的公益性和普惠性

从2001年开始，河北省坚持学前教育的公益性质，把发展学前教育作为提升基础教育整体质量和完善国民教育体系的重要措施。2003年，河北省又进一步实施"公共资源与社会需求相结合，公益性与抵偿性相结合"的学前教育办学方针，在坚持政府主导办学、不断加大投入和规划管理的过程中，逐渐形成了"三为主"学前教育发展理念。2005年"三为主"的理念基本成熟，在《中共河北省委省政府关于加强教育工作的决定》中明确提出到2020年全面普及学前三年教育。按照这一目标要求，农村学前教育发展要实现"三大转变"，即由普及学前一年教育转变为普及学前三年教育，由以举办学前班为主体转变为以举办规范化幼儿园为主体，由以民办为主转变为以公办为主。通过实现"三大转变"达到"入园幼儿人数大幅上升、幼儿园在园幼儿比率大幅上升、学前三年受教育率大幅上升、学前班大幅下降"的"三升一降"目标。2010年学前教育"国十条"下发后，河北省及时出台了《河北省人民政府关于大力发展学前教育的若干意见》，明确提出继续推行"三为主"模式，加快农村学前教育的发展。

此后，河北省的农村学前教育进入新的发展阶段，坚持"三为主"之路，保障了学前教育的公益性和普惠性。

（3）强化政府主导责任，多措并举践行"三为主"模式

在确立了"三为主"的学前教育发展理念的基础上，河北省通过强化政府主导责任，创新学前教育管理体制，从办园体制、投入机制和教师队伍建设等方面入手，促进学前教育的发展。

——实行目标责任制，建立"幼小一体化"的学前教育管理体制

河北省委省政府充分认识到各级政府在学前教育发展与改革中的核心作用，在实施"三为主"的学前教育发展模式的过程中不断强化政府的主导责任，在不断探索中，逐渐建立了从"三级两线"到"幼小一体化"的管理体制。从 2001 年开始在全省推广"县政府—乡政府—村委会"和"教育局—中心校—幼儿园"的"三级两线"目标管理责任制，幼儿园在管理体制上实行"乡办乡管"或"村办乡管"，在倡导幼儿园独立办园的同时，强调建立独立的学前教育管理体制，即形成"县直幼儿园—乡镇中心幼儿园—农村幼儿园"独立的管理体系。2004 年，教育部门根据各地的实践和新情况，开始实行"幼小一体化"的管理新体制，并创造出两种新的基本模式。第一种模式是对规范化幼儿园与小学实行一体化管理，在小学附设幼儿班，但这种新的幼儿班已不是原来意义上的学前班，而是按照建设规范化幼儿园的要求，建设包括大班、中班、小班在内的幼儿班。幼儿班虽隶属小学管理，但要相对独立，而且必须按照幼儿身心发展规律，以活动和游戏为基本形式进行教育。这种幼儿班，对内称规范化幼儿园，对外则称小学附设幼儿班。第二种模式是将农村小学教学点的一、二年级和学前三年幼儿班结合起来，建立五年一贯制的办学办班模式，实行相互衔接的幼小一体化管理体制。河北省对学前教育管理体制的变革与调整，为"三为主"模式的顺利实施奠定了良好的基础。

——建立以政府和集体办园为主的办园体制

河北省委省政府认识到在农村办幼儿园如果失去了政府和乡、村的支持，完全靠自收自支，幼儿园的生存和发展都会面临危机，所以在农村发展学前教育必须实行以政府和集体办园为主体的办园体制。基于这种认

识，河北省在"三为主"模式中首先强调了"坚持以政府和集体办园为主"，并保证这些公办园低收费，以满足农村儿童的入园需要。

在以"政府和集体办园"为主体的农村办园格局中，河北省对"政府和集体"举办幼儿园的形式也进行了长期的探索，2001 年以来的十几年里，大致经历了从"利用农村中小学富余校舍建设规范化幼儿园"到"以村举办幼儿园为主，结合小学附属幼儿班"，到"以公办小学附属幼儿园为基本形式"，到"以县公办优质幼儿园为龙头、乡镇中心园为龙身、村办园为龙尾的集团化办园"，到"以县直幼儿园为示范、乡镇所在地建中心示范园，较大的行政村建标准化较高的村办园、适龄儿童较少的村设幼儿班"，再到"以公办幼儿园为主体"的发展历程。2011 年，河北省在学前教育"国十条"的政策框架下，提出要加快建设一批公办幼儿园，提供"广覆盖、保基本"的学前教育公共服务。"各级政府要加大投入，采取新建、改建和扩建等方式举办一批安全、适用的公办幼儿园；制定优惠政策，通过经费补助等方式，支持街道、农村集体举办公办性质幼儿园；充分利用中小学布局调整的富余资源和其他富余公共资源，改扩建一批公办性质的幼儿园；鼓励优质公办幼儿园举办分园或合作办园，满足人民群众对普惠性幼儿园的需求。"这些举措将进一步拓展和深化"以政府和集体办园为主"的办园体制。

——坚持以公办教师为主的农村幼儿园师资队伍建设

在农村幼儿园师资队伍建设方面，河北省创造性地利用国家政策，坚持建设以公办教师为主的农村幼儿园教师队伍，并将幼儿园教师的编制、工资待遇和专业培养培训等完全纳入统一的教师管理系统，力争使幼儿园教师享受与中小学教师同等的地位。

在幼儿园教师的编制方面，河北省依据《国务院办公厅转发中央编办、教育部、财政部关于制定中小学教职工编制标准意见的通知》，将公办幼儿园教师统一列入小学教师编制核定范围，纳入公办教师序列，建立了一支以公办教师为主、聘任制教师为补充的稳定的农村幼儿园教师队伍。在落实工资待遇方面，河北省努力遵循幼儿园教师向小学教师看齐、聘任制教师向公办教师看齐的思路。如沙河市的公办幼儿教师与小学教师待遇相同，工资由市财政通过银行发放；聘任制幼儿教师由学区管理，工资由幼儿园经费解决，保证按时足额发放。在完善编制管理、落实工资待遇的同时，河北省也注重严格幼儿园教师任教资格，不断扩充幼儿园教师队伍。在小学教师普遍超编的情况下，河北省各县（市、区）紧紧抓住中小学布局调整的机遇，把原来一些在小学工作的幼师毕业生调整回幼教队伍，将一些适合从事幼教工作的小学教师通过转岗培训调整到幼教工作岗位上，并将这部分教师作为公办教师纳入小学教师编制管理。此外，河北省还采取"择优录用，分期上岗"的方式，将一部分优秀幼儿师范专业毕业生作为公办教师纳入小学教师编制管理，并面向幼师毕业生和高中以上学历的社会青年，公开招聘一部分聘用制教师，以补充公办园教师数量的不足。在幼儿园教师队伍不断扩大的情况下，河北省尤其注重提高幼儿园教师的素质和专业水平。除了注重职前培养的质量，严把"入口关"之外，为了不断提高在职教师的素质和业务水平，河北省各地采取请进来、走出去、集中培训、岗位练兵等办法，对幼儿园教师开展业务培训。目前，河北省各地都制定了《幼儿园教师考核办法及实施细则》，通过平时考核与年度综合考核相结合的办法，对幼儿园教师的德、能、勤、绩等方面进行综合评价，并把考核结果与教师评优、评模、聘任挂钩，极大地调动了幼儿园教师的工作积极性。

——实施以政府和集体投入为主的经费投入保障机制

河北省委省政府充分认识到在推进农村学前教育三年普及的过程中经费保障的重要性，始终坚持"以政府和集体投入为主"发展农村学前教育，增加对学前教育的财政投入，逐步将学前教育列入财政保障范围，建立了以公共财政投入为主、社会和家庭合理分担的学前教育投入体制。

近年来，河北省学前教育财政投入逐年增长。2009 年，河北省学前教育投入为 7.2 亿元，其中财政性经费为 5.5 亿元，占学前教育经费总投入的 76.4%。河北省的财政性学前教育投入主要分为三个部分：园舍建设资金、教职工工资和公用经费。同时，河北省还设立了学前教育专项经费，2010 年专项资金达 3000 万元，2011 年达 1.8 亿元，通过专项补助和"以奖代补"方式调动市级、县级财政配套资金。根据国家有关精神，河北省还制定了《关于加大财政投入支持学前教育发展的通知》，明确要求市县（区）两级财政从 2011 年开始设立学前教育专项资金，市级财政每年不低于 200 万元，县级财政每年不低于 100 万元，用于支持本行政区域内学前教育事业的发展，并逐步提高财政性学前教育经费在同级财政性教育经费总额中的比例。

（4）公办资源得到快速发展，逐步构建学前教育公共服务体系

近十年来，河北省实施"三为主"模式，使学前教育事业发展取得了初步成效。目前，河北省正以实施《教育规划纲要》、学前教育"国十条"和学前教育三年行动计划为契机，促进全省学前教育事业发展再上新台阶，努力构建覆盖城乡、布局合理、办园规范、师资达标、保教质量合格的学前教育公共服务体系。

——入园率不断提高，公办学前教育资源迅速发展

近十年来，河北省始终坚持"三为主"模式，一以贯之地强力推进农村学前教育三年普及。一是入园率不断提高。截至 2011 年底，学前三年入园率达到 67%，高于全国平均水平 4.7 个百分点。二是公办学前教育资源得到快速发展，基本形成以公办园为主的办园格局。到 2010 年底，公办幼儿园数占到 69.36%，公办园在园幼儿数占到 77.27%。三是幼儿园教师队伍建设得到改善，特别是公办园教师不断增加。目前公办园教职工数占到 56.2%。在专任教师中，专科及以上学历者占 70.16%；全省幼儿园师生比达 1：22。四是学前教育投入不断增长。"十一五"期间，全省学前教育经费总投入为 73.78 亿元，占同期教育投入的 2.75%，其中，财政性教育经费投入为 49.51 亿元，占财政性教育经费投入的 2.47%。五是基本实现学前教育的低收费制度。目前河北省公办省级示范性幼儿园月收费为每人 90—190 元，一类园月收费为每人 70—120 元，二类园为 60—90 元，三类园为 40—75 元，农村幼儿园一般月收费为每人 10—30 元，实现了适龄幼儿特别是每个农村家庭的幼儿都有园上，都上得起幼儿园的目标，确保了学前教育的公平。

——继续坚持推行"三为主"模式，逐步构建学前教育公共服务体系

未来十年，河北省将"把发展学前教育纳入经济社会发展总体规划，

建立覆盖城乡、布局合理的学前教育公共服务体系，保障适龄儿童接受基本的、有质量的学前教育"。河北省计划把农村学前教育作为农村公共事业和新农村建设的重要内容，继续健全和完善"三为主"模式，加快发展农村学前教育。

第一，采取多种形式扩大农村学前教育资源。首先是将农村幼儿园作为新农村公共服务设施统一规划，优先建设。支持办好现有的乡镇中心幼儿园，每个乡镇至少建有 1 所达到三级以上标准的独立建制的公办性质中心幼儿园。在大村独立办园，小村根据需要设分园或联合办园，逐步完善县、乡、村三级学前教育网络，提高农村学前教育普及程度。原则上城镇服务人口 1 万人、农村服务人口 0.3 万—0.6 万人应设置 1 所幼儿园，每所幼儿园规模原则上不超过 360 人。其次是推进农村幼儿园标准化和规范化建设。结合国家实施的推进农村学前教育项目，支持完善农村幼儿园的食宿等基本保教条件，配备基本的保教设施、玩教具、幼儿读物等。全面推行优质幼儿园承办新园、托管薄弱园、举办分园的集团化办园模式，扩大学前教育覆盖面。此外，还将充分利用中小学布局调整后的富余校舍和社会资源，改建一批村级规范化幼儿园。

第二，努力提高农村幼教师资整体素质。首先是核编配齐农村幼儿园教师，根据国家要求结合本地实际确定合理的师幼比，核定公办幼儿园教职工编制并逐步配齐幼儿园教职工。其次是完善农村幼教师资的补充机制并保证农村师资队伍的稳定性，采取入编、补贴、奖励等措施鼓励和吸引高校毕业生到农村幼儿园任教，鼓励城镇幼儿园教师到农村幼儿园指导带教。再次是提高农村幼儿园教师的地位和待遇，农村幼儿园公办教师的工资由政府全额保障，纳入事业单位社会保障序列，民办幼儿园教师的工资待遇及社会保险由举办者依法保障，政府予以财政补贴。对长期在农村基层和艰苦边远地区工作的幼儿园教师，按国家规定实行工资倾斜制度，通过设立津贴补贴等方式给予奖励，对优秀农村幼儿园园长和教师进行表彰。此外，加强农村幼儿园教师在职专业培训，特别是通过乡镇中心园的业务引领、给农村幼儿园配备专职巡回指导教师、开展城乡幼儿园对口支持和结对帮扶等方式，促进农村幼儿园教师自主发展和自我提高。

第三，进一步加大学前教育投入，建立稳定的经费投入保障机制。虽然河北省一直强调以公共渠道为主，多渠道筹资，努力建构学前教育经费投入保障机制，但目前在教育经费普遍短缺的大背景下，学前教育经费投入仍显不足。因此，河北省在坚持公共投入为主的基础上，建立稳定的经费投入保障机制。2010 年，河北省进一步明确了政府在财政投入中的作用，提出要"进一步加大投入力度，将学前教育经费列入财政预算"①。2011 年，河北省又要求各级政府在将学前教育经费列入财政预算的基础上，进一步将新增教育经费向学前教育倾斜，财政性学前教育经费在同级财政性教育经费中要占合理比例，未来 3 年要有明显提高。② 完善成本合理分担机制。建立学前教育资助制度，对家庭经济困难儿童、孤儿和残疾儿童接受普惠性学前教育给予资助。

（5）发挥政府责任，分阶段分区域普及是实现"三为主"模式的关键

河北省坚持"三为主"的学前教育发展模式，走出了一条在经济中等发达地区发展公办学前教育的新路，其中有很多经验和做法值得其他省份学习与借鉴。当然，这种学前教育发展模式的应用也有其特定的支持条件。

——实施"三为主"模式的关键是各级政府真正发挥主导作用

河北省在经济不算发达、财政投入不算充足的情况下，通过落实各级政府对学前教育事业发展的责任，充分调动各方面的积极性，构建起了以政府和集体办园为主的农村学前教育发展格局，其最主要的秘诀就在于各级政府真正发挥了主导作用。

河北省各级政府对学前教育发展主导作用的发挥，最集中地体现为制定了学前教育发展的一系列地方性法规文件。河北省先后出台了《河北省农村学前班暂行管理办法》、《关于幼儿园分类评定标准及收费原则的意见》、《关于建立幼儿园、学前班登记备案制度的通知》、《关于调整整顿幼儿教师队伍的意见》、《关于幼儿教师队伍管理的意见》、《河北省幼儿园、

---

① 河北省副省长龙庄伟在全国学前教育工作电视电话会议上的讲话摘要［Z］. 2010 - 12 - 01.

② 河北省人民政府. 关于大力发展学前教育的若干意见（冀政［2011］1 号）.

学前班分类评定验收标准》、《河北省普及学前三年教育县（市）标准
（试行）》等一系列学前教育管理的政策文件，这对加强全省农村学前教育
工作的规范化、科学化管理，逐步实现依法治教发挥了重要作用。此外，
河北省很多县政府把学前教育与其他各级各类教育统一规划、统一部署、
统一督察、统一考核。

学前教育"国十条"指出，"地方政府是发展学前教育、解决'入园
难'问题的责任主体"。各地政府只有坚持改革创新，着力破除制约学前
教育科学发展的体制机制障碍，坚持因地制宜，从实际出发，才能建立起
符合本地实际的学前教育发展模式。"三为主"学前教育模式更需要政府
真正统筹协调各方力量，群策群力促进学前教育发展。

——学前教育普及的重点和难点在农村，可采取分阶段分区域普及的
思路

河北省以农村学前教育为重点，分阶段分区域普及的思路，为我国学
前教育事业发展提供了一定的启示和借鉴。河北省如同中国的一个缩影，
即农村区域广泛，城乡经济发展不平衡，农村学前教育的基础薄弱，普及
难度大，但农村学前教育的普及直接决定了学前教育的总体普及程度。河
北省的经验表明，我国以及其他情况类似省份学前教育的普及可以分阶
段、分区域逐步实现。

3. 宁波市：政府主导民办园发展的学前教育模式

宁波市作为"强化政府发展学前教育责任"国家级学前教育体制改革
的试点城市之一，采取了一系列有效措施，基本形成了政府主导、社会参
与、公办民办并举的城乡学前教育公共服务体系。

（1）服务型教育体系的构建促进了学前教育的普及

宁波属于地级市，辖 6 个区、2 个县、3 个县级市。改革开放以来，宁
波的经济社会发展较快且发展势头平稳，在 2011 年度"全国 35 个主要城
市总部经济发展能力排行榜"上排名第 11 位。① 较高的经济社会发展水

---

① 总部经济，是指某区域由于特有的优势资源吸引企业总部集群布局，形成总部集聚效应，
并通过"总部——制造基地"功能链条，辐射带动生产制造基地所在区域发展，由此实现不同区
域分工协作、资源优化配置的一种经济形态。

平，给宁波的教育文化等社会事业的发展奠定了良好的经济基础。随着经济的飞速发展，富裕起来的个人对学前教育的需求和投资热情都在增加，当公共财政力不从心的时候，民间资金以投资举办幼儿园的方式进入学前教育。到 2006 年，全市民办幼儿园占到幼儿园总数的 83.7%，其中民办乡镇中心幼儿园占比超过 80%，全市形成了以民办园为主体的办园格局。由于民间资金的进入，短时期内宁波的学前教育普及率迅速提高。

"十五"期间宁波市基本实现了普及学前三年教育的目标。"十一五"期间，宁波市实现了从学前三年到高中段的十五年教育质量的进一步提升。自 2007 年 12 月宁波市政府召开了学前教育工作会议，颁布了《宁波市人民政府关于加快学前教育改革与发展的若干意见》（以下简称《宁波市若干意见》）以来，宁波市的学前教育事业取得了突破性进展，入园率不断提高，农村学前教育面貌明显改善。

总的来说，良好的经济发展形势特别是民间资金对学前教育的投入，为宁波市学前教育的发展奠定了经济基础，同时，政府对学前教育也高度重视，并切实发挥了宏观统筹管理的作用，这些因素共同促成了宁波市"政府主导民办园发展"的学前教育模式的形成。

（2）坚持学前教育的公益性和城乡的均衡发展

宁波市明确提出"要确立学前教育的基础地位和公益性质"，将学前教育定位为公共产品，并将发展学前教育作为公共服务型政府的基本职能之一。基于此，宁波市针对原来实施的学前教育"以教养教的市场化"发展模式的制度缺陷进行了彻底改革，强调在新的制度和政策设计中要着重彰显学前教育的公益性，强化政府责任。按照"政府主导、促进均衡、注重内涵、创新发展"的原则科学规划学前教育事业，并对政府的责任做出明确规定，主要强调加大财政投入和加强管理服务。加大投入就是根据当地居民家庭经济水平、政府财政支出能力来确定公共财政在学前教育成本支出中的分担比例；加强管理服务就是政府在学前教育发展规划、区域内公办幼儿园与民办幼儿园的统筹、教师的管理与培训等方面发挥作用。[1]

---

① 周永明，林佩玲. 宁波市学前教育事业发展的制度设计（上）[J]. 学前教育研究，2010 (2).

　　宁波市根据党的十七届三中全会提出的"明显推进城乡基本公共服务均等化"的小康社会建设目标，明确了在推进学前教育发展过程中必须坚持"城乡基本公共服务均等化"的原则，并最终实现学前教育的均衡发展。联系本地区的经济发展和学前教育发展状况，宁波市对"城乡基本公共服务均等化"做出了具体诠释。所谓"基本"就是指公共财政投入的重点是办学水平达到标准的幼儿园，即通过公共财政的投入，使城乡幼儿园实现园舍设备符合国家标准、办学行为符合国家规范、全体员工获得基本的工资待遇和社会保障。所谓"均等化"是指公共财政对承担基本公共服务的城乡政府办、集体办及民办非营利性幼儿园都要提供财政保障，以扩大公共财政的受惠面，达到推进学前教育均衡发展的目的。[①]

　　（3）构建新制度体系，实施学前教育"四大工程"

　　宁波市结合本地区经济社会发展和教育发展实际，从制度创新入手，以"四大工程"为具体举措，有力地促进了学前教育事业的发展。

　　——构建学前教育发展新制度体系

　　为了促进学前教育的发展，近年来宁波市构建了学前教育发展新制度体系，主要包括学前教育办园制度、幼儿园园舍建设制度、学前教育经费投入与管理制度、教师管理与专业素养提升制度、学前教育管理与服务制度等。

　　其一，坚持多元化办园体制。宁波市坚持多元化办园体制的思想，希望通过"完善政府主导、社会各界参与，多渠道、多形式举办的学前教育发展格局"，满足人民群众多层次的需求。一方面，宁波市特别强调多元化办园中的公办园示范引领作用。在农村地区主要健全以乡镇中心园为骨干和示范的农村学前教育体系，在城镇地区主要完善小区配套幼儿园的建设与管理制度。另一方面，政府也鼓励有资质的社会团体、企事业法人、公民个人按布局总体规划来承办学前教育机构，大力发展民办幼儿园。在宁波市整体制度框架下，各区县根据自身的实际情况进行了创新性探索。如江北区慈城镇提出并实践了公办园、普惠性民办园、选择性民办园并举

---

① 周永明，林佩玲. 宁波市学前教育事业发展的制度设计（上）［J］. 学前教育研究，2010（2）.

的模式，通过大力发展公办园和普惠性民办园建设"广覆盖、保基本"的学前教育公共服务体系，以满足本区域内所有适龄儿童的入园需求，通过发展选择性民办园满足群众个性化的需求。

其二，实施政府为主导的园舍建设制度。为了突出和保障学前教育的公益性，宁波市提出园舍建设坚持以政府为主导的原则。同时，为了提高学前教育机构布局的合理性，方便儿童就近入园，宁波市要求以各县（市、区）级行政区域为单位，制定园舍布局规划和实施细则。在农村地区主要强调以标准化乡镇中心园建设为主，要求"每个乡镇建好一所独立设置的标准化中心幼儿园，并有计划地扩大政府举办的事业性质乡镇中心幼儿园的比重"。为缓解农村地区园舍不足的问题，各地在"学校布局调整时被撤并的农村中小学校舍应优先用于举办幼儿园"。在城镇地区则强调小区配套幼儿园的建设和使用，要求城市在旧城改造、新小区建设和安置小区建设的过程中建造配套幼儿园，并做到幼儿园和小区"同步设计、同步建造、同步验收、同步交付使用"。

其三，改革学前教育经费投入和管理制度。政府发挥主导作用的主要体现之一就是对学前教育公共财政经费的投入。在投入责任方面，为了落实财政性学前教育经费，2007 年的《宁波市若干意见》中明确规定各县（市、区）要把学前教育经费列入同级教育事业费财政预算，设立相应的学前教育专项经费。宁波市政府承诺："市本级每年安排 1000 万元设立学前教育专项经费，所需资金在财政性教育经费中统筹解决。"在投入方式方面，宁波市一方面改革了财政专项经费拨付机制，规定学前教育专项经费应主要用于对农村幼儿园建设经费、幼儿园教师业务进修和中心幼儿园业务指导经费、特殊困难家庭儿童入园资助经费的保障和对星级幼儿园上等级奖励、教师社会保险经费及幼儿园日常事业经费的补助等，另一方面建立了生均定额经费拨付机制，按照政府购买服务的理念和体现公益性、普惠性的原则，根据幼儿教育生均成本和核定的收费标准，对各级各类幼儿园生均定额补助。此外，宁波市健全了对家庭经济困难儿童入园资助的相关规定。"本市户籍城乡低收入家庭子女、烈士子女、福利机构监护的儿童、五保供养的儿童入读取得办园许可证的幼儿园享受不低于保育费

50%的资助，低保家庭子女享受三年免费学前教育，所需经费在各县（市、区）学前教育专项经费中列支。"宁波市还对学前教育的收费以及经费管理进行了规定，提出要逐步建立质价统一的收费机制，对公办及国有民营幼儿园逐步实施星级收费制，对民办园按办园成本核算收费；对幼儿园的经费管理则实施幼儿园预算资金支付管理与财务公开监督制度，确保教育经费使用规范、安全和有效。

其四，构建教师管理与专业素养提升制度。首先，在教师的聘用方面，为了吸引优秀人才从事学前教育工作，宁波市实施双轨制的教师聘用机制，一方面有计划地增加事业性质的幼儿园人员编制，由教育行政部门统一录用编制内教师，规定"各县（市、区）政府应建立对符合条件的优秀师范院校毕业生和优秀在岗幼儿园教师，经公开招聘程序进入事业编制的政策导向机制"，另一方面对非编制内教师实行资格准入和注册登记制度，为其业务培训、专业发展、专业技术资格评审、评优评先、待遇保障以及有序流动等提供制度保障。其次，在教师待遇保障方面，宁波市健全了幼儿园教师基本待遇保障机制，对幼儿园教师的平均工资和社会保险等基本福利待遇都建立了制度保障。"凡持有教师资格证书，具有专业技术资格的非事业编制幼儿园教师原则上人均年收入应达到当地社会平均工资的1.5倍以上，其他保教岗位人员工资不低于社会平均工资水平。""幼儿园应按照劳动保障有关法律政策，依法为教职工办理社会保险，其中为具有专业技术资格教师按规定缴纳的社会保险中学校承担的部分，县（市、区）财政应给予不少于1/2的补助。"再次，在教师培训和专业发展方面，宁波市将幼儿园教师培训纳入中小学教师培训体系。"市级负责全市幼儿园骨干教师培训，各县（市、区）负责辖区内幼儿园教师的全员培训。将幼儿园骨干教师、教师培养纳入到市级中小学骨干校长、教师培养工程。建立城乡之间、不同星级幼儿园之间的教师双向进修帮教制度。凡获得注册的幼儿园教师在专业技术资格评定、评奖和评优等方面享有中小学教师同等待遇。"此外，宁波市还着力健全幼儿园教师培养体系，增强学前教育专业的吸引力。通过整合幼儿师范院校资源，加大全日制高等师范院校培养力度，在全市中等专业学校中扶植办学基础好的幼儿教育专业。鼓励优秀初、高中毕业生报考幼儿师范院校，鼓励优秀幼儿师范院校毕业生到农村学前教育机构工作。

其五，建立学前教育管理与服务制度。一是明确了各级政府及有关部门对学前教育的管理责任，坚持"地方负责、分级管理和有关部门分工协作"的管理体制。市级政府主要负责对全市学前教育事业发展的宏观规划、政策制定、统筹协调和指导监督；县（市、区）和乡镇两级政府是学前教育事业发展的责任主体；教育、财政、人事、物价、卫生、民政等有关部门按照国家有关文件中对有关部门的职责要求，各司其职，相互协作。宁波市强调并要求各级教育行政部门配备学前教育专职管理干部和教研员，切实承担起本辖区内学前教育管理和指导的职责。二是强化了对学前教育机构的资质和办学行为的管理。宁波市严格实施幼儿园准入审批和年检制度，要求有关部门加强幼儿园准入管理和保教质量督导。"对办园条件差、办园行为不规范的幼儿园要限期整改，对拒绝整改或整治不力的幼儿园应依法予以取缔。"三是创新学前教育星级管理模式。宁波市对幼儿园办学水平进行统一的星级评定，并以此作为幼儿园享受政府扶持政策和核准收费标准的依据。要求各县（市、区）以上教育行政部门负责审核各类幼儿园的举办资格、颁发办学许可证并定期复核审验，对已取得办学许可证的各级各类幼儿园，逐步实行星级管理模式，不断提高办园水平。四是加强学前教育督导工作。宁波市建立了学前教育专项督导制度，将学前教育列入各级政府教育实绩考核内容，定期对各县（市、区）落实学前教育事业发展的目标规划、资源配置、经费投入、教职工待遇保障、保教质量等事项的实施进程进行专项督导。

——实施学前教育"四项工程"

宁波市各区县根据《宁波市若干意见》的精神，从 2008 年开始分别结合各地的实际情况，围绕"幼儿园建设、幼儿园经费保障、教师素质提升、教育质量提高"四项工程，制定措施并组织实施。[①]

其一，幼儿园建设工程。工程的重点是健全农村学前教育网络。宁波

---

① 张克勤. 浙江省宁波市学前教育发展策略刍议［J］. 教育研究，2009（9）.

市规定在每个乡镇要建设好一所独立设置的标准化中心幼儿园，并按照规模适度的原则对村级幼儿园进行布局建设。2007 年，针对城市郊区、农村幼儿园建设滞后的状况，开始扩大公办园建设规模。2008 年，乡镇中心幼儿园建园率达 100%；2009 年，乡镇中心幼儿园标准化率达 100%。之后，幼儿园建设工程的着力点逐步转向对优质幼儿园的建设。合理规划幼儿园的布局成为园舍建设工程重点，通过推行"名园办新园"、"强园带弱园"、"城园连乡园"、"镇村一体化"等集团化连锁式办园模式，加快学前教育优质资源的辐射和延伸。

其二，幼儿园经费保障工程。首先是加大政府投入的力度。宁波市规定学前教育事业经费占同级财政性教育事业经费比例 5% 以上，不举办高中阶段教育的社区则需要达到 10% 以上。2008 年，各区（县、市）学前教育专项经费达到了 6000 万元，全市学前教育财政性经费预算增加 0.6 亿元，年增幅达到 17.5%。其次是改善财政经费的投入方向。宁波市各区（县、市）严格执行新制度设计中规定的农村幼儿园建设补助、幼儿园教师培训免费、幼儿园办学水平上等级奖励、教师社会保险经费补助等各项财政投入政策。2011 年，宁波市开始开展学前教育成本合理分担行动。各地根据实际制定公办幼儿园和普惠性民办幼儿园生均经费标准及生均财政拨款标准，积极探索教育券等财政补助政策；积极推进普惠性民办园收费制度改革，逐步实现普惠性民办园和公办园质价统一的星级收费机制。

其三，教师素质提升工程。首先是通过各种方式吸引优秀人才进入幼儿园教师队伍，有计划地招聘事业在编身份幼儿园教师。2008 年全市新招聘事业编制幼儿园教师 136 人，2009 年起将连续五年每年招聘 500 名事业编制幼儿园教师。其次是提高非事业在编幼儿园教师的福利待遇和社会保障，对这些教师的劳动保险实施财政补助。最后是对幼儿园教师的培养培训实施统一管理。2008 年宁波市教育局制定出台了"宁波市幼儿园教师素质提升工程"的三年规划，至 2010 年底，已经全面完成对全市幼儿园园长和在职教师的全员培训。

其四，教育质量提高工程。一是加强对幼儿园的保教质量的管理。宁波市通过幼儿园教育质量星级评定和定期督导等方式，鼓励和督促幼儿园不断规范办园行为、提高保教质量。2008 年宁波市各区（县、市）开展了以幼儿园食品卫生安全、交通安全、建筑设施安全为主要内容的安全专项检查。在此基础上，先后出台了星级幼儿园评估、奖励办法，不论公办园还是民办园都需要根据统一的评估标准，按服务质量确定星级。宁波市还注重对幼儿园的日常监管和督导评估，并定期将督导结果进行公告。二是大力推进托幼一体化管理。通过建立健全县（市、区）、乡镇（街道）、社区（村）三级早教指导网络，乡镇中心和城市小区配套幼儿园开展 3 岁以下儿童早期教育，建立早教指导站，制订早期教育计划，开展灵活多样的面向婴幼儿及其家长的科学育儿服务。三是加强学前教育教学研究。健全城乡学前教育业务辅导网络，中心幼儿园在为本辖区内适龄儿童提供优质学前教育的同时，还需要承担本辖区内其他学前教育机构的业务辅导职能。

（4）实现学前三年教育城乡普及，着力促进优质均衡发展

通过"十五"和"十一五"期间的政府重视与多方努力，以及近年来制定并落实促进学前教育发展的一系列制度与措施，宁波市学前教育事业已经取得了阶段性成就，但为了实现"十二五"规划所设定的"建立公益普惠的学前教育体系"的发展目标，宁波市以实施三年行动计划为契机，继续采取一系列举措促进学前教育的进一步发展。

——实现学前三年教育城乡普及，基本形成政府主导民办园发展形势

宁波市的学前教育事业在过去十多年取得了较快发展，主要体现在以下几个方面。一是学前三年教育实现了城乡普及，至 2011 年底学前三年净入园率达到了 99.2%，毛入园率达到了 151%。二是基本形成了公办园为主导，民办园为主体，多种类型幼儿园共同发展的格局。2011 年，全市各级各类幼儿园中公办园约占 23%，民办园约占 77%。在园儿童 26.9 万人（其中外来务工人员子女 10.9 万人）。全市有省一级幼儿园 74 所，星级以上幼儿园 782 所，乡镇中心园建园率和标准化率均达 100%。三是幼儿园教师队伍的学历、待遇和专业发展状况都得到改善。2011 年全市幼儿园专任教师学历合格率为 98.87%，拥有大专以上学历的占 67%。同时，由于

全员培训的逐步推进，幼儿园教师的专业素养不断提升。四是学前教育经费不断增长并加强了投入保障，特别是财政性学前教育经费占同级财政性教育经费的比例逐步递增。2011 年市级学前教育专项经费达到 3000 万元，各区（县、市）财政性学前教育经费占同级财政性教育经费的比例达到 6%，在不举办高中段教育的区县中的比例达到 10%。五是初步建立学前教育管理与服务机制。在充实学前教育管理机构和专职管理队伍的基础上，开展了学前教育质量督导规范、学前教育安全管理与服务等多项行动。

——继续建立公益普惠的学前教育体系，推进学前教育优质均衡发展

根据《宁波市中长期教育改革和发展规划（2010—2020 年)》、《宁波市教育事业第十二个五年发展规划》、《宁波市学前教育三年提升行动计划(2011—2013)》、《宁波市学前教育改革试点实施方案》和《宁波市学前教育促进条例》等一系列文件的部署，宁波市主要采取以下措施进一步推动全市学前教育的发展。

第一，大力发展普惠性民办幼儿园。鉴于宁波市以公办幼儿园为主导、民办幼儿园为主体的办园格局，要实现"公益普惠"的目标，必须大力发展普惠性民办园。宁波市各区（县、市）正在着手制定普惠性民办幼儿园的认定和管理办法，将普惠性民办园定位为面向大众，不以营利为目的，享受公共财政资助并参照公办幼儿园保育费标准收费的民办幼儿园，政府公共财政补助的普惠性幼儿园比例将显著提高。宁波市还规定，小区配套幼儿园必须建成公办或普惠性民办幼儿园。此外，宁波市将继续开展民办幼儿园扶持行动。鼓励社会力量以多种形式举办幼儿园，民办幼儿园在审批登记、分类定级、评估指导、教师培训、职称评定、资格认定、表彰奖励等多方面与公办幼儿园具有同等地位。对民办幼儿园实行分类管理制度，积极引导扶持面向大众、民办运行、收费合理、管理规范的普惠性民办幼儿园，通过给予土地提供、银行融资、税收减免等优惠政策和相应的财政补助，支持新建普惠性民办幼儿园；通过采取政府购买服务、减免租金、以奖代补、派驻公办教师等方式，引导和支持民办幼儿园提供普惠性服务；普惠性民办幼儿园水、电、气等费用按当地中小学标准收缴。完

善民办幼儿园财务、会计和资产管理制度，建立民办幼儿园退出机制，促进民办幼儿园健康发展。

第二，着力促进学前教育优质均衡发展。在已经实现学前三年教育普及的基础上，宁波市将下一步目标定位为均衡与公平，即逐步推进城乡、区域之间共享优质的学前教育。为此，宁波市将主要采取以下具体措施。一是设法扩大学前教育优质资源，在2011年实现每个乡镇至少办一所优质中心幼儿园，到2012年，村级幼儿园都建成合格园。二是开展学前教育资源优化行动。坚决清理整顿无证和不合格幼儿园，积极鼓励引导各级各类幼儿园提高办园水平。引导并扶持城乡、不同园所之间建立发展共同体，采取集团化、连锁化办园，促进幼儿园质量的普遍提高。

第三，探索区域学前教育现代化发展模式。2011年，宁波市成为"强化政府发展学前教育责任"改革试点地区。借此契机，宁波市将坚持改革创新，积极探索并有效履行"规划统筹、投入保障、公共服务、监督规范"的政府职能，基本形成"公益普惠、城乡均等、制度合理、办园规范、充满活力、群众满意"的现代学前教育体系，努力探索出适合国情又符合宁波市情的学前教育发展之路，为全国学前教育科学发展提供可借鉴、可推广的区域学期教育现代化发展模式。

（5）改革投入体制和建立督导机制是实现"政府主导 民办园发展"的核心

宁波市根据本地区的经济、社会和教育情况，探索出了一套适合本地区的学前教育发展模式——政府主导民办园发展模式，并且取得了一定的成效。这种学前教育发展模式的形成及实施与宁波市的实际状况紧密相关，同时也为全国其他地方提供了学习借鉴的经验，但在全国其他地方推广应用这种模式时需要考虑权衡一些具体的问题。

——主导作用的发挥要求地方政府有很强的行政执行力

宁波市的学前教育发展政策和制度设计是在国家、省有关学前教育发展相关文件精神的基础上，基于本地实际的一种探索和创造。有关政策文件通常是以"实施意见"的形式出现，对各区县政府也仅仅只能起到政策指导的作用，制度的贯彻实施效果取决于各区县级政府的执行力。在"政府主导民办园发展"的学前教育模式中，宁波市各级政府起着非常重要的规划、统筹、指导、引导的作用，一旦这种"主导"责任没有发挥，这种模式的效果就会大打折扣。这意味着这种模式能否成功在很大程度上有赖于市、县区层面甚至乡镇层面的政府对相关政策的理解和执行能力。实际上，在宁波市贯彻执行学前教育发展新制度和政策的过程中，也有个别区县政府基本上还是沿用原来的制度，只是在个别政策上做了改进，因而学前教育发展问题没有能够得到很好的解决，和那些积极执行新政策的区县相比，学前教育事业明显滞后。因此，从一定程度上说，宁波市学前教育发展模式对于地方各级政府特别是区县政府的执政能力的要求颇高，需要政府能够在"发展学前教育"中切实担负责任。

——政府公共财政投入体制改革势在必行

宁波市学前教育发展模式最具有创新性的方面是在现行的纯公办或者纯民办的体制以外，探索建立一种公有自营公助、民办自营公助的混合体制，以实现整个区域学前教育的均衡发展。这类体制虽然已经客观存在，但目前还缺乏国家、省级文件的政策依据。而且这一模式涉及办园体制、园舍建设、公共财政投入、收费管理及教师管理等多个相互交叉和相互影响的方面，需要统一设计、统一执行、相互配合，任何一个方面不配套，就可能影响到这一模式的顺利实施。但是，在现有的民办幼儿园财政管理制度不健全的情况下，有关职能部门担心政府公共财政投入民办园以后，会出现民办园举办者非法挪用或不按规定使用甚至卷款逃离的情况，这种不信任导致了大部分地方政府不敢把公共财政投入民办幼儿园。此外，对民办幼儿园教师的管理和资助也是难点，这些具体操作过程中的问题都还需要研究具体的解决方法和实施策略。

——相关的督导机制需要完善

宁波市学前教育发展模式中一个很重要的环节是对幼儿园的质量监管及对县级政府发展学前教育的督导，相关的**督导内容包括：如何考虑有关职能部门是否履行了相关工作职责，如何监督确保城市小区配套幼儿园的建设工作能够做到"四同步"，如何督促农村村中心幼儿园的发展遵循"六统一"的要求，如何督促有关部门落实公共投入让非事业在编教师参**

加社会保险和养老保险等。这些都需要建立相应的学前教育监督机制。目前，虽然教育部已经印发《学前教育督导评估暂行办法》，但其中所涉及的指标还是对学前教育发展宏观层面的督导评估，就"政府主导民办园发展"的学前教育模式而言，这些指标在督导评估的细节方面还远远不够。在学前教育尚未立法的情况下，必须形成与"政府主导民办园发展"模式相适应的督导办法和督导机制，才能保证各个相关部门和学前教育的相关主体的责任、义务与权利，才能保证学前教育的可持续发展。

（二）创新学前教育发展体制的政策探索

学前教育的普及与发展需要从管理体制、办园体制、经费投入、师资建设等各个方面，创造性地采取一系列举措来共同促进。很多地区在不同的方面做了改革与尝试，不同程度地推动了本地区的学前教育事业发展。陕西省在"学前一年免费教育"方面的尝试获得了显著的社会效益，真正体现了公益普惠性学前教育的精神。杭州市"学前教育财政保障与生均补助"政策的出台与实践，为学前教育经费投入保障体制的构建提供了可供借鉴的经验。青岛市采取的"积极扶持普惠性民办园"政策，为各地在如何引导民办园提供普惠性学前教育服务方面做出了有益探索。杭州市以乡镇中心园"公立化"为手段来构建"广覆盖、保基本"的农村学前教育体系，则为农村地区实现普及普惠的学前教育进行了初步尝试。

1. 陕西省：学前一年免费教育

学前教育一直以来都是我国各级各类教育体系中最为薄弱的环节。2010年，《教育规划纲要》的颁布，让全社会重新审视学前教育的基础性和重要性，国家出台了大力发展学前教育的相关政策。在这样的背景下，陕西省在全国率先实施了学前一年免费教育政策，赢得了广泛的支持与认可。

（1）实施民生工程和教育强省战略，为实施学前一年免费教育提供契机

陕西省经济、社会和教育发展在西北五省中一直处于领先地位，"十二五"期间，陕西省将全面实施民生工程，以人民最关心、最直接、最现

实的利益问题为重点，在"十一五"实施民生八大工程的基础上，提标扩面，不断开拓，全面推进促进就业、收入倍增、全民社保、教育提升、卫生健康、文化惠民、住房保障、消除贫困、改善环境、生产服务十大领域100类基本建设项目和政策性补助项目，着力构建符合省情、覆盖城乡、可持续的基本公共服务体系。其中，满足人民群众接受有质量的学前教育的需求成为政府着力解决的民生问题之一，也是陕西省省委省政府深入贯彻落实科学发展观的重大举措。

在各级政府重视和社会力量的积极投入下，陕西省学前教育事业发展初具规模，全省学前教育发展整体呈现出公办、民办幼儿园同步发展，相互促进的良好态势。从总体上来看，办园主体基本上是公办民办并举、民办多于公办的多元办园格局，但各级各类幼儿园发展不均衡。到 2010 年底，全省共有幼儿园 3928 所，其中公办园 771 所。由于政府投入有限，学前教育发展受到制约。从投入上来说，长期以来省、市县各级财政都把支持重点放在"两基"上，因此，对学前教育几乎没有稳定的经费投入。陕西省政府对约 81.9% 的民办幼儿园没有任何资金投入，对办园质量高的优质民办幼儿园也缺乏配套的奖励与激励政策，对社会力量办园的鼓励、扶持、奖励政策落实不够到位。调研发现，陕西省各地公办园收费政策多年未变，不能适应形势需要。一直以来，陕西省公办幼儿园实行的是省物价部门按照"分类评估，按质定价"原则制定的收费标准，其中最高为省级示范园，全日制每人每月 130 元，寄宿制每人每月 180 元，其他各类幼儿园收费标准依次降低，最低为未入类园，三类园和未入类园的全日制保教费分别为 55 元和 35 元，相当于省级示范园收费的 30.56% 和 26.9%[①]；而民办幼儿园收费标准则由物价部门根据办园成本核定。民办园收费大多数在每人每月 100—1500 元，其中，收费在 800—1500 元的园所数量约占民办园总数的 60%。公办园由于有财政拨款，教师队伍稳定，教育质量高，收费比民办园低，民办园实行自收自支，硬件条件和教师稳定性都不及公办幼儿园，收费却要高于公办园，从而导致优质公办园"入园难"和优质

---

① 陕西省公办幼儿园保教费标准（省物价局、财政厅、教委陕价费调发［1999］3 号）.

民办园"入园贵"等诸多社会反映强烈的问题。

可以看出，陕西省学前教育的发展水平与其社会经济发展水平已经不相适应，"入园难、入园贵"的问题亟待解决。在"两基"普及已经完成的基础上，陕西省将发展和普及学前教育作为政府民生工程之一，决定大力发展学前教育。在科学测算了陕西省经济承担能力，借鉴分析了国际类似经验之后，陕西省大步迈出了学前教育改革的步伐，提出并实施了"学前一年免费"政策。

（2）"一免一补"促进学前教育普及

自 2010 年以来，陕西省政府各职能部门发挥合力，从《陕西省学前教育三年行动计划（2011—2013 年)》（以下简称《陕西三年行动计划》）到"学前一年免费教育"，从新建幼儿园发展的宏观规划到城市新建居住区配套规划建设幼儿园的指导意见，陕西省出台了一系列发展学前教育的政策。

首先，陕西省提出要加快普及学前教育，构建学前教育公共服务体系，加强幼儿园教师队伍建设，加强学前教育管理，强化安全卫生保健工作，加大学前教育经费投入，完善体制，加强政府领导。明确提出"把学前教育纳入基本公共服务体系，从 2011 年秋季开始，逐步实施学前一年免费教育，到 2015 年，全省实现学前一年免费教育，普及学前两年教育，学前两年毛入园率达到 90%，学前三年毛入园率达到 85% 以上"[1]。

《陕西三年行动计划》进一步确立了全省学前教育发展指导思想、目标任务及工作要求。明确要求"2011 年 9 月全面启动学前一年免费教育；2012 年继续实施学前一年免费教育，完善政策措施，稳定保障水平；2013 年继续全面实施学前一年免费教育，进一步完善政策和保障机制，提高保障水平"。同时加大资金投入，陕西省每年安排 2 亿元学前教育经费（其中省级预算内计划投资和省财政专项资金各 1 亿元)，用于支持城乡幼儿园建设和学前一年免费教育，并要求各市、县（市、区）也设立学前教育

---

① 陕西省人民政府办公厅. 陕西省人民政府关于大力发展学前教育的意见（陕政发［2010］51 号).

专项经费用于该项政策的落实。

为积极贯彻学前一年免费教育政策，陕西省政府办公厅会同教育厅、财政厅及其他政府职能部门，出台《陕西省学前一年免费教育实施方案》（以下简称《免费实施方案》）和《陕西省学前一年教育助学金管理暂行办法》（以下简称《助学金管理暂行办法》），提出"一免一补"政策："一免"指免除学前一年在园幼儿的保教费，"一补"指对家庭经济困难的学前一年在园幼儿提供生活费补助。按照这两份文件的指示和要求，各市、县根据当地经济与教育现状，确定了市、县相应的实施办法和资助经费分担比例。

（3）建立学前教育经费保障体系，强力推进"学前一年免费教育"

在明确了"全面普及学前一年免费教育"发展目标与思路的基础上，陕西省政府各部门经过多方调研，了解陕西省学前教育发展现状，重点统计学前一年幼儿总数、学前一年入园率，教育厅与财政厅仔细测算免费教育所需资金，为在全省普及学前一年免费教育这项民生工程打下基础。

——全力调研，测算需求资金①

为落实《陕西三年行动计划》的文件精神，陕西省教育厅于 2011 年 3 月积极组织各部门人员深入陕西省各市县开展调研，了解全省学前教育事业发展的现状以及存在的问题。调研之后，教育厅及有关部门多次召开相关会议，商讨学前一年免费教育事宜。

根据 2010 年教育事业统计结果，截至 2010 年底，陕西省共有幼儿园（班）3928 所，其中：城市 822 所、县镇 668 所、农村 2438 所；公办幼儿园 711 所，占总数的 18.1%，民办幼儿园 3217 所，占总数的 81.9%。全省在园幼儿约 70.48 万名，其中学前三年在园幼儿 68.16 万名，毛入园率达 62.19%。

---

① 以下数据均来自：陕西省教育厅. 实施学前一年免费教育经费需求测算说明［Z］. 2011.

表 4 - 5　**2010 年陕西省学前一年在园幼儿分布**

地区	大班（人）	学前班（人）	总人数
城市	73850	5771	79621
县镇	67958	12238	80196
农村	106003	70795	176798
总计	247811	88804	336615

目前，陕西省公办园保教费按幼儿园类型分为五个标准，其中：示范园年生均 1300 元、一类园 900 元、二类园 700 元、三类园 500 元、未入类园 350 元。[①] 结合陕西省现行五类收费标准，按照"免除保教费后原运转水平不降低并略有提高"的原则，教育厅与财政厅商定：免除学前一年保教费以县为主组织实施，省财政统一按照全日制公办二类园现行收费标准，即每生每年 700 元测算，并按所需资金总量的 80% 对市县进行奖补。与此同时，制定了相应的资金分配办法。第一，免除学前一年幼儿保教费奖补资金分配办法。省财政以县为单位，采取人均财力、学前一年幼儿在园人数、学前一年毛入园率等因素进行测算，对人均财力 6 万元以下的县（区）给予奖励补助。人均财力超过 6 万元的县（区），由县（区）财政自行解决、予以保障。第二，补助家庭经济困难学前一年幼儿生活费分配办法。按照 2010 年在园幼儿人数、20% 资助面以及年人均 750 元（即每生每天 3 元，一年 250 天）的标准测算，所需经费由省与市县按 5∶5 比例分担。第三，建立学前教育公用经费保障体系。根据《陕西省人民政府关于大力发展学前教育的意见》精神，从 2011 年起对达到基本办园标准的各类幼儿园（含公办、民办、机关企事业单位以及其他社会力量办园）按在园的小中大班幼儿人数、每生每年 200 元的标准补助公用经费，所需资金由省与市县财政按 5∶5 比例分担，市县财政承担比例由各市结合实际情况合理确定，有条件的地方可视财力情况适当提高补助标准。对农村小学附设的学

---

① 参见：陕西省公办幼儿园保教费标准（省物价局、财政厅、教委陕价费调发［1999］3号）.

前班，省财政按每生每年 1000 元的标准补助公用经费。对各县（区）特殊儿童随班就读康复救援中心，省财政按每生每年 1500 元的标准予以奖补资助。

按照上述标准进行资金测算，2011 年陕西省学前一年免费教育资金，一免一补两项合计年需资金 28610 万元，2011 年秋季需 14306 万元，其中省级 2011 年需承担 10688 万元。另外，2011 年省级财政投入 1.57 亿元为公办园和民办园拨付公用经费。据统计，2011 年全省学前教育支出为 33.25 亿元，占全省教育经费总支出的 4.18%。

表 4 - 6　2011 年学前一年免费教育资金预算

	省与市县资金分担比例	人数（万）	省财政分担年资金（万元）	省财政分担秋季资金（万元）	年需资金（万元）
"一免" 资金	8 : 2	33.66	18850	9425	23563
"一补" 资金	5 : 5	6.73	2524	1263	5047

——落实政策，启动免费计划

根据《免费实施方案》的工作内容，陕西省上下强力推动，从 2011 年秋季学期起，对在公办园（包括政府、政府有关部门、国有企事业单位及村民自治组织利用国家财政性经费举办或参与举办的幼儿园）就读的学前一年幼儿免收保教费[①]，对在民办园就读的学前一年幼儿按照同级同类公办园免费标准减收保教费。同时，对学前一年家庭经济困难幼儿补助生活费。

学前一年免费教育的落实坚持以"加强组织领导，落实部门责任"为原则，参照农村义务教育保障机制，实行属地管理、各级各部门分工负责。陕西省教育厅负责具体组织实施，省财政厅负责测算并落实省级奖励经费；各市、县（市、区）人民政府负责制定切实可行的实施方案，落实

[①]　目前陕西省学前一年免费教育免除的是学前一年教育的保教费，而代办费不在此列。保教费是指幼儿在园期间所需的保育及教育费用，主要用于幼儿园的基建维修、设备购置、人员经费、公务费及业务费等开支，以维持幼儿园的正常运转及改善办园条件。代办费是指为幼儿在园期间提供方便而代收代管的费用，包括伙食费、体验费、疫苗费、日用品等用于幼儿个人的费用。

资金，并做好区域内幼儿园学前一年免费教育工作。对以下与资金使用、管理和监督有关的方面，在政策上进行了规定。

其一，省级资金使用与分配。

2011 年省级安排学前一年免费教育补助资金 4 亿元，其中按补助家庭经济困难学前一年幼儿生活费分配办法，需安排资金 1262 万元，剩余 8737 万元，按免除学前一年幼儿保教费奖补资金分配办法，对人均财力 6 万元以下的县（区）给予奖励补助。各区市、杨凌示范区具体分配情况见表 4 - 7。

表4 - 7　陕西省学前一年免费教育资金各地市分配表

（单位：万元）

城市	西安	铜川	宝鸡	咸阳	渭南	汉中
资金	688.02	328.38	1277.79	1439.23	1335.30	1260.85
百分比	6.88	3.28	12.78	14.39	13.35	12.61
城市	安康	商洛	延安	榆林	杨凌	
资金	1181.57	725.96	607.56	1059.12	96.22	
百分比	11.82	7.26	6.08	10.59	0.96	

【数据来源】陕西省教育厅. 实施学前一年免费教育经费需求测算说明［Z］. 2011.

其二，市、县级资金分担。

《免费实施方案》发布后，各市、县政府立即开展学前一年免费教育工作，自行制订各市、县的实施方案；根据各市、县财政的实际情况，各市、县对"一免一补"资金分担比例也做出不同的规定。《西安市学前一年免费教育实施方案》规定，"一补"资金由省与市、区县按 5：5 比例分担。市与区县分担部分，市级与新城区、碑林区、莲湖区、灞桥区、未央区、雁塔区、阎良区、长安区、高陵县和沣渭新区按 6：4 的比例分担，与临潼区、蓝田县、户县、周至县按 7：3 的比例分担。① 《宝鸡市学前一年免费教育实施办法》则规定"一免"资金由省、市、县按 8：1：1 的比例

① 西安市政府办公室. 西安市学前一年免费教育实施方案（市政办发［2011］143 号）［EB/OL］. http://www.xa.gov.cn/zwgk/content/content_ zwzy2912484_ 1.htm.

分担，"一补"资金分担比例为5：2：3。①《榆林市学前一年免费教育实施意见》规定：南六县承担"一免一补"资金，市与县的比例为8：2，榆阳区市与区承担比例为5：5，横山县市区承担比例为4：6，神木、府谷、靖边、定边四县由县级财政承担。②

其三，补助资金的管理与监督。

为配合《免费实施方案》的实施，加强学前一年教育资助资金的管理，陕西省财政厅相应出台了《助学金管理暂行办法》，规定了学前一年教育助学金的资助标准、资助范围、申请与评审，以及助学金的发放、管理和监督等程序。

《助学金管理暂行办法》规定：学前一年教育助学金的资助标准是每生每年750元，资助名额原则上不低于全省学前一年在园幼儿总数的20%。幼儿家庭于每年9月30日前向评审小组（由幼儿园园长、保育员和幼儿家长代表组成）提交《家庭经济困难幼儿生活补助申请表》及相关材料，提出正式申请，评审小组认真审评并予以公示。同时要求幼儿园每年11月15日前将当年学前一年教育助学金政策的落实情况报同级教育、财政部门备案。后期助学金的发放按补助标准以餐票、"代金券"等形式直补到人，并由幼儿家长签字认领，不得以现金、实物或服务等形式抵顶或扣减补助资金③。严格的申请、评审及资金发放程序，保障了家庭困难幼儿享有平等接受学前教育的机会和权利。

资金监督与检查是衡量政策落实的一项重要指标，因此，《免费实施方案》要求各级教育督导部门把学前一年免费教育作为教育督导的重要内容，强化监督检查力度。各级教育、财政、物价、审计、监察部门要加强对幼儿教育经费安排使用和教育收费的监督检查。同时，建立监督制度，设立监督举报电话，加强对幼儿园收费情况的监督和管理。为了保障适龄

---

① 宝鸡市政府办公室. 宝鸡市学前一年免费教育实施办法（宝政办发〔2011〕127号）〔EB/OL〕. http://zwgk.baoji.gov.cn/0/104/8685.htm.

② 榆林市政府办公室. 榆林市学前一年免费教育实施意见（榆政办发〔2011〕78号）〔EB/OL〕. http://www.yl.gov.cn/0/1/4/77/163/18019.htm.

③ 陕西省财政厅. 陕西省学前一年教育助学金管理暂行办法（陕财办教〔2011〕172号）.

幼儿接受学前教育，《免费实施方案》要求加大经费投入，提高资金效益。各市、县（市、区）人民政府新增教育经费要向学前教育倾斜，逐年提高预算内学前教育支出占整个教育支出的比重。要加强资金管理，学前一年免费教育省级补助资金直接拨付到县（市、区），即由省财政通过省级财政零余额账户直接拨付到县（市、区）设立的中省专项转移支付资金特设专户。各地要统筹资金使用，建立健全幼儿园预算编制制度和预算资金支付管理制度，确保资金规范有效使用。①

"一补"是整个免费教育政策的一个重要部分。开展"一补"工作要求实行园长负责制，指定专门机构，确定专职人员，具体负责此项工作。各级财政、教育部门和幼儿园要切实加强家庭经济困难学前一年幼儿助学金的管理，严格执行国家财政法规和相关管理办法的规定，对助学金实行分账核算，专款专用，同时接受财政、审计、纪检监察、主管机关等部门的检查和监督。对于挤占挪用资金、弄虚作假套取资金等行为，按照《财政违法行为处罚处分条例》（国务院令第 427 号）有关规定严肃处理。②

——大力宣传，推进惠民政策

为做好相关政策宣传，让全社会尤其是幼儿园师生和家长了解陕西省实施学前一年免费教育的重大意义、主要内容、实施步骤、经费分担和有关保障措施，使党和政府的惠民政策家喻户晓、深入人心，2011 年 8 月初，陕西省教育厅编制、印发《陕西省实施学前一年免费教育工作宣传提纲》，要求各相关部门积极做好政策宣传工作，及时组织开展宣传活动，为政策的实施营造良好的舆论氛围。

2011 年秋季学期开学初，西安、宝鸡等地市教育局印发了《学前一年免费教育政策宣传提纲》，幼儿园通过标语、横幅、挂图、专栏、网络等形式，向社会深入宣传免费政策，为确保学前一年免费教育工作的顺利开展创造良好的群众基础，并自觉接受人民群众对教育工作的监督。在政策实施过程中，有关市、县的教育局、物价局等相关部门对个别幼儿园未及

---

① 陕西省政府办公厅. 陕西省学前一年免费教育实施办法（陕政办发〔2011〕60 号）.
② 陕西省财政厅. 陕西省学前一年教育助学金管理暂行办法（陕财办教〔2011〕172 号）.

时免除保教费的行为都认真、严肃、及时地给予纠正。

（4）学前教育普及程度大幅提高，继续推进免费政策的全面落实

陕西省政府学前一年免费教育政策下达后，各市高度重视，迅速落实，将学前一年免费政策列为民生工程的重要内容，学前教育的发展取得显著成效，得到了国家的肯定和群众的赞扬。

——学前教育普及程度大幅提高，"入园难"、"入园贵"问题有效缓解

第一，学前教育经费大幅增加，学前教育普及率显著提高。陕西省级财政加大学前教育经费投入。2011 年省本级安排 4 亿元，市、县安排专项经费 23.2 亿元，使学前教育经费投入占教育经费总投入的 5%。2011—2012 上半学年，陕西省财政下达省级专项补助 10687.41 万元。除此之外，陕西各市、县也相继增加了学前财政经费投入，学前教育经费所占比例迅速提升。例如：延安市 2010 年全市学前教育总支出为 1.5 亿元，其中预算内学前教育经费为 1.1 亿元，占预算内教育总经费的 3.7%；2011 年全市幼儿园建设规划投入资金为 5.35 亿元，预计全市财政性学前教育经费投入超过财政性教育总经费的 5%。西安市 2011 年新建、改扩建公办幼儿园 51 所，预计投资 3.57 亿元；市财政连续每年投入 1 亿元，专门设立民办、企事业办园专项扶持资金，给予一次性奖补。①

截至 2011 年底，陕西省有各级各类幼儿园 5499 所，比上年增加了 1571 所，其中公办园 1187 所，所占比例从 2010 年的 18.1% 提高到 21.6%。在园幼儿 97.66 万人，比上年增加了 27.18 万人，学前三年教育毛入园率达 80.14%，比上年提高了 17.95 个百分点，学前一年在园幼儿（含学前班）37.7 万人，毛入园率达 87.4%，比上年提高了 11.8 个百分点。

---

① 数据参见：关于报送陕西省学前教育三年行动计划推进情况的督查报告（陕教字［2011］179 号）.

表 4 – 8　　**2010 年与 2011 年幼儿园发展数据对照表**

年份	园所总数（所）	公办园数（所）	在园幼儿数（万人）	学前一年在园幼儿数（万人）	学前一年毛入园率（%）	学前三年毛入园率（%）
2010	3928	711	70.48	33.66	75.6	62.19
2011	5499	1187	97.66	37.7	87.4	80.14

第二，"一免一补"政策落实情况良好，"入园难"、"入园贵"问题有效缓解。2011 年 8 月初，陕西省财政拨付了省级专项补助 10687.41 万元，各市、县共免收学前一年保教费用 9698.33 万元，同时为家庭经济困难的 6.73 万名幼儿共提供 3154.09 万元的伙食补助。从当年 9 月 1 日起，全省共免除 33.66 万名幼儿的保教费（其中幼儿园大班 24.78 万人，学前班 8.88 万人），为 6.73 万名家庭经济困难幼儿发放生活补助，覆盖全省 3928 所幼儿园，覆盖面达到 100%。西安市自 2011 年秋季学期起，共拨付学前一年免费教育省、市补助资金 2113.27 万元，7.02 万名幼儿享受免除保教费政策，1.40 万名幼儿享受生活费补助政策，拨付学前教育公用经费 3560 万元。学前一年免费教育政策在全省 10 地市基本落实，各市、县及时实施学前一年免费教育政策，开局良好，并取得了阶段性成果，经过一年的努力，陕西省学前教育"入园难、入园贵"问题得到有效缓解。

——进一步完善相关政策，推进学前一年免费教育政策的全面落实

2011 年，陕西省学前一年免费教育政策已经取得了初步成效，省教育厅及各市教育局相继作出下一步的安排和部署，以保证这一政策的顺利实施。

首先是进一步加大投入，保障免费教育政策全面落实。陕西省将进一步加大学前教育投入力度。要办好学前教育，必须建立保障有力的长效投入机制。陕西省要求各级政府把学前教育经费列入财政预算，并逐年提高其占教育经费的比重，逐步达到 2011 年提出的 5% 的目标。

其次是加强全省学前教育信息管理系统建设与管理。2012 年秋季学期

开学前初步建立起的全省学前教育信息管理系统，与计生、公安、财政、卫生、统计等部门的网络实现互联互通、信息共享。要求各地认真做好学前教育相关数据的采集、更新和维护工作，把幼儿园和适龄儿童的基本信息全部录入，杜绝"吃空饷"的现象，使学前一年免费教育实施更加科学、透明、高效。

（5）政府高度重视和落实经费保障是实施学前免费教育的前提

陕西省作为我国西北地区经济欠发达的省份之一，能以如此大的决心和信心来完成学前一年免费教育的工作，证明了大范围地普及学前教育有赖于政策的稳步落实、政府和社会力量的支持。

——政府高度重视，省份上下联动

陕西省委省政府要求加快普及学前教育，提高教育公共服务的均等化水平，强调要积极推进学前一年免费教育、两年普及教育，力争三年内每个县城至少有两所、每个乡镇都有一所公办标准化幼儿园，基本解决入园难问题。省政府先后制定了《陕西省人民政府关于大力发展学前教育的意见》、《陕西三年行动计划》以及《免费实施方案》等文件，落实各级政府责任，加快普及学前教育。2011 年 9 月，在全省贯彻落实全国学前教育三年行动计划推进会电视电话会议上，省政府进一步提出了发展学前教育的十大举措，对加快学前教育发展起到了极大的推动作用。一年来，各市立足实际，科学制定学前教育三年行动计划，真正把发展学前教育作为重大民生工程来抓。陕西省各级政府均建立了学前教育联席会议制度，成立了学前教育工作领导小组，统筹实施学前教育三年行动计划。省教育厅专设基础教育三处，部分市县教育行政部门也设立了学前教育管理科室。省委省政府把学前教育纳入市级党委、政府目标责任考核，分季度督办。省教育厅与各市教育行政部门签订了目标责任书。全省迅速形成了党委政府高度重视、强力推动，相关部门各司其职、密切配合，全社会广泛关注和大力支持学前教育发展的良好氛围。

——科学测算资金，保障经费投入

陕西省实施学前一年免费教育政策的前提是需要对学前一年免费教育所需资金量进行科学合理的测算，并且有足够的资金支持学前一年免费所需要的财政拨款。陕西省在制定和实施学前一年免费教育政策之前，组织相关人员对陕西省的在园儿童数以及适龄儿童人数变化状况、政府财政承担能力、各区县财政状况等情况进行了深入的调研和测算，而后才在科学、严密论证的基础上提出并实施学前一年免费教育。为了保证学前一年免费教育所需要的经费，陕西省将学前教育纳入财政预算并保障投入的一定比例（5%），从中拨付一定比例用于学前免费教育。积极支持幼儿园从事业收入中提取一定比例经费，是有效突破学前一年免费教育资金缺口的有力保障。扩大学前教育投入来源并确保其稳定性，是国际和中国地方学前教育事业发展的有益经验。

——创新管理体制，加强管理监督

陕西省学前一年免费教育政策的有效实施，对教育行政部门的学前教育管理工作提出了很高的要求，从政策的制定到经费的测算，再到政策执行过程中监督经费是否到位以及使用是否规范有效等，都需要学前教育管理部门负责组织。鉴于学前教育管理体制不顺、机制不全的实际情况，陕西省充实了各级学前教育行政管理机构和人员，制定了相关的规范来专项管理和使用学前一年免费教育经费，使各级教育行政系统中有专门的负责机构和专职管理人员来推行、落实这一政策。

2. 杭州市：学前教育财政保障与生均补助①

杭州市政府所实施的学前教育成本分担和生均补助政策取得了良好的效果，在促进杭州市学前教育发展的同时，也在全国范围内引起了广泛关注。作为对学前教育投入体制机制的一种创新性改革与探索，杭州市的经验对其他地区也有很强的启示意义。

（1）对学前教育均衡优质发展的追求成为学前教育发展的新契机

杭州市是浙江省的省会城市，下辖8个区、3个县级市和2个县。改革开放以来，杭州市紧抓经济发展良好契机，经济发展各项指标始终位居全国前列，人均国民生产总值已达到中等发达国家水平。经济的强劲发

---

① 除特别注明外，案例中的相关政策均来自杭州市政府网、杭州市人大网、余杭区政府网、余杭教育网等相关网站。

展，为杭州市教育的发展提供了良好的人力、物力和财力基础。2011 年，杭州市学前三年幼儿入园率达到 98.5%。

受第四次人口生育高峰的影响，加上非杭州市户籍人口大量涌入，杭州市人口不断增长。人口出生规模在"十一五"和"十二五"期间逐步进入一个高峰期，"十二五"期间将达到峰顶。2011 年末，全市常住人口873.8 万人，比上年末增加 3.26 万人，全市人口出生率为 10.16‰，人口自然增长率为 4.64‰。[①] 人口的不断增加使得市民对学前教育的需求不断增长。同时，经济社会的快速发展使得市民越来越关注自己孩子的教育，在杭州已经有效解决义务教育和高中教育发展的相关问题后，人们把关注点投向了提高学前教育的水平上。于是，加快学前教育均衡优质发展成为重要的民生问题。这两者共同作用，为杭州市学前教育的发展带来了新的挑战。

"十二五"时期，是杭州市深入实践科学发展观，共建共享"生活品质之城"，全面建成惠及全市人民小康社会的重要时期。建立新的学前教育保障机制，不仅有利于加快杭州学前教育均衡优质发展，有利于缓解社会呼声强烈的"入园难、入好园难"等民生问题，更有利于弥补杭州教育体系的短板，使杭州教育发展更加均衡，教育综合竞争力更强。2011 年末，杭州市政府陆续出台多项法律和政策文件，逐渐构建起较为完善的学前教育公共服务体系，为杭州市学前教育事业的均衡优质发展提供了坚强的保障。

（2）保障学前教育财政投入，实施生均补助

学前教育的经费保障一直是杭州市政府工作的重点。近年来，杭州初步建立了"政府主导、区县为主、乡镇分担、社会参与、家长缴费"的学前教育经费保障机制，在学前教育财政投入、专项资金的设立、学前教育投入渠道的拓展、生均经费和教育资助制度等与学前教育经费相关的方面出台了一系列政策。

---

① 杭州市统计局 . 杭州市 2011 年国民经济和社会发展统计公报 ［EB/OL］．（2012 - 02 - 23）. http://www.hangzhou.gov.cn/main/zjhz/tjsj/T388835.shtml.

——明确各级财政投入职责和范围

为了使各部门切实承担起发展学前教育的职责，保障发展学前教育所需的各项经费真正落实到位，《杭州市委市政府关于加快推进学前教育均衡优质发展的若干意见》（以下简称《杭州市若干意见》）规定，"学前教育投入以区、县（市）财政为主。各区、县（市）要将学前教育经费列入政府财政预算，新增教育经费向学前教育倾斜。要统筹落实学前教育经费投入各项政策和幼儿园教师待遇，提高生均公用经费，加快公办幼儿园建设，加大对民办幼儿园的扶持力度。市财政采取以奖代拨、以奖代补等形式，加大经费扶持力度"。杭州市要求各级政府统筹本行政区域的学前教育经费保障工作，将学前教育纳入公共财政的保障范围，加大各级财政投入，提高保障水平。

——设立学前教育专项资金

2007 年起，杭州市财政每年安排学前教育专项经费 500 万元，通过以奖代拨的方式，支持学前教育发展。[①] 杭州市政府为加快本市学前教育改革与发展，全面提升学前教育整体发展水平，规定"十二五"期间全市各级财政要设立杭州市学前教育专项资金。为规范专项资金使用和管理，提高资金使用效益，杭州市于 2010 年制定了《杭州市学前教育专项资金管理办法》（以下简称《资金管理办法》），规定专项资金来源为：预算内教育事业费、地方教育附加费、土地出让收入提取。专项资金的使用管理要体现市与区、县（市）相结合，公办、民办幼儿园一视同仁，兼顾教师待遇与建设配套标准逐步到位的原则，加大对普惠性民办学前教育机构的扶持力度。各区、县（市）采取补存量和补增量相结合的办法，在自有财力允许范围内，遵循原则，统筹兼顾，确保资金落实到位。专项资金使用范围主要包括：建设资金、租赁资金、开办资金、教师待遇资金补助和奖励。

——落实预算内生均公用经费

早在 2006 年，杭州市政府就提出了区县（市）、乡镇在同级教育事业

---

① 沈伟红. 杭州设立专项经费每年 500 万重奖学前教育［N/OL］. 钱江晚报，2007 - 04 - 05. http://edu.zjol.com.cn/05edu/system/2007/04/05/008308970.shtml.

费中安排一定比例的学前教育事业经费，并将其列入财政预算，做到逐年增长。各区学前教育事业经费达到同级教育事业经费的5%以上，县（市）达到3%以上。除此之外，"2010年5月19日，由杭州市人事局、教育局、财政局和13个区、县（市）和管委会负责人参加的座谈会讨论，建议杭州市委市政府从全市土地出让金中提取0.5%用于学前教育投入，按照杭州市每年大约1000亿土地出让金算，仅这笔费用就有5亿元，用这笔钱提高非在编教师待遇，解决同工不同酬的现状"①。

杭州市和区、县（市）人民政府负责制定和落实学前教育生均公用经费制度。学前教育生均公用经费列入政府当年财政预算，并参照所在地小学预算内生均公用经费标准，逐步提高，扩大覆盖面。

——完善教育资助制度

杭州市自2008年起，每年进行一次学前教育强县和达标县评估工作，要求各"达标县"建立低保家庭和困难家庭子女入园教育资助券制度，其资助金额不低于同等级公办幼儿园保育费的50%，并统一纳入中小学教育资助券专项资金。《杭州市若干意见》也规定：在市属及市属以下公办幼儿园接受教育，持有效期内《杭州市困难家庭（低保家庭、农村低保家庭、困难家庭）救助证》家庭的子女享受教育资助额标准为其就读幼儿园保育费50%以上；在民办幼儿园接受教育，其所在幼儿园保育费收费标准高于甲级幼儿园的持证家庭子女，按甲级幼儿园保育费50%的标准予以减免；幼儿园保育费收费标准低于甲级幼儿园的持证家庭子女，按其实际保育费的50%予以减免。残疾儿童享受保育费全免待遇，发展残疾儿童学前康复教育。

（3）构建具有自身特色的财政投入和生均补助政策——以余杭区为例

余杭区的学前教育起步较早，发展较为迅速，目前，已基本普及学前三年教育，成为杭州市学前教育强区。近几年，在认真总结国内外教育经验的基础上，结合自身发展实际情况，该区逐步形成了具有自身特色的学

---

① 成效伟，沈兰. 杭州教育局长：土地出让金千分之五投入学前教育［EB/OL］. （2012 - 01 - 16）. http://www.chinanews.com/edu/2012/01 - 16/3608960.shtml.

前教育财政投入和生均补助体系。

——相关部门合作，县乡共同筹措经费

余杭区政府成立了学前教育工作领导小组，联合教育、财政、建设（规划）、国土、发改（物价）、卫生、人事（编委办）、劳保、民政、综治、公安、消防、工商、质检、安监、食监、妇联、残联等部门和余杭经济开发区、各镇乡（街道）为成员单位，并建立成员单位联席会议制度，定期通报、协调、解决全区学前教育事业发展中出现的问题；各镇乡（街道）成立相应的工作小组，切实加强对辖区学前教育工作的领导。[1]

为使各级政府履行好自身在学前教育工作中应尽的责任和义务，不断健全"地方负责、分级管理、部门分工合作"的学前教育管理体制，统一学前教育的财权和事权，余杭区根据实际情况，规定由区和镇乡两级预算安排经费，镇乡（街道）应每年安排相应的配套经费，用于发展该地区学前教育事业。公办园（含分园和教学点）新建、改建和较大规模的园舍维修，所需经费单独列入财政预算，按区财政和乡镇财政1∶1的比例来安排建设经费，由镇乡统一安排。

——区镇两级联动，落实预算内生均公用经费

余杭区规定区和镇乡（街道）财政性学前教育事业经费中应安排一定比例的幼儿园生均公用经费，做到逐年增长；实行区镇两级联动，统筹落实区镇两级学前教育经费投入的各项政策，提高生均公用经费补助标准，大幅度增加对公办园建设的投入，并加大对民办园的扶持补助力度。2011年，区级财政安排公办园（含分园、教学点）及年审合格的民办园生均公用经费将不少于100元/生/年，按隶属关系，各镇乡（街道）按不低于1∶1的比例配套投入（其中民办园配套投入部分由区教育局考核后以奖代拨）[2]；计划至2015年，区和镇乡（街道）安排的幼儿园生均公用经费达到小学生均公用经费的1/2以上。

---

① 朱卫民，姚永安，等．余杭区出台学前教育1+4新政［EB/OL］．（2011-05-18）．http://www.eyh.cn/class/class_37/articles/84410.html.

② 朱卫民，姚永安，等．2011年学前教育走进了春天里［EB/OL］．（2011-12-28）．http://www.eyh.cn/class/class_37/articles/114357.html.

　　——实施生均补助，促进地区内均衡发展

　　2006 年起，余杭区就实行了对全区包括民办园在内的注册幼儿园生均公用经费补助政策，并逐年提高补助标准，2009 学年达到每生每年 140 元。至 2009 年底，全区民办园生均公用经费补助总额已达 160 余万元。[①] 同时，余杭区建立了帮困助学机制，至 2009 年，全区共有 835 名困难家庭子女享受了同等级公办幼儿园保育费 50% 标准的资助，累计资助金达 47.11 万元；2008 年起，余杭区区级财政每年安排学前教育设备补助专项经费 200 万元，主要用于镇乡（街道）中心幼儿园、经济相对薄弱的农村幼儿园教玩具添置的补助。每年由镇乡（街道）统一上报，教育部门核准，按总金额的 50% 比例给予补助，经济相对薄弱的镇乡给予一定的政策倾斜，镇乡（街道）也设立学前教育专项经费。市级政府按以奖代拨的形式，凡评上"学前教育先进乡镇"的，补助 10 万元。在地方教育附加中按不少于 20% 比例安排学前教育专项资金，在土地出让收入中按不少于 0.5% 的比例提取农村学前教育补助资金。2009 年，全区学前教育专项补助经费达 2760 万元。

　　——规范幼儿园收费，减轻家长负担

　　在落实了各级政府经费分担责任的同时，余杭区政府根据当地经济、交通、群众的承受能力，以及幼儿园提供的教育质量及教学设施等制定了合理的收费标准。2006 年，余杭区教育局、物价局、财政局联合发出关于改革和规范幼儿教育收费管理的通知，规定了幼儿园的收费标准，保育费实行按等级收费，收费标准为：日托班甲级幼儿园每人每月 375 元，乙级幼儿园每人每月 250 元，丙级幼儿园每人每月 180 元，丁级幼儿园每人每月 100 元，未定级幼儿园每人每月 60 元，分园和教学点大部按丙级幼儿园的标准来收费，幼儿园收费因此有章可循，个人可以根据各自的经济承受能力和需要来选择幼儿园。

　　——加大扶持力度，促进民办园发展

　　近年来，余杭区政府加强对民办幼儿园的扶持指导和规范管理。坚持

---

　　① 余杭区教育局. 余杭：扶植民办幼儿园建设，促进学前教育发展［EB/OL］.（2010 - 03 - 02）. http://hwyst. hangzhou. com. cn/rdry/jqgsxqjy/content/2010 - 03/02/content_3080383. htm.

政府主导、社会参与、公办民办并举的办园体制。鼓励社会力量在经济发达、人口集聚的城镇，举办上档次、上规模的民办园和利用符合条件的场所开办规范幼儿园；积极扶持面向大众、收费较低的普惠性民办园发展；加大对民办园的扶持力度，在确保民办园在建设用地、立项、减免税收和建设规费等方面享受与公办园同等待遇的同时，对民办园的标准化建设（含新建、置换、收购、改造和租赁等）给予扶持，对落实民办园教师待遇和生均公用经费给予补助，对新评上省一、二级的民办园给予奖励。加强对民办园保教工作的管理、指导和服务，完善等级管理制度和年度考核制度。

（4）学前教育投入逐年增加，进一步推进学前教育均衡优质发展

杭州市学前教育财政投入保障机制和生均补助政策已经取得了一些初步成效。同时，杭州市也将继续在实施的过程中不断完善学前教育投入政策，进一步推进杭州市学前教育向均衡优质的方向发展。

——学前教育投入逐年增加，学前教育事业得到有力促进

第一，学前教育财政投入大幅增加。随着杭州市"政府主导、区县投入、乡镇分担、社会参与、家长缴费"的学前教育经费保障机制的初步建立，从2005年开始，市和区、县（市）加大对幼儿教育的投入，在财政性教育经费预算中安排学前教育经费，并做到逐年增长、专款专用，保障了公办园的正常运转及教职工工资、安全和培训等所需资金的落实。同时还积极筹措经费，扶持城乡结合部、乡镇中心幼儿园和农村规范幼儿园建设。2007年市本级财政安排学前教育专项经费500万元，2009年增至1000万元，通过以奖代拨的方式，支持全市学前教育发展。各区、县（市）也结合实际，纷纷加大了对学前教育的财政投入力度。

第二，幼教师资队伍日益稳定。受惠于杭州市政府推出的一系列政策，学前师资的数量和质量都得到了极大提升。目前，杭州市幼儿园教职工中有事业编制的教职工占总数的20.3%，名列全省前茅。在全市幼儿园教师中，学历合格率达到了98.8%，大专及以上学历的教师已经占到71.1%；教师资格证持有率为74.4%。2009年，杭州市非在编教师人均年收入达4.1万元，约为在编教师人均年收入的75%，幼儿园教师"同工不

同酬"的问题得到了较好解决。

第三，弱势群体子女权益得到有效保障。每年开学时，符合条件的资助对象向幼儿园提出书面申请，提交低保证、残疾证或孤儿证明等有效证件，由幼儿园进行审核汇总，并上报所在市、县（市、区）教育及财政部门。市、县（市、区）教育及财政部门审核确认后，按同级财政部门预算管理和财政资金支付管理的规定，向幼儿园拨付补助资金。鉴于民办园接收了弱势群体子女（低收入阶层子女、外来务工人员子女）中的大部分，因而对于"面向大众，收费较低"的民办园进行资金和政策扶持，让这部分人群得以直接受益。杭州市还明确了进城务工人员子女入园的条件、保障措施等，切实维护了进城务工人员子女的正当权益，确保了进城务工人员子女在日常教育教学中享有本市儿童同等待遇。

第四，欠发达地区的学前教育事业得到有力促进。依照新制定的专项资金扶持标准，市级财政向五县（市）转移支付补助，主要用于平衡从事学前教育教师提高待遇（包括工资福利、社会保险、住房公积金）等方面的资金缺口。在落实学前教育各项政策的前提下，对五县（市）足额筹措学前教育经费用于保障学前教育教师提高待遇的新增资金不足部分，由市级财政补助50%。五县（市）提前100%落实从事学前教育教师待遇等各项政策，提前到位的资金加成10%补助。

——继续加大投入和完善生均资助政策，推进学前教育均衡优质发展

第一，拓宽学前教育经费投入渠道，增加预算内学前教育事业费支出。杭州市将逐步提高各区、县（市）学前教育事业费在教育事业费中所占比例，各区学前教育事业费达到同级教育事业费的8%以上，五县（市）达到5%以上。在地方教育附加中按20%的比例安排学前教育专项资金。在土地出让收入中按0.5%的比例计提农村学前教育补助资金。另外，乡镇（街道）每年要安排足够的配套经费，用于举办公办幼儿园、扶持民办幼儿园、提升幼儿园整体办学水平，具体比例由各区、县（市）自行确定。为防止调整学前教育支出比重后对其他各类教育投入的影响，教育经费缺口较大的区、县（市）财政应另筹资金补充教育经费。

第二，增加学前教育专项经费，加大对学前教育的扶持和奖励力度。

一是在落实学前教育各项政策的前提下，对五县（市）足额筹措学前教育经费用于保障学前教育教师提高待遇的新增资金不足部分，由市财政补助50%。二是对全市幼儿园标准化建设改造项目按规模（班级）给予一次性建设资金补助，其中新建、置换（收购）和改造幼儿园按新增班级数，每班补助建设资金6万元；改造后达标的幼儿园每班补助建设资金3万元。补助所需资金由市、区（县、市）两级财政按照各50%的比例落实。三是对全市新办幼儿园按每班2万元标准给予一次性开办资金补助，补助所需资金由市、区（县、市）两级财政按照各50%的比例落实。四是对全市租赁场地举办的幼儿园，从2011年起，连续5年给予办学补助。补助标准按所在地房屋租赁标准核定，每班最高不超过2万元，用于改善办学条件和弥补办园场地租赁经费不足。补助所需资金由市、区（县、市）两级财政按照各50%的比例落实。五是在市级专项资金中单列奖励资金，用于对学前教育达标区、县（市）和强区、县（市），学前教育达标乡镇（街道）和先进乡镇（街道），新评上高一等级幼儿园，市农村示范中心幼儿园，标准化幼儿园建设优秀区、县（市）和乡镇（街道），教玩具配备达标幼儿园等的奖励。

第三，落实预算内生均公用经费，完善幼儿园生均公用经费投入机制。市政府在逐年提高拨付标准的同时，学前教育预算内生均公用经费逐步向民办幼儿园覆盖。2011年，学前教育预算内生均公用经费达到当地小学预算内生均公用经费1/3以上，基本覆盖各类幼儿园；按照到2015年学前教育预算内生均公用经费达到当地小学生标准1/2以上并实现全覆盖的目标，逐步提高学前教育生均公用经费标准，扩大覆盖面。

（5）政策完善和资金充足是学前教育财政投入和生均补助政策的保障

杭州市政府所构建的"政府主导、区县投入、乡镇分担、社会参与、家长缴费"的学前教育经费投入政策，依靠的是较为完善的政策体系和充足的资金保障。这种政策的构建和实施需要关注以下几点。

——政府对学前教育经费投入责任的落实和投入体制的完备是前提

各级政府对学前教育财政投入责任的落实是构建学前教育成本分担机制的前提性条件。但在目前的情况下，各级政府对学前教育财政投入的责任还有缺失。即使是已经实施了成本分担机制的杭州市，2006 年全市学前教育事业经费只占财政预算内教育经费的 2.2%，有的区、县（市）还不足 1%，个别甚至为 0。近几年市和区县（市）两级虽然加大了投入力度，但是还远远不够。2009 年，仅富阳达到了学前教育事业经费占同级教育事业经费 5% 的比例要求，其余区县（市）都没有达到。部分区县（市）的学前教育事业经费、农村幼儿生均公用经费和幼儿园建设专项经费及配套奖励经费还没有完全落实。

此外，投入体制的完备也是学前教育成本分担实施的必要保障。目前的学前教育经费投入体制难以实现可持续发展。即使是针对公办幼儿园，很多地区的政府和举办单位也只是对其实施了差额拨款，只拨给教师部分工资，没有公用经费。其园舍维修费、教师差额部分工资与福利、设备设施费用，均来源于办学收费，而多数民办园更是要靠收费来维持。另外，幼儿园的两极化趋势仍然十分凸显，这些都不利于学前教育机构的改革与发展。

——提高资金使用效率是生均补助政策得以可持续实施的保障

杭州市专门出台了《杭州市学前教育专项资金管理办法》等文件来规范学前教育资金的使用管理。总的来说，学前教育资金的利用应该更加倾向于"雪中送炭"而不是"锦上添花"，继续通过财政转移支付等手段，将有限的资金更多地使用到学前教育发展薄弱的地区，加大对弱势群体的补助，确保学前教育服务的"普遍惠及"、"共同享有"。同时，还要加强资金监管，确保专款专用。杭州市制定实行困难家庭子女、孤儿、残疾儿童学前教育资助制度，对这部分儿童上幼儿园进行补助或减免。在完善教育资助制度的同时，政府还大力发展面向城乡贫困家庭和低收入家庭儿童、流动儿童及留守儿童等各类困难群体的公办幼儿园，使农村和城市低收入家庭、贫困家庭儿童能够享有一定质量的学前教育。这是学前教育成本分担和生均补助政策可持续实施的保障。

3. 青岛市：积极扶持普惠性民办园

近年来，青岛市着力采取各种措施优化学前教育资源配置，以尽快满足适龄幼儿接受有质量的学前教育的需求。其中，最重要的举措之一就是在大力发展公办幼儿园的同时，积极扶持普惠性民办园的发展，引导民办园提供公益普惠的学前教育服务。

（1）构建公益普惠的学前教育发展新格局是学前教育发展的新目标

青岛市是国家计划单列市、副省级城市，现辖7区5市，近年来逐步形成了港口、品牌、旅游、海洋科技的鲜明特色。在推动经济发展的同时，青岛市社会事业发展成效显著，以提高人人享有基本公共服务水平为目标，加快完善公共服务体系建设，建设了一大批公益性和功能性重大项目，社会事业综合服务能力显著提高，基本公共服务均等化步伐明显加快。经济和社会事业的加速发展对教育提出了更高要求。实现教育现代化，建设教育强市，是青岛未来发展的战略选择。青岛市将教育放在优先发展的战略地位，正在实现教育向内涵发展转型，坚持育人为本、改革创新、促进公平、提高质量的工作方针，教育事业呈现出良好发展态势。2011年的学前三年入园率达到95%。

在基本普及学前三年教育的同时，青岛市市委市政府清醒地认识到，学前教育仍是全市各类教育发展的薄弱环节，由于长期财政投入不足，存在公办幼儿园数量少，部分民办园收费高，农村幼儿园办园条件差等问题，还不能完全满足适龄幼儿接受高质量学前教育的需求。并且从当前学前教育面临的问题来看，人民群众反映"入园难、入园贵"问题的焦点在城镇。全市城镇共有3—6岁在园幼儿11.4万人，公办幼儿园在园幼儿仅有3.8万人。民办园由于不享受政府财政补贴，幼儿园教师的工资和保险、场地租赁、园舍建设、设备更新、日常办公等费用都要自筹，办园成本高于公办幼儿园，托幼收费相对较高。家长迫切要求自己的孩子能进入保教质量较高、收费较低的普惠性幼儿园。在政府财力有限，无法全部承担发展学前教育的职责，不少优质民办园发挥着积极作用的情况下，青岛市当前及今后一段时期学前教育发展的重点是在加快发展公办幼儿园的同时，积极扶持面向大众、办园规范、收费较低的普惠性民办园发展，争取到2013年全市城镇普惠性幼儿园在园幼儿数达到城镇在园幼儿总数的90%以上。为实现这一目标，青岛市加强体制机制建设，明确了普惠性民办园认定办法和其他扶持途径，加大资金扶持力度，以确保这一工作高效、有序开展。

总的来说，虽然青岛市已经普及学前三年教育，但由于公办园数量少，还没有形成公益普惠的学前教育格局。由于经济水平较为发达，青岛市在现有的情况下为了促进学前教育向公益普惠的方向发展，在国家和山东省发展学前教育总体精神的指导下，选择了适合本地区实际的学前教育发展策略——将"积极扶持普惠性民办园"作为提高城乡学前教育普及水平和保教质量的创新举措。

（2）加强学前教育的公益性和普惠性，积极扶持普惠性民办园

青岛市提出在 2010—2020 年十年间，将以加强学前教育公益性和普惠性为原则，以落实各级政府职责、加大政府投入为重点，建立政府主导、公办为主、民办补充的办园体制，大力发展公办幼儿园，积极扶持民办园，鼓励社会各单位举办幼儿园，重点发展农村学前教育，加强各类学前教育机构管理，保障适龄幼儿接受公平的、有质量的学前教育，形成规范有序、人民满意、充满活力的具有青岛特色的现代化学前教育新格局。[①]当前青岛市学前教育发展的重点是在统筹规划的基础上坚持两手一齐抓：一手抓公办幼儿园建设，一手抓普惠性民办园扶持。为此，全市立足体制机制创新，加快配套政策的研究制定，围绕经费扶持、布局规划、编制配备、收费管理、质量管理等方面印发一系列规范性文件，初步构建起学前教育普惠发展的政策体系。

（3）建立健全扶持普惠性民办园的体制机制

青岛市重视做好普惠性民办园的认定和扶持工作，将其作为补充公办幼儿园学位不足、增强学前教育发展活力的重要举措，从各个方面采取措施强力推进普惠性民办园的扶持政策。

——出台政府文件，明确扶持普惠性民办园的思路

近年来，青岛市出台和颁布了一系列的文件，明确和落实了扶持普惠性民办园的政策与思路。明确提出采取政府资金补助、减免税费、减免租金、以奖代补、派驻公办教师等方式，引导和支持民办园提供普惠性服

---

① 青岛市人民政府关于加快学前教育改革和发展的意见（青政发［2012］22 号）.

务，"积极扶持面向大众、办园规范、收费较低的普惠性民办园发展"①。并提出要大幅提高全市城乡公办幼儿园和普惠性民办园的比例，降低幼儿园收费水平，确定了到 2013 年全市城镇普惠性幼儿园在园幼儿数达到城镇在园幼儿总数的 90% 以上的发展目标。

——制定配套政策，健全普惠性民办园扶持机制

青岛市还针对普惠性民办园的认定标准、认定办法、扶持方式、补助标准、资金管理等方面制定了详细的具体政策。在《青岛市学前教育设施布局规划（2011—2015 年）》中对全市各类幼儿园进行设点布局时，充分考虑各区（县、市）各类幼儿园分布现状与发展实际，根据办园体制和发展目标，明确了各公办幼儿园、普惠性民办园和其他民办园的位置、规模和建设计划，明确了普惠性民办园发展的整体规划和年度计划，使各区（县、市）普惠性民办园的扶持工作有了可以量化的目标和计划，避免了盲目性。

为确保全市普惠性民办园认定和扶持工作公开、公平、有序开展，2012 年 6 月，青岛市教育、财政、物价等部门联合印发《关于做好青岛市普惠性民办园认定工作的通知》，明确了普惠性民办园是指"经各区（县、市）有关部门认定，办园条件达到标准，面向大众，不以营利为目的，享受公共财政资助的民办园"。普惠性民办园应同时具备六个基本条件：第一，经区（县、市）教育行政部门审批，取得办园许可证，依法办园；第二，办园条件达到《山东省幼儿园基本办园条件标准（试行）》，规模在 3 个班及以上；第三，原则上应为省、市示范幼儿园；第四，保育教育费、住宿费标准执行政府指导价；第五，教职工配备齐全，符合任职资格条件，按有关规定落实工资待遇，依法办理社会保险；第六，无安全隐患和违规办园行为，年度内无重大安全事故发生。普惠性民办园的认定程序：各区（县、市）考虑各自实际，制定普惠性民办园认定办法，由区（县、市）教育、财政、物价部门联合认定；各区（县、市）对提出申请的幼儿园进行资格审核，确认后报市教育、财政、物价部门备案；各区（县、市）教育、财政、物价部门于每年 3 月底前联合公布普惠性民办园名单和

---

① 青岛市人民政府关于加快学前教育改革和发展的意见（青政发〔2012〕22 号）.

收费标准，接受社会监督；被认定的普惠性民办园，由各区（县、市）教育行政部门在办园许可证中进行标注。

为加强对各区（县、市）普惠性民办园认定工作的引导和管理，并促进区域均衡，青岛市政府办公厅2012年初印发了《青岛市扶持学前教育发展专项资金管理办法》，规定了普惠性民办园补助标准不低于每生每年1000元，同时采取减免租金、派驻公办教师等形式予以扶持。2012年7月，市财政、教育部门又进一步制定了《青岛市财政局学前教育综合奖补资金管理使用办法》，建立市财政学前教育综合奖补资金，对各区（县、市）普惠性民办园扶持工作推进情况予以考核并拨付奖补资金。

表4-9　青岛市近年出台的扶持普惠性民办园的配套文件

文件名称	主要举措	发文时间	发文单位
《青岛市人民政府关于加快学前教育改革和发展的意见》（青政发〔2011〕22号）	明确了今后十年加快学前教育改革和发展的指导思想、主要目标和主要任务，确立了"政府主导、公办为主、民办补充"的办园体制，突出了学前教育的公益性和普惠性	2011.5	青岛市人民政府
《关于实施学前教育资助政策的通知》（青财教〔2011〕37号）	规定了实施学前教育家庭经济困难儿童资助政策的意义、主要内容及要求、组织实施办法等	2011.7	青岛市财政局、青岛市教育局
《青岛市学前教育设施布局规划（2011—2015年）》（青政办发〔2012〕4号）	结合各区（县、市）人口分布情况与"十二五"规划提出的城镇化率等指标，到2015年规划城乡各类幼儿园1642所，提供约30万个幼儿园学位，并分年度对各幼儿园进行设点布局	2012.1	青岛市人民政府办公厅

续表

文件名称	主要举措	发文时间	发文单位
《青岛市扶持学前教育发展专项资金管理办法》（青政办发〔2012〕6号）	明确了市、区（县、市）专项资金的来源、管理原则和用途，确定了学前教育生均公用经费补助标准、普惠性民办园补助标准和农村幼儿园标准化建设补助标准	2012.2	青岛市人民政府办公厅
《关于做好青岛市学前教育政府助学金评审发放工作的通知》（青教通字〔2012〕3号）	明确了学前教育政府助学金资助对象、资助标准、申请和评审程序、管理监督办法等	2012.3	青岛市教育局、青岛市财政局
《关于做好青岛市普惠性民办幼儿园认定工作的通知》（青教通字〔2012〕44号）	明确了普惠性民办园的基本条件、认定程序和管理监督办法	2012.6	青岛市教育局、青岛市财政局、青岛市物价局
《青岛市财政局学前教育综合奖补资金管理使用办法》（青财教〔2012〕34号）	综合考虑各区（县、市）财力投入、补助幼儿数、生均补助标准、投入及管理等因素分配市财政奖补资金，对各区（县、市）落实学前教育生均公用经费、扶持普惠性民办园发展、支持解决进城务工人员随迁子女入园等开展情况进行奖补	2012.7	青岛市财政局、青岛市教育局

——设立扶持普惠性民办园专项资金，加强资金管理

青岛市财政设立了学前教育专项资金，并要求2013年前各区（县、市）财政预算内学前教育经费占预算内教育支出的比例达到5%以上，不

举办高中的区（县、市）达到 10%。市财政 2011 年列支学前教育专项资金 1 亿元，以后逐年增加，扶持各区（县、市）学前教育发展。

各区（县、市）根据发展目标，结合经济发展水平，明确拨付普惠性民办园补助资金的范围、标准及其他扶持措施。在每生每年 1000 元的最低生均定额补助的基础上，部分区（县、市）提高到每生每年 2000 元，市财政按照幼儿数、生均定额补助标准、投入及管理等因素各占 40%、20%、40% 的权重，对各区（县、市）扶持普惠性民办园发展情况给予奖补。实施补助后，各区（县、市）普惠性民办园托幼收费水平与公办幼儿园大致持平，减轻了家长负担。

为规范学前教育专项资金的使用和管理，2012 年印发《青岛市扶持学前教育发展专项资金管理办法》，明确了市、区（县、市）专项资金的来源、管理原则和用途，确定公办幼儿园、镇（街道）中心幼儿园、村（社区）幼儿园生均公用经费拨付标准为 650 元/生/年，普惠性民办园补助标准为 1000 元/生/年，家庭经济困难幼儿、孤儿和残疾幼儿平均资助标准为 1200 元/生/年。同时，为支持农村地区发展学前教育，确定市财政对五市农村幼儿园标准化建设的补助标准为：平度市、莱西市 8 万元/班，即墨市、胶州市、胶南市 3 万元/班。当前已拨付 2011 年五市农村幼儿园标准化建设以奖代补补助资金 4395 万元，2012 年计划拨付 6293 万元，50% 的预拨启动资金 3146.5 万元已到位。

为建立健全学前教育资助制度，青岛市财政、教育等部门印发《关于实施学前教育资助政策的通知》、《关于做好青岛市学前教育政府助学金评审发放工作的通知》，明确了资助对象、资助标准、申请和评审程序、管理监督办法等。这一制度已于 2011 年秋季开始实施，缓解了学前教育特殊群体入园困难。

为加强对各区（县、市）财政专项资金的引导和管理，确保学前教育改革和发展的重大项目顺利开展，并促进区域均衡，青岛市财政、教育部门又进一步制定了《青岛市财政局学前教育综合奖补资金管理使用办法》，综合考虑各区（县、市）财力投入、补助幼儿数、生均补助标准、投入及管理等因素分配市财政奖补资金，对各区（县、市）落实学前教育生均公用经费、扶持普惠性民办园发展、支持解决进城务工人员随迁子女入园等开展情况进行奖补。

——多措并举，扶持普惠性民办园提高保教质量

针对部分民办园园舍条件落后，设施设备不足等情况，各级财政投入资金，分级分层改善普惠性民办园办园条件。在市和区（县、市）组织的培训中，将普惠性民办园园长和幼儿园教师纳入培训规划并适当倾斜，帮助其提升师资素质。同时，各区（县、市）采取向普惠性民办园派驻公办教师、公办园与民办园一对一合作助教等方式，共享优质资源，提高整体办园质量。例如，黄岛区试点在教师工资关系不变的前提下，从政府举办的幼儿园的骨干教师中选派综合能力强，教龄10年以上的优秀教师到普惠性民办园从事管理工作。近两年共输出优秀管理人员6人，锻炼了队伍，培养了人才，使师资队伍在良性循环中保持活力，并促进了各种类型幼儿园均衡发展，区域幼儿园保教质量得到整体提高。

（4）各类学前教育资源进一步优化，继续推进学前教育的区域均衡

从扶持普惠性民办园发展思路的确定，到配套政策的研究制定，再到各区（县、市）具体方案的形成和落实，青岛市用了一年多的时间基本完成了普惠性民办园的扶持机制的构建。青岛市在研究制定政策的同时，同步开展实践层面的探索和尝试，取得了一定成效。2012年6月12日，《关于做好青岛市普惠性民办幼儿园认定工作的通知》正式出台，青岛市的相应措施更为系统。

——各类学前教育资源进一步优化，民办园收费标准明显降低

首先，各类学前教育资源进一步优化。青岛市各类幼儿园发展思路和管理体制逐步理顺，当前全市普惠性幼儿园所占比例达到70%以上，学前三年入园率达到95%，加上进城务工人员随迁子女，毛入园率达到108%。在此基础上，青岛市致力于为适龄儿童提供更加优质、公平的学前教育，通过大力发展公办园、积极扶持普惠性民办园等措施，不断扩大优质学前教育覆盖面。在各级政府的政策支持和资金扶持下，普惠性民办园的社会声誉得到提高，办园条件得到改善，办园积极性充分调动。普惠性民办园的发展，提高了全市尤其是城镇地区普惠性幼儿园在园儿童比例，缓解了

人民群众反映强烈的"入园难、入园贵"问题，学前教育公益性进一步显现。

其次，普惠性民办园收费标准降低。接受政府财政补助的普惠性民办园，其保教费、住宿费标准执行政府指导价，低于民办园平均收费标准，家长负担明显减轻。随着政府财政投入力度的加大，补助标准还将进一步提高，覆盖范围将进一步扩大，将有越来越多的适龄儿童受益。

最后，普惠性民办园保教质量逐步提高。在投入补助资金、派驻公办教师、配备设施设备、加强业务指导、抓好师资培训等多项措施协同作用下，普惠性民办园的管理更加规范，一日生活各环节的安排更加合理，课程设置和实施更加科学，保教质量有了明显提高，得到社会和家长的认同。

——继续扩大普惠性民办园的覆盖范围并推进学前教育区域均衡

2012 年是青岛市开展普惠性民办园认定工作的第一年，工作的重点是相关政策的制定和体制机制的构建，在实践层面还是以探索为主。在取得成功经验的基础上，从 2013 年开始，青岛市普惠性民办园认定与扶持工作将从以下方面全面展开。

第一，提高财政补助标准。目前所执行的每生每年 1000—2000 元的补助标准，对幼儿园办园经费的补充作用较为有限，托幼收费降低幅度不大，普惠性民办园的收费标准仍高于同类公办园。经验成熟后，青岛市计划进一步提高财政补助标准，真正实现普惠性民办园和公办园在办园质量和收费标准等方面大致相当，更好地满足适龄儿童接受公平的、有质量的学前教育的需求。

第二，扩大普惠性民办园覆盖范围。2012 年青岛市共认定 40 所左右普惠性民办园，这些幼儿园是对照办园条件进行了严格筛选后认定的。为了确保财政补助资金真正有利于民办园的良性发展，有利于适龄儿童接受更好的学前教育，有利于群众得到实惠，2013 年青岛市将按照有关文件规定的目标，扩大普惠性民办园数量和覆盖范围，为更多的民办园提供资助和扶持，为更多的适龄儿童提供普惠性学前教育。

第三，推进学前教育的区域均衡。由于各区（县、市）财力状况、适龄儿童数量等因素不同，部分区（县、市）在普惠性民办园的扶持工作上存在资金压力较大等问题，七区五市在补助标准和范围上存在差异。为此，青岛市财政已设立学前教育综合奖补专项资金，将综合考虑各区（县、市）财力、补助幼儿数量、生均公用经费标准、投入及管理等因素，每年安排专项资金，对各区（县、市）给予补助，促进区域平衡。

（5）加大经费保障力度与完备配套措施是普惠性民办园政策实施的保障

青岛市扶持普惠性民办园发展的政策和措施是以国家、省有关要求为指导，在充分考虑已有学前教育发展基础和政府财力状况的基础上制定的。在实施过程中青岛市也面临着一些实际的困难，如各区（县、市）的公办园和民办园的分布比例并不均衡，个别区（县、市）财政压力大。由于历史原因，各区（县、市）的公办园数量并不相同，公办园在园幼儿数量和比例存在较大差异。要实现既定目标，公办园数量较少的区（县、市）需投入较多资金用于扶持普惠性民办园，财力相对薄弱的区（县、市）压力较大，制定的生均补助标准相对较低，容易出现新的不均衡现象。此外，普惠性民办园存在较大差异也带来了扶持政策在实际操作中的难度。各普惠性民办园此前由举办者自负盈亏举办，在办园条件、师资要求和待遇、保教质量等方面存在较大差异；收费标准实行市场调节价，根据培养成本确定，因而也参差不齐。

鉴于青岛市取得的经验和存在的问题，其他省、市在实施普惠性民办园扶持政策时应该注意以下几点。

——需要整体布局规划和统筹学前教育的发展

各级政府要对本区域学前教育发展制定整体规划，立足实际对各级各类幼儿园的布局和规模有明确目标和发展措施。要确保公办园达到一定比例。公办园是由国家机关或者其他部门和单位利用国家财政性经费举办的，不具盈利性质，办园条件符合有关标准，教职工待遇有保障并能吸引优质师资，保教内容和方式等严格按照教育行政部门的规定执行，能更好地保证办园方向。因此，扶持普惠性民办园应以大力发展公办园为基础和前提，才能更好地保证区域学前教育的整体质量，形成科学保教的良好氛围，对民办园发挥积极引导作用。

——需要加大经费保障力度

扶持普惠性民办园发展，确保适龄儿童能够享受公平的、有质量的学前教育，除购买学位降低托幼收费外，还应积极帮助民办园改善办园条件，提高办园水平。政府应设立专项经费用于扶持普惠性民办园发展，在财力允许的前提下不断加大投入，并充分利用各种社会资源。对专项经费的使用要加强监管，确保用于指定用途，不得挪作他用。市财政要综合考虑各区（县、市）实际情况，对财力有困难的区（县、市）加以补助，促进区域均衡。这些都是以一定的财政能力为保障的。

——配套政策和措施多管齐下

普惠性民办园的扶持还涉及收费标准、师资素质、保教质量等较多问题，需要统筹制定配套政策，并提供保障措施。民办园由于自负盈亏，容易出现为降低培养成本招聘不合格师资、为吸引生源迎合家长需要、设施设备投入不足等问题，各级政府要采取有力措施加强对保教质量的监督和指导，不断提高其保教质量，才能真正实现引导民办园提供有质量的普惠性学前教育的目的。

4. 杭州市：乡镇中心幼儿园"公立化"

虽然一直以来杭州市学前教育事业发展在全国范围内处于较高水平，但农村学前教育仍然是其短板，主要体现为农村公办园数量较少，甚至有的区县乡镇中心园都属于民办园。针对这一状况，为了提高农村学前教育发展水平，让广大农村适龄儿童获得有质量的学前教育服务，杭州市设计并实施了乡镇中心园"公立化"政策，取得了良好的成效。

（1）良好的经济发展为提高农村学前教育发展水平奠定了基础

杭州市的社会经济发展水平较高，农村地区经济发展基础也较好。近年来杭州市农村居民人均纯收入为同期全国农村居民人均纯收入的两倍以上。另外，比较同时期城镇居民与农村居民人均纯收入，可以看出，杭州市城乡差距在2.5倍左右，而全国的平均水平为3.2—3.3倍，这显示了杭州市的新农村建设和城镇化发展水平较高，城乡之间相对均衡，从而为杭州市农村地区各项事业的发展奠定了良好的经济基础。并且，杭州市的财政收入、支出及国内生产总值等数据均保持较高的水平，近年来持续快速增长，使得政府具备了更强的调控能力，也有条件投入公共事业，如学前教育。在良好的经济条件的保障下，杭州市政府有能力推进乡镇中心园"公立化"。

　　但与经济发展水平不相适应的是，杭州市农村地区的学前教育发展水平并不高，主要体现为乡镇中心园建园率低和公办园比例较低。2006 年的数据表明，淳安、临安等区县的乡镇中心园建园率只有 50% 左右，桐庐、萧山、建德等区县的乡镇中心园属于民办园的比例达到了一半甚至以上，这不仅体现了地区之间农村学前教育发展的不平衡，而且表明整个农村地区的学前教育服务体系还未构建起来。

表 4 – 10　**2006 年杭州市主要区县（市）乡镇中心幼儿园构成情况**

| 区县 | 总园数（所） | 建园率（%） | 办园体制 | | | |
| | | | 公办 | | 民办 | |
			数量（所）	比例（%）	数量（所）	比例（%）
杭州	141	95.1	101	71.6	40	28.4
萧山	25	96.2	14	56	11	44
余杭	19	100	18	94.7	1	5.3
桐庐	12	93.3	3	25	9	75
淳安	13	56.5	11	84.6	2	15.4
建德	16	100	8	50	8	50
富阳	24	96	17	70.8	7	29.2
临安	13	50	11	84.6	2	15.4

　　在这种背景下，杭州市开始设计和实施乡镇中心园"公立化"政策。可以说，这一政策是杭州市利用本地区农村经济发展水平较高的优势来解决农村学前教育事业发展问题的必然选择。

　　（2）重点推进乡镇中心园"公立化"，全面推动农村学前教育质量提高

　　杭州市政府通过政策的引领，推进乡镇中心幼儿园的"公立化"。该政策的推进大致可分为三个阶段。

——政策确定阶段

2005 年，杭州市政府出台《关于加快学前教育改革与发展的若干意见（试行）》，首次提出 "2010 年，每个乡镇都建有 1 所公办中心幼儿园" 的目标，开启了杭州市乡镇中心幼儿园的 "公立化" 之路；2007 年，又出台《杭州市人民政府办公厅转发市教育局等部门关于进一步加快学前教育改革与发展若干政策意见（试行）》，在坚持既有目标的同时，从 "有钱办事"、"有人办事" 和 "有房办事" 三个方面提出了具体要求，尤其提出设立学前教育专项经费，并要求各区、县（市）也设立相应的专项经费，为农村学前教育的发展提供了有力的保障。

——全面实施阶段

随着学前教育专项经费的设立，农村学前教育的发展有了经济基础，2009 年，杭州市出台了《杭州市人民政府办公厅关于印发杭州市幼儿园建设三年行动计划（2009—2011 年）的通知》，这一文件的颁布标志着杭州市乡镇中心幼儿园 "公立化" 进入了实质性行动阶段，许多地区在这一文件的督促和各项保障下，开始新建、改建、扩建公办乡镇中心幼儿园。

——深入发展阶段

2010 年《教育规划纲要》颁布以后，借着全国学前教育大发展的春风，杭州市委市政府出台《中共杭州市委市政府关于加快推进学前教育均衡优质发展的若干意见》，同时，为了保障该政策的切实履行，相继发布《杭州市人民政府办公厅关于印发进城务工子女在杭入园管理暂行办法的通知》、《杭州市人民政府办公厅关于印发杭州市学前教育专项资金管理办法的通知》、《杭州市人民政府办公厅关于印发杭州市幼儿园园舍建设实施办法的通知》（以下简称《实施管理办法》）、《杭州市人民政府办公厅关于印发杭州市幼儿园非事业编制教师管理办法的通知》等文件，对各项问题做出了详细的规定，在全方位保障中心园 "公立化" 成果的同时，在内涵发展方面提出了更高的要求，以推动农村学前教育事业提供有质量的学前教育服务。

（3）以 "公办园" 为中心，构建 "广覆盖、保基本" 的农村学前教育体系

杭州市政府不仅出台了促进中心园 "公立化" 的相关政策，还针对具

体问题制定了相应的配套措施，旨在通过推进中心园"公立化"，逐步建立起以中心园为核心，具有"广覆盖、保基本"特性的农村学前教育体系，以持续有效地为农村适龄幼儿提供普惠性、公益性的学前教育公共服务。

　　——以公办中心园为中心，构建广覆盖、保基本的农村幼教机构网络

　　第一，合理规划布局，解决园舍问题。充足且符合标准的园舍是农村学前教育发展的必要条件，农村学前教育事业发展相对滞后，规范化的园舍资源不足是一个重要因素。面对这一问题，杭州市首先由相关部门对农村幼儿园的布局进行总体上的科学规划，进而要求安全、财政等部门提供相应的保障措施，通过政府各部门的有效协作，积极推进农村幼儿园的建设。杭州市利用新建规范化幼儿园，利用将现有空置楼宇、厂房和学校等资源置换、改造成规范化的幼儿园等各种方式，力争用三年的时间，基本解决现有园舍不足的问题。此外，为了切实解决园舍问题，杭州市还出台了《实施办法的通知》，对相关问题做出了详细的规定。

　　第二，创新办园机制，提高规模效益。在保障农村学前教育园舍条件的同时，杭州市还特别强调建立公办中心园。公办中心园与其分园之间采取"六统一"的运行模式，即经费统一管理、教师统一调配、工资统一发放、工作统一考核、教玩具统一配置、办学质量统一评估。这样，不仅扩大了公办学前教育资源的覆盖面，还能充分发挥中心园的示范辐射作用，有效提高农村幼教机构整体的办园质量。

　　——以公办中心园为依托，建设优质的农村幼教师资队伍

　　首先，提高教师待遇，稳定师资队伍。农村幼儿教师的流动性相对较大，这在很大程度上制约了学前教育事业的发展，而造成这种局面的最直接原因就是教师待遇过低。杭州市政府积极应对这一问题：对事业编制教师，提出到2011年使其人均年收入达到义务教育阶段事业编制教师人均年收入水平；对非事业编制教师，要力争在2015年使其达到当地幼儿园事业编制教师的工资福利待遇水平。为了增强政策的持续性，杭州市要求幼儿园教师的工资水平每年都有一定的提高，各区、县（市）根据自身情况可规定不同的增幅，但必须保证本地区农村幼儿园教师的工资涨幅。

其次，合理调配编制，优化师资结构。在加快配齐事业编制教师的同时，杭州市尤其注重发挥公办中心园的辐射作用，规定按照当地幼儿园教师总数的 10% 左右比例，核增公办中心园事业编制，并拨付专项资金用于公办中心园教育教学工作，提升幼儿园教师的整体素质。在当前事业编制教师整体不足的情况下，优先为公办中心园扩充编制，利用中心园本身的便利条件，使有编制的幼儿园教师能够在各类幼儿园之间有效的流动。尽管数量问题无法在短期内解决，但通过结构的优化，可以让有限的教师资源发挥更大的作用。

——以公办中心园为基点，完善农村幼教基层管理网络

为了更有效地发挥政府的作用，杭州市实行"政府负责、分级管理、部门分工负责"的学前教育管理体制。一方面，杭州市政府统筹领导全市学前教育事业，各区、县（市）根据本地区情况予以针对性的管理，乡镇（街道）负责具体的管理工作，落实基层学前教育管理人员；另一方面，财政、人事、安全、卫生等部门要积极与教育部门合作，发挥各自优势，形成共同促进农村学前教育发展的合力。这样的管理体制可以有效地协调全市规划与地方发展之间的关系，在保证全市整体发展的同时，照顾到地方的特殊需要。同时，各部门的联动，也为学前教育发展创造了良好的外部条件，有助于各项政策的落实。

在基层学前教育管理上，杭州市突出了中心园的示范、辐射作用，实行以中心园为龙头的业务管理体制，由其承担全乡镇幼儿园的业务指导和管理工作。同时，为了加强学前教育管理，各乡镇均设有学前教育专管员，而这些专管员往往来自中心园，他们在当地政府机关工作，使地方政府与中心园保持密切的联系，并负责协调中心园与其他幼儿园的各项工作。通过中心园，地方政府与农村各类幼儿园之间的联系愈加紧密，不仅能促进政府的各项政策有效传达，还有利于政府倾听来自基层的声音，形成良性的互动机制。

（4）乡镇"中心园"发展迅速，将着力提高农村学前教育整体水平

中心园是农村学前教育的核心力量，它的建设与发展状况直接关系到整个农村学前教育事业的质量。杭州市乡镇中心园"公立化"政策的实

施，对农村学前教育事业的发展产生了积极影响，各级政府也将继续重视学前教育，完善乡镇中心园公立化政策。

——乡镇"中心园"发展迅速，各级政府日益重视学前教育

第一，中心园及其分园在公办园数量、办园规范和质量提高方面都得到了很快的发展，起到了良好的示范作用。"十五"期间，杭州市公办中心园占所有中心园的比例仅为 56.02%。随着中心园"公立化"政策的实施，到 2006 年，该比例迅速上升为 71.6%，之后亦稳步增长。目前杭州市中心园的建设与发展状况已发生了明显的变化，建园率不断攀升，到 2011 年已达到 100%；公办中心园所占比例越来越高，覆盖面不断增长。"公立化"后的中心园，在经费、师资、园舍建设、教玩具等方面都会得到更好的保障，有助于其质量的提升，为其在农村地区发挥龙头作用，在业务指导等方面给予其他幼儿园更多的帮助创造了较好的条件。而且各乡镇在中心园建设与改造上投入很大，使得许多中心园的园舍、硬件等得到了改善，同时对教师特别是非在编教师的各项补助也有力地稳定了幼儿园师资队伍，这些都为各中心园规范办园创造了良好的条件。"公立化"政策的实施，提高了中心园的办园质量，使中心园的发展得到了更全面的保障。

表 4－11　乡镇中心园建设与发展情况

年份	总园数（所）	建园率（%）	在园幼儿数（人）	举办主体							
				公办				民办			
				数量（所）	比例（%）	幼儿数（人）	覆盖面（%）	数量（所）	比例（%）	幼儿数（人）	覆盖面（%）
2009	155	96.9	58525	129	83.2	47828	81.7	26	16.8	10697	18.3
2010	162	98.8	60742	139	85.8	49914	82.2	23	14.2	10828	17.8
2011	155	100	53887	146	94.2	49576	92	9	5.8	4311	8

第二，"公立化"政策的推行促使各级政府，尤其是乡镇政府日益重视学前教育。我国的中心园多实行属地管理，因此，乡镇政府对其发展起着至关重要的作用。学前教育长期以来处于弱势地位，农村地区更是如

此，尽管杭州市学前教育的发展情况一直较好，但同样存在这种情况。如今，随着相关政策的持续影响，各区（县、市）、乡镇政府对学前教育的重视程度明显提高，经费投入不断增加，尤其在基建、生均公用经费、教师补助、安保、设施设备等方面都增加了大量的资金投入。以富阳市某中心园为例，该园于 2009 年搬入新园区，乡镇政府为此投入了 1500 余万元；生均公用经费由市财政拨付，2010 年为 190 元/人/年，2011 年为 245 元/人/年，且计划今后每年递增 5%；设施设备上，2011 年，市政府补助 3 万元，乡镇配套 6000 元；根据职称、持证情况，该园的非在编教师从 2010 年开始享受工资补助，2010 年为 10000 元/人/年，2011 年涨为 20000 元/人/年；安保方面，保安的费用由市财政、乡镇政府和幼儿园按 2∶1∶1 的比例分担，而安保设施则由乡镇政府出资。

第三，家长负担有所减轻。在"公立化"政策的推动下，越来越多的中心幼儿园及其分园获得了政府的经费投入，保障了幼儿园的正常运营。这样，在幼儿园成本分担体系中，政府所占比例日益增大，相应地，家长所需承担的部分就会减少，幼儿园的收费也就日趋合理化。政府的持续投入以及对幼儿园的规范管理，切实减轻了家长的负担，一定程度上彰显了学前教育的公益性。

——逐渐建立农村学前教育公共服务体系

自 2012 年 2 月起，《杭州市学前教育促进条例》正式施行，提出"乡（镇）人民政府应当在本行政区域内建设一所公办中心学前教育机构的基础上，根据实际需要建设多所公办学前教育机构或者举办公办中心学前教育机构的分园区、教学点"。这显示了杭州市坚持"公立化"的决心，为中心园"公立化"之路增添了新的动力。在乡镇中心园"公立化"的基础上，杭州市将着力于农村学前教育发展水平的整体提高，逐步构建起适合杭州市农村经济社会发展的学前教育公共服务体系。

（5）坚持公办为主和激发各方活力才能推进农村学前教育的可持续发展

杭州市利用自身的经济优势，强力推进实施了乡镇中心园"公立化"政策并取得了很好的效果。从本质上来说，这是杭州市所寻找到的农村学前教育发展之路。对于其他地区而言，从这一政策所折射出的关于农村学前教育的启示也许更具有借鉴意义。

——坚持公办为主是政府履行发展农村学前教育责任的最基本体现

对于广大的农村地区而言，鉴于社会经济发展方面的原因，民办园难以承担为农村地区适龄儿童提供公益普惠性学前教育的任务，要真正构建农村学前教育公共服务体系，就需要政府大力发展公办园。杭州市政府始终积极承担发展学前教育，尤其是农村学前教育的责任，努力为群众提供基本的学前教育公共服务。通过大力宣传和充分沟通，使教育、人事、财政、规划等各政府部门充分认识到农村学前教育对于农村社会经济发展、社会主义新农村建设和统筹城乡发展的重要性，促使各部门协调一致，共谋发展。面对基础较为薄弱的农村学前教育，杭州市抓住乡镇中心幼儿园这一关键点，切实推进其"公立化"，使之更好地发挥业务管理、教育教学和示范辐射的作用，并根据不断变化的情况制定出明确的目标和规划方案，以此来引导各级政府不断深化本地区的学前教育工作。在杭州市委市政府的统一领导下，各级政府和各个部门相互协作，形成良好的发展合力，使得杭州市农村学前教育事业得以快速健康发展。

——创新体制机制，激发各方活力，促进农村学前教育可持续发展

面对新的形势与挑战，杭州市政府主动求变，在科学研究、实事求是的基础上，创新了一系列适应当前农村学前教育发展的体制机制。在经费使用上，采用以奖代拨、以奖代补等形式，调动了各地进一步发展学前教育的积极性，有效提高了经费的使用效率；在乡镇中心幼儿园的办园模式上，提倡"一园多点"，并在中心园与分园之间实行"六统一"的运行模式，既拓展了中心园的发展空间，又扩大了优质学前教育的覆盖面；增加乡镇中心幼儿园的事业编制，由中心园教师担任学前教育专管员，使中心园在农村学前教育发展中更加切实地在教育教学、业务指导和监督管理等方面承担相应的职责并发挥示范辐射作用。体制机制的创新，极大地激发了各方的活力，使人力、物力和财力等资源更为高效地结合在一起，共同推动农村学前教育事业的持续发展。

——抓住关键问题，增强软硬件实力，有力保障农村学前教育体系建设

园舍与师资是制约农村学前教育发展的重要因素，杭州市政府针对这

两个具体问题，首先从经费投入上予以保障，以公共财政为支撑，多渠道筹措经费，并重点向五县（市）倾斜，努力为农村学前教育的发展提供充足的资金。其次，在科学规划的基础上，采取新建、置换和改造等方式逐步解决园舍不足的问题。最后，通过增加事业编制和提高教师待遇，增强师资队伍的稳定性。这些政策着眼于农村学前教育的基本问题，希望通过软硬件的平衡发展，为农村学前教育体系的建构打下良好的基础，从而带动农村学前教育事业的整体发展。

第五章

中国学前教育发展的成就与挑战

2010 年尤其是 2011 年学前教育三年行动计划制定和实施以来，我国学前教育呈现出前所未有的发展势头和大好局面。从国家到地方各级政府，对学前教育的重视程度、政策出台的密度、财政投入的力度、学前教育资源尤其是普惠性资源增加的速度，都是前所未有的。可以说，我国学前教育进入了跨越式发展的新阶段。但是，我国学前教育也存在着发展过程中的阶段性问题，需要进一步强化政府责任，保证学前教育的持续快速发展。

一、我国学前教育进入跨越式发展的新阶段

在《教育规划纲要》所确定的发展理念与发展目标的指引下，在各地学前教育三年行动计划的实施中，我国的学前教育事业正在进入一个全新的高速发展阶段。入园率显著提高，财政投入明显加大，普惠性资源迅速增加，教师队伍素质和保教质量不断提高。

（一）国家高度重视，强力快速推进学前教育

2010 年 12 月 1 日，国务院召开了全国学前教育工作电视电话会议，

国务委员刘延东出席会议并做了重要讲话，对贯彻落实学前教育"国十条"、实施学前教育三年行动计划做了全面动员和具体部署。教育部成立了学前教育三年行动计划推进工作领导小组，统筹推进国家学前教育项目和学前教育三年行动计划。

2011 年 1 月，教育部分南北两片召开学前教育三年行动计划编制座谈会。2011 年 9 月，国家教育体制改革领导小组在陕西西安召开了全国学前教育三年行动计划现场推进会，国务委员刘延东对加快推进学前教育三年行动计划、实施学前教育重大项目等再次做出重要部署。教育部、发改委、财政部负责同志在会上发言，要求各有关部门全力落实好所负责的相关工作。来自各省份的代表介绍了他们编制和落实学前教育三年行动计划的经验与做法。

2012 年 2 月，为了进一步推进《教育规划纲要》和学前教育"国十条"的贯彻落实，推动各地学前教育三年行动计划的实施，教育部制定并印发了《学前教育督导评估暂行办法》，要求从 2012 年开始，每年 7 月底进行学前教育发展状况的监测和督导评估自评报告，还要求国家教育督导团对各省（区、市）学前教育三年行动计划的实施情况进行督导检查和综合评估。2012 年 9 月，教育部成立学前教育领导办公室，全面统筹领导学前教育的发展。各地也在陆续成立学前教育的管理机构，配备专门管理人员，加强管理工作力度。如陕西设立了基础教育三处专门负责学前教育，辽宁、贵州已恢复设立学前教育处。

国家的高度重视及采取的一系列重大举措，有力地推动了学前教育事业的快速发展，取得了令人瞩目的成效。

（二）学前教育普及率大幅提高

从在园幼儿规模来看，1999—2009 年 10 年间，在园幼儿人数增长了 332 万人，而 2010—2011 年两年的增长量达到了 766 万人，是前 10 年增长量总和的两倍多。2011 年全国三年毛入园率达到 62.3%，比上一年增长了 5.7 个百分点，比 2009 年增长了 11.4 个百分点。

从各地学前教育的普及情况来看，在学前教育三年行动计划实施以来的短短一年时间内，入园率迅速提高。以学前三年毛入园率的增长为例，河南从 2010 年的 52.5% 提高到 2011 年的 55.5%，提高了 3 个百分点；贵州从 2010 年的 55% 提高到 2011 年的 60%，提高了 5 个百分点；山西从 2010 年的 64.2% 提高到 2011 年的 70.5%，提高了 6.3 个百分点；新疆从 2010 年的 59.6% 提高到 2011 年的 66.0%，提高了 6.4 个百分点；广西从 2010 年的 54.3% 提高到 2011 年的 66.3%，提高了 12 个百分点；陕西从 2010 年的 62.3% 提高到 2011 年的 80.1%，提高了 17.8 个百分点。

2012 年发布的《国家教育事业发展第十二个五年规划》已经将《教育规划纲要》中 2015 年学前三年毛入园率 60% 的发展目标提高到了 65%。可见，学前教育三年行动计划在实施的起始之年已经把学前教育带入了跨越式发展的新时期。

（三）财政性学前教育投入显著增加

为加快学前教育的发展，尤其是为支持学前教育三年行动计划的实施和落实，各级政府均加大了对学前教育的投入。

1. 中央财政以项目投入、专项支持为主

从中央财政来看，主要通过支持"农村学前教育推进工程"和"学前教育发展项目"两项重点工作，大幅增加对学前教育的投入。

2010 年，教育部和国家发改委启动了中西部农村学前教育推进工程试点项目，重点支持中西部农村地区新建一批布局合理、安全适用、办园规范，面向区域内适龄儿童的普惠性幼儿园，提供基本的、有质量的农村学前教育。试点资金重点向贫困落后地区和少数民族地区倾斜。重点支持乡镇中心园建设，兼顾人口集中的行政村。以支持新建园为主，兼顾改扩建幼儿园。项目实施三年来，国家已投入 55.62 亿元，支持中西部地区建设乡村幼儿园 3149 所，新增学位 63 万余个。

表 5 – 1   2010—2012 年国家中西部农村幼儿园建设及投入情况

年份	建设园数（所）	国家投入（亿元）	拟增加在园幼儿数（万人）
2010	416	5.07	5.16
2011	891	15.05	18.26
2012	1842	35.50	40.01
合计	3149	55.62	63.43

【数据来源】袁贵仁. 学前教育跨越式发展［M］. 北京：人民教育出版社，2012：20.

2011 年 9 月 5 日，财政部、教育部印发了《关于加大财政投入支持学前教育发展的通知》和《支持中西部地区利用农村闲置校舍改建幼儿园的实施方案》等 7 个项目方案。中央财政计划在"十二五"期间安排 500 亿元，通过 4 大类 7 个项目重点支持中西部地区和东部困难地区发展农村学前教育。第一类是"校舍改建类"项目，具体包括以下三个项目：利用农村闲置校舍改建幼儿园，利用农村小学富余校舍资源增设附属幼儿园，在人口居住分散的偏远地区开设学前教育巡回辅导。2011 年中央财政投入 90 亿元，支持利用农村闲置校舍改建幼儿园 1.3 万余所，利用农村小学富余校舍资源增设附属幼儿园 1.5 万余个。第二类是"综合奖补类"项目，具体包括"城市学前教育综合奖补"和扶持普惠性、低收费民办园两个项目，目的是引导和鼓励地方政府加大投入力度，采取多种方式扶持企事业单位、集体和普惠性民办幼儿园，提高其面向社会提供学前教育公共服务的能力。第三类是"幼师培训类"项目，中央财政实施幼儿教师国家级培训计划，对中西部地区农村幼儿园园长、骨干教师和转岗教师进行专业培训，提高农村学前教育师资的整体素质。2011 年中央财政投入 2 亿元，共培训中西部农村骨干幼儿教师 6.9 万人。第四类是"幼儿资助类"项目，从 2011 年秋季学期起，由地方先行建立学前教育资助政策体系，中央财政根据地方出台的资助政策、经费投入及实施效果等予以补助。资助对象为在普惠性幼儿园就读的家庭经济困难儿童、孤儿和残疾儿童。

中央财政支持在国家层面实施学前教育重大项目，是新中国成立以来中央财政对学前教育投入力度最大的一次，充分体现了国家大力发展学前教育的决心，大大激励和调动了地方政府发展学前教育的积极性和责任感，也带动了地方财政对学前教育的投入。

2. 地方财政以列出比例和建立生均标准为突破口

根据学前教育"国十条"的要求，2011 年各地均不同程度地加大了对学前教育的财政性投入，普遍设立了学前教育专项经费，一些省份还突破性地将学前教育经费列入财政预算，确立了财政性学前教育经费的投入比例和生均公用经费财政拨款标准。

各省份将学前教育经费列入财政预算，学前教育投入总量大幅增加。2011 年，陕西实现了学前一年免费教育。黑龙江学前教育财政投入达 17.9 亿元，比上年增长 79.52%；四川学前教育财政投入达 17.13 亿元，比上年增长 79.32%；河北学前教育财政投入达 24.13 亿元，比上年增长 33.17%。陕西、福建、江苏、河南、贵州等省份本级财政投入均有突破性增长。

生均经费制度正在逐步建立。北京、上海把公办幼儿园生均经费标准从 600 元提高到 1200 元。陕西对达到基本办园标准的各类幼儿园，按平均每生每年 200 元的标准划拨公用经费；对开办附设幼儿园的小学按生均 1000 元的标准予以奖励；对各县建立的特殊儿童随班就读康复资源中心，按每人 1500 元的标准予以奖补。江苏省苏州、常州、无锡、南通、扬州、镇江等市分别建立了 200—700 元的生均公用经费财政拨款标准。

（四）普惠性学前教育资源迅速增加

中央财政通过设立相关奖补类项目，引导和鼓励地方政府采取多种方式扶持企事业单位、集体和普惠性民办幼儿园发展，提高其面向社会提供学前教育公共服务的能力。学前教育三年行动计划实施以来，各地努力扩大普惠性学前教育资源，并通过政策支持、税收优惠、购买服务等方式，鼓励企业、慈善机构、社会团体等举办公益性、普惠性幼儿园。一些省份已经开始关注和解决流动人口子女的学前教育问题。

中央财政设立"扶持城市学前教育发展奖补资金"，着力解决城市普惠性学前教育资源不足的问题，包括两方面内容。一是扶持进城农民工子女入园。中央财政按各地接收进城务工人员子女入园人数和幼儿园预算内生均教育事业费投入水平，确定奖补资金。二是扶持企事业单位和集体办园。引导各地制定切实可行的政策措施，支持各级各类企事业单位、集体举办的幼儿园面向社会提供普惠性服务。江苏、浙江杭州和四川等省份出台了相关政策并设立专项资金，解决进城务工人员随迁子女入园问题。2011 年起，江苏省财政设立专项奖补经费，2011 年、2012 年两年来省财政已投入 6400 万元，用于支持各地解决进城务工人员随迁子女入园问题。2011 年，大连实现新建小区配套幼儿园同步建设同步交给当地教育行政部门开办成公办幼儿园，切实为小区居民提供普惠性的学前教育服务。福建 2011 年、2012 年连续为全省城乡办园规范、质量合格、收费低、普惠性的民办幼儿园按每生每年 100 元标准予以补贴。北京投入 8000 万元，采用生均补贴的方式扶持其他部门、企事业单位办园和集体办园。成都 2011 年城区普惠性学前教育街道覆盖率达 78.21%，2012 年 5 月已递增到 89.74%。四川各级财政设立专项资金，2011 年投入 1.1 亿元，用于支持进城务工农民工随迁子女入园和集体、企业、事业单位办园向社会提供普惠性、低收费学前教育服务，受惠幼儿 36 万人，其中解决进城务工农民工随迁子女入园 6.47 万人。

中央财政设立"扶持民办幼儿园发展奖补资金"，引导各地积极扶持面向大众、收费较低的普惠性民办幼儿园发展。一是要制定扶持普惠性民办幼儿园的发展办法，选择办园规范、收费合理、社会声誉好的幼儿园进行扶持。二是要对接受资助的普惠性幼儿园的办园资质、收费标准和保教质量标准做出明确规定，并建立相关规范管理的制度。如福建印发了《关于低收费民办幼儿园专项补贴资金管理办法》，省财政对取得办园许可证、月收费在 150 元以下的民办园按在园幼儿数予以每生每年 100 元补助，2010—2011 年，省级财政下拨 4752 万元，受益幼儿 47.52 万人次。青岛、重庆市制定了普惠性民办园认定标准和生均公用经费补助办法。如重庆要求普惠性幼儿园办园水平达到三级以上标准，保教费最高每生每月不超过 400 元，财政按每生每年 400 元补助。

通过上述对普惠性幼儿园的鼓励、引导和扶持办法，全国各地普惠性学前教育资源迅速增加。

（五）学前师资队伍素质与保教质量双重提高

学前教育三年行动计划的实施，将学前师资队伍的素质提高和幼儿园保教质量的提高作为重要工作任务。国家和地方各级政府积极努力，实施幼儿园园长和教师的全员培训，出台重要文件，采取有力措施，促进了幼儿园保教质量的提高。

1. 实施全员培训，普遍提高师资队伍素质和专业水平

中央财政实施幼儿园教师国家级培训计划，对中西部地区农村幼儿园园长、骨干教师和转岗教师进行专业培训，提高农村学前教育师资的整体素质。项目根据幼儿教师的不同需求，开展有针对性的专业培训。2011年中央财政投入2亿元，共培训中西部农村幼儿园骨干教师6.9万名，起到了良好的示范作用。

在中央财政投入的国家级培训引导下，省级财政也加大了投入，逐步完善幼儿园教师培训体系。如江西在实施国家级培训后，省级财政再投入1200万元，开展了多种形式的培训，共培训农村幼儿教师3400人。黑龙江制定了《幼儿园园长、教师"十二五"培训规划》，积极构建省、市、县、园四级培训网络，目前全省已经建立了100个省级园本培训基地，20个实践培训基地园。

2012年3月，教育部颁布了《幼儿园教师专业标准（试行）》，从专业理念与师德、专业知识和专业能力三个维度，对合格幼儿园教师的专业素质提出了14个方面62项基本要求，对规范幼儿园教师的保教行为，促进幼儿园教师的专业发展，引导幼儿园教师的培养培训和准入考核等工作具有重要的指导作用。

2. 发布引领性文件，引导保教质量提高

2010年《教育规划纲要》中提出：遵循幼儿身心发展规律，坚持科学保教方法，保障幼儿健康快乐成长。2011年"六一"节前夕，胡锦涛总书记专程到湖北十堰柳林幼儿园看望小朋友和老师，亲切题词"快乐生活，健康成长"。2012年，教育部又发布了几个重要文件，引领幼儿园保教质

量的全面提高。

2011 年 12 月，针对当前普遍存在的"小学化"现象，教育部出台了《关于规范幼儿园保教工作，防止和纠正"小学化"现象的通知》。要求幼儿园遵循幼儿身心发展规律和特点，坚决纠正"小学化"教育内容和方式，整治"小学化"教育环境。全国各地均进行了自查自纠，努力构建科学保教的长效保障机制。

2012 年 10 月，教育部下发了《3—6 岁儿童学习与发展指南》，从健康、语言、社会、科学和艺术五大领域，描述了幼儿的学习与发展目标和特点，针对当前存在的学前教育"小学化"倾向和家庭教育的误区，就幼儿的基本学习和良好发展、家长和教师的合理期望与适宜教育，提出了系统明确的要求，有助于提高家长和教师的保教水平，有助于深化幼儿园课程改革。

总的来说，近两年来，在党中央、国务院的高度重视和亲切关怀下，经过各级政府、各有关部门的密切配合和共同努力，通过学前教育三年行动计划的强力推进，破解"入园难"已现成效，学前教育已经迈出了跨越式发展的步伐。

二、我国学前教育发展仍然存在的突出问题与对策

虽然我国学前教育发展已经取得了很大的成效，但从教育体系的整体上看，学前教育仍是各级各类教育中的短板，长期积累的矛盾和问题很难在短期内立即化解，"入园难"、"入园贵"问题仍然突出，随着幼儿园数和幼儿入园率的迅速提高所产生的质量保障和提高滞后的矛盾突出，"小学化"问题仍然很普遍，学前教育公共服务体系仍在探索阶段和建立过程之中，实现学前教育的公平仍然任重而道远。

（一）"入园难"问题仍然存在

随着学前教育三年行动计划的全面实施和顺利推进，学前教育发展迅速。幼儿园数、在园幼儿数、幼儿园园长和教师数均有所增加。学前教育

毛入园率有较大提高。2011 年全国共有幼儿园 16.68 万所，比上年增加 1.63 万所，在园幼儿（包括学前班）共 3424.45 万人，比上年增加 447.78 万人。幼儿园园长和教师共 149.60 万人，比上年增加 19.07 万人。学前教育毛入园率达到 62.3%，比上年提高 5.7 个百分点。在学前教育快速发展的同时，我们也清楚地看到，当前我国学前教育的发展状况离完全彻底解决"入园难"、"入园贵"问题依然有一定的距离。与学前教育"国十条"所提出的把发展学前教育作为保障和改善民生的重要内容，按照公益性和普惠性的原则，建立覆盖城乡、布局合理的学前教育公共服务体系，保障适龄儿童接受基本的、有质量的学前教育，促进幼儿健康快乐成长等要求还有一定的差距。

1. "入园难"问题依然存在的主要原因

第一，"入园难"、"入园贵"是一个长期积累起来的问题，很难在短时间内解决。学前教育多年来发展欠账较多，长期以来，中国学前教育的发展一直是整个教育体系中最薄弱的一环。学前教育规模从 1996 年开始下滑，一直到 2002 年才开始缓慢回升。经过学前教育三年行动计划第一年度的加快发展，2011 年幼儿园所数量回升到 16.6 万所，但仍未回到 2000 年的水平，比 1997 年还少 1.6 万所。应该说从 20 世纪 90 年代中期开始，"入园难"的问题就逐渐显现并日益突出。尽管当前学前教育资源增加较多，入园率大幅提高，但解决这一长期积累起来的问题需要一个较长的过程。

第二，区域和园所间不均衡也是"入园难"、"入园贵"的主要原因之一。"入园难"、"入园贵"的另一个主要原因是政府财政经费的投入非常不均匀，主要集中在城市或县镇公办园、机关幼儿园，特别是好的示范幼儿园。例如在大量农业人口为主的县，学前教育财政投入集中在县级幼儿园，乡镇以下的投入严重不足。有调查表明，对县级幼儿园的财政拨款占到对幼儿园财政拨款总投入的 60.3%，乡镇所在地幼儿园为 17.7%，村办幼儿园（班）仅为 15.7%[①]。实地调查也表明，一些地方对农村幼儿园

---

① 蔡迎旗，冯晓霞. 论我国幼儿教育政策的公平取向及其实现［J］. 教育与经济，2004（2）.

几乎没有财政投入，仅有的财政投入也集中在小学附属的学前班等。而在一些地级市，却能投入亿元建一所幼儿园。同时，民办幼儿园的资金筹措由举办者负责。此外，流动儿童的入园难问题和留守儿童早期教育缺失，也会导致幼儿难以获得公平的教育机会。

第三，财政投入政策不完善是"入园难"、"入园贵"的根本原因。尽管当前各地已经加大了对学前教育的投入，但投入的总量和相对量依然不够。一些省份仍然未在财政性教育经费中列出学前教育财政性经费的比例。

第四，收费定价与管理规范需要进一步落实。入园贵的一个直接反映就是幼儿园收费高。近年来，一些优质的公办园普遍收取不同数额的赞助费或称捐资助学费，增加了家长对子女接受学前教育的负担。民办园的收费由于采取自己定价上报备案制度，也没有合理的定价，价格差异巨大，高收费"天价"幼儿园也不鲜见。公办园高额的赞助费和为数较多的民办园高收费直接导致"入园贵"，也反映出幼儿园收费和管理的不健全。

2011 年 12 月，发改委、教育部、财政部三部委制定和印发了《幼儿园收费管理暂行办法》（以下简称《收费办法》），明确了公办园收费的项目和收费标准，对享受政府财政补助的民办幼儿园（即普惠性民办幼儿园）实行地方政府限价收费。《收费办法》还明确提出：幼儿园不得在保教费外以开办实验班、特色班、兴趣班、课后培训班和亲子班等特色教育为名向幼儿家长另行收取费用，不得以任何名义向幼儿家长收取与入园挂钩的赞助费、捐资助学费、建校费、教育成本补偿费等费用。随后，各地纷纷出台了规范幼儿园收费的政策文件，保证幼儿园合理的收费标准。但政策的落实还有许多复杂的中间环节和各种不协调的因素，还需要实践探索的时间。

2. 完善公共服务体系，实现真正的普及普惠

从根本上解决"入园难"、"入园贵"问题，需要在制度上完善学前教育公共服务体系并在实践中全面实施。根据目前存在的突出问题，要先行重点探索建立以下几个方面的体制机制。

一是建立合理的成本分担机制，进一步加大政府对学前教育的投入。

凡是政府财政投入的工作，都需要认真思考投入的方向、目的、方式，考察受益的人群，监控其过程和评估其效果。无论是直接还是间接，财政投入的重点应优先保障幼儿特别是那些处于社会弱势地位的幼儿接受学前教育。因此，必须制定更加具体细致的财政投入细则来保证政策实施方向不致偏离。

二是进一步扩大普惠性学前教育资源。一方面，政府在加大投入发展公办园时要求公办园改变服务对象，立足于提供能满足大众特别是弱势家庭儿童需要的基本服务。政府要将有限的投入作为学前教育"保底"的杠杆。另一方面，各地要尽快出台相关政策文件，推广一些成功的经验和做法，积极扶持民办园特别是面向大众、收费较低的普惠性民办园发展。各地也正在积极探索，采用"支持"、"扶正"等方式，帮助那些接近和符合条件的民办园发展，提高其办园条件和保教质量。

（二）质量保证成为突出问题

当前，随着学前教育三年行动计划的实施，学前教育的普及进程加快，入园率迅速提高。与此同时，已经不同程度地存在的幼儿园教育"小学化"倾向依然严重，大量新增和改扩建幼儿园以及大量新教师进入幼儿园，影响了幼儿园教育质量。因此，必须坚持"边普及、边提高"的原则，保障基本办园条件，规范办园行为，健全评估体系，完善教研网络，提高幼儿园保教质量。

1. 幼儿园教育"小学化"倾向的原因和不利影响

自 2010 年 7 月《教育规划纲要》颁布以来，我国学前教育迎来了快速发展的大好局面。国家的重视程度、政策出台的密度、财政投入的力度，都是前所未有的。随着学前教育三年行动计划的推进，学前教育迎来了快速普及的发展时期。此时，特别要关注学前教育的质量问题，防止和纠正幼儿园教育的"小学化"倾向。

（1）质量提高滞后，影响学前教育功能的发挥

2010 年学前三年毛入园率已经达到或超过 2020 年 70% 的普及目标的省份从高到低分别为上海（98.0%）、江苏（95.6%）、浙江（95.0%）、

天津（91.5%）、福建（90%）、北京（85.6%）、辽宁（83.3%）、广东（82.6%）、山东（76.5%）、重庆（70.9%），共计 10 个省份，占全国 31 个省份的 32.26%。随着学前教育三年行动计划的实施，学位和入园率增长迅速。按每年平均增长 3 个百分点计算，到 2013 年，河北、山西、内蒙古、四川和陕西 5 个省份也将超前实现 2020 年的普及率，达到或超过 70% 的学前三年毛入园率。可以预想，到 2015 年底，近半数省份将达到或超过 70% 的学前三年毛入园率。大部分有入园需求的学前儿童都能有机会和条件进入幼儿园接受学前教育。到 2020 年学前三年毛入园率达到 70% 的目标有望提前完成。与此同时，我们也看到，目前，一些新增和改扩建的幼儿园环境（包括园舍设备、玩具材料等硬件条件）不达标，班额过大，雇用不合格教师等，使在园幼儿的安全和健康受到威胁，教育内容不符合幼儿的年龄特点和身心发展规律，"小学化"倾向还很严重。

早在 2008 年面向 11 省份的抽样调查就发现，已有的幼儿园在质量上存在着明显的问题，班级活动室达标率约为 47%，有大约 6% 的幼儿园班级活动室面积在 25 平方米以下。对于幼儿每天户外活动时间不少于 2 小时的标准，有 60% 的幼儿园没有达到，有半数的幼儿园连 1 个半小时也保证不了，甚至有 26% 的幼儿园不足 40 分钟，还有 15% 的幼儿园孩子每天户外活动时间在 25 分钟以下。幼儿户外体育活动材料也不同程度缺失，农村更加严重。半数以上幼儿园班级师幼比超标，甚至有的幼儿园超出国家规定的 2—3 倍。符合幼儿年龄特点的游戏活动时间少，材料没有保证。

可以说，新旧问题的共存和交织加剧了当前学前教育的质量问题。而 20 世纪中期以来的相关研究揭示：学前教育对幼儿的积极影响与促进、教育补偿、消除贫困和积累国家财富等作用的发挥取决于幼儿园良好的环境质量与保教质量。当前，为幼儿提供高质量的保育和教育已经成为世界各国的共识和普遍追求。"提高质量"是我国《教育规划纲要》的工作方针，"保证适龄儿童接受基本的、有质量的学前教育"是学前教育"国十条"的核心内容之一。因此，为了使学前教育的投入发挥更大的效益，必须重视质量的保障与提高。

（2）"小学化"倾向严重，对幼儿造成不利影响

国内外学前教育的基本理论揭示：幼儿的年龄特点决定了幼儿是在生活和游戏中学习的，是在与环境和人的积极互动中获得发展的。幼儿园的"教育活动"与小学的"上课"有着本质的不同。

从我国幼儿园教育的改革与发展过程来看，狭义的"教育活动"是从20世纪80年代的"上课"演变而来的，与小学的"上课"有着某种对应关系。但经过近20年的改革与发展，从1989年《幼儿园工作规程（试行）》颁布之日起，幼儿园就取消了"上课"的提法，而代之以"教育活动"。根据《幼儿园教育指导纲要（试行）》的定义，幼儿园的教育活动，是教师以多种形式有目的、有计划地引导幼儿生动、活泼、主动活动的教育过程。而且强调，教育内容的选择应遵照五大领域的有关要求和三项基本原则进行，教育内容的组织应充分考虑幼儿的学习特点和认识规律，各领域的内容要有机联系，相互渗透，注重综合性、趣味性、活动性，寓教育于生活、游戏之中。幼儿园的教育活动过程还特别强调注重幼儿的主动探索、操作实践、合作交流和表达表现。

当前幼儿园教育"小学化"倾向主要表现在以下几个方面：提前教授小学低年级的课程内容，以各种兴趣班、特长班和实验班为名进行专门课程的强化学习和训练，不能满足幼儿游戏活动时间和条件，不能将教育灵活地渗透于一日生活之中。这些都是幼儿园教育"小学化"的不同表现形式，违背了幼儿身心发展规律和幼儿园教育的基本特征。

幼儿园教育"小学化"有损于幼儿的身心健康，造成永久性危害。儿童发展心理学和脑科学的研究揭示：儿童的生理和心理发展有着不以人的意志为转移的客观规律，有着不可逆的顺序性和发展进程。幼儿园教育"小学化"是应试教育前移的表现，是"拔苗助长"、"小马拉大车"，其危害是多方面甚至是永久性的、无法弥补的，集中表现为严重损害幼儿的身心健康，使幼儿缺失最重要的早期经验，也不利于小学阶段的学习。

孩子的身心健康是至关重要的，也可以说是第一重要的。孩子身心发展的客观规律如同自然界的客观规律一样，不遵循客观规律，就要付出昂贵的代价，造成无法挽回的损失。从幼儿的身心发展特点来看，幼儿的身

体机能和神经系统还在发育之中，非常脆弱，易受伤害。如长时间注意力太集中，容易使大脑疲劳，甚至会对神经系统造成伤害，而坐的时间过长或坐姿不正确都会影响幼儿身体的正常发育。幼儿的心理成熟水平还不具备像小学生那样分科、系统学习的能力，超越幼儿心理发展规律和特点，无视幼儿阶段学习的综合性和游戏性，人为割裂幼儿的学习内容或采取强化训练的不适当方式，都有损于幼儿的身心健康与和谐发展。

《中华人民共和国未成年人保护法》规定"适应未成年人身心发展的规律和特点"是保护未成年人工作应当遵循的原则。《幼儿园工作规程》规定，学前教育工作的重要原则之一是：遵循幼儿身心发展的规律，符合幼儿的年龄特点。学前教育应充分考虑幼儿的学习特点与认识规律。不符合幼儿身心发展特点和规律的教育是违法的。因此，从有利于幼儿身心健康发展出发，幼儿园的正常教育活动一般集中活动时间都比较短，而且强调动静交替，学习内容的组织也是综合性主题式的。

幼儿园教育作为基础教育的起始阶段强调全面发展和均衡学习，如果孩子们过早地受应试教育的影响，与小学对应的学科内容学习过多，而缺失了在6岁前本该获得的重要早期经验，或者错过了良好的发展时机，将会很难弥补。研究表明：三四岁是幼儿发展独立性和自理能力、建立自信心的重要年龄，要多给幼儿提供实际锻炼的机会，鼓励他们自己做一些力所能及的事情，帮助他们在不断地学习做事和感受到成功的过程中增强自信心。此外，幼儿还需要伙伴，逐渐积累与同伴交往的经验。四五岁是儿童发展友谊和伙伴关系的关键年龄。此时，父母应该关心自己的孩子会不会与小伙伴一起游戏和进行活动，他有没有好朋友。被同伴接纳，不被同伴拒绝，能够结交到要好的朋友，对这个年龄的孩子来说非常重要。美国一项长达40年的追踪研究证实：儿童早期积累的社会性经验更具有长效性，早期良好的社会性发展对后来的发展具有积极的影响，如就业率高、生活水平高、离婚率低、犯罪率低等。

幼儿园教育"小学化"也不利于孩子小学阶段的学习。相关经验表明，如果孩子在幼儿园提前学习了小学低年级的内容，进入小学阶段的重复学习会让一些孩子感觉到：小学的学习没有挑战性，很容易就能应付，不用特别用心。这种认识和"经验"不利于孩子良好学习动机和习惯的养成。当进入小学中高年级学习难度加大时，这部分孩子会出现畏难和厌烦情绪，学习成绩也会出现滑坡和低谷，不仅会影响孩子学习的积极性，也会影响他们的自信心和自尊心。相关专题研究和来自实践的经验表明：幼儿园阶段的入学准备主要应培养幼儿的社会适应和学习适应能力。其中，社会适应能力主要包括独立自理能力、任务意识与能力、规则意识与能力、同伴交往能力以及时间观念和良好的生活习惯；学习适应能力主要强调学习兴趣、学习能力和学习习惯，而不是具体地学习小学的知识。在语言方面强调的是理解与口头表达能力，数学方面主要强调对学习数学的兴趣和感受数学在日常生活中的作用以及思维能力的培养。而且强调，社会适应和学习适应能力的培养均以幼儿亲身参与、感受、体会和理解为主要方式，渗透于一日生活的各种活动之中。

总之，在幼儿园阶段，无论是学习内容的小学化还是学习方式的小学化，都不利于培养幼儿的学习兴趣和学习积极性，如果学习再带有些强制性，留作业让孩子做，甚至会导致孩子过早厌学。

2. 发展学前教育必须坚持"边普及，边提高"

《教育规划纲要》在"基本普及学前教育"的规划目标中首先提出"学前教育对幼儿习惯养成、智力开发和身心健康具有重要意义。遵循幼儿身心发展规律，坚持科学的保教方法，保障幼儿快乐健康成长"，然后才提出到 2020 年的普及率。这意味着到 2020 年要基本普及科学的、有质量的学前教育。科学、有质量的学前教育是提高入园率的前提。

学前教育"国十条"中的第八条特别规定：坚持科学保教，促进幼儿身心健康发展。遵循幼儿身心发展规律，面向全体幼儿，关注个体差异，坚持以游戏为基本活动，保教结合，寓教于乐，促进幼儿健康成长。加强对幼儿园玩教具、幼儿图书的配备与指导，为儿童创设丰富多彩的教育环境，防止和纠正幼儿园教育"小学化"倾向。要建立幼儿园保教质量评估监管体系，健全学前教育教研指导网络。要把幼儿园教育和家庭教育紧密结合，共同为幼儿的健康成长创造良好环境。

国务委员刘延东在 2011 年 9 月学前教育三年行动计划现场推进会上强

调：普及是基础，质量是核心。一定要普及与质量并重，二者缺一不可。要防止单纯追求规模，一哄而上，而忽视内涵发展、不顾保教质量的倾向，始终坚持质量第一的要求，避免运动式提高入园率。2011 年 12 月，教育部出台了《关于规范幼儿园保育教育工作，防止和纠正"小学化"现象的通知》，要求幼儿园遵循幼儿身心发展规律，坚决纠正"小学化"教育内容和方式，整治"小学化"教育环境。教育部副部长刘利民在 2012 年 7 月教育部学前教育专家指导委员会成立大会上强调：以往推进义务教育普及的思路是"先普及，后提高"，而学前教育的发展思路应该是"边普及，边提高"。2012 年 10 月，教育部发布的《3—6 岁儿童学习与发展指南》，针对当前存在的学前教育"小学化"倾向和家庭教育的误区，明确了幼儿学习与发展的规律，特点和基本要求。

因此，各级政府应在加快普及步伐的同时，承担起对质量的监管与督导责任。把好入口关、质量监督关和教师关，确保建成的每一所幼儿园都能达到质量合格的基本要求。

（1）确保新增幼儿园符合基本办园条件，规范幼儿园办园行为

要按照国家和地方幼儿园建设标准和办园标准的相关规定，园舍和设备设施、玩具教育和幼儿图书、教职工配置和人员安排、安全卫生和教育教学以及幼儿的一日生活等各个方面都要规范、合格，确保建设一所合格一所。新建和改扩建幼儿园特别是接收乡村留守和经济困难家庭幼儿、城镇低保家庭幼儿的普惠性公办幼儿园，必须保证基本办园条件和保教质量，使幼儿园教育真正能够弥补幼儿家庭环境的不利影响，为幼儿的终身发展奠定良好的基础。在办园行为上，要严格执行《幼儿园工作规程》的相关规定，合理安排幼儿的在园生活和学习。

（2）健全学前教育质量评估和监管体系，提高幼儿园保教质量

要以教育部门为主，协同有关部门建立起常规性的、全覆盖的督导评估制度，将民办幼儿园纳入教育督导评估体系，保证公办民办幼儿园质量的不断提高。要按照《教育部关于规范幼儿园保育教育工作，防止和纠正"小学化"现象的通知》精神，清查和整顿幼儿园已经存在的各种"小学化"现象，推进幼儿园实施科学的保育和教育。要进一步深入贯彻《幼儿

园教育指导纲要》和《3—6岁儿童学习与发展指南》。幼儿园应将环境作为重要的教育资源，创设和提供丰富适宜的活动区域和玩具材料，支持幼儿的自主选择和主动学习。幼儿园应重视一日生活对幼儿学习和发展的重要作用，科学合理地组织幼儿的各个生活环节与活动，培养幼儿的良好习惯以及生活自理等各种能力。游戏是满足幼儿身心发展需要、对幼儿进行全面发展教育的重要形式，幼儿园应充分保证幼儿游戏的时间和条件，支持幼儿开展丰富多样的、自主选择的游戏活动。要采用灵活多样的教育活动形式，为幼儿提供更多探索操作、交流互动和表达表现的机会，促进幼儿的主动学习。要采用适宜、多样化的评价方式，全面、客观、真实地评价幼儿，发现幼儿的长处，看到幼儿的发展过程，激励幼儿富有个性地发展。

（3）健全教研指导网络，不断提高幼儿园教师队伍的专业化水平

各地要根据自身情况，确保幼儿园聘用合格教师，支持幼儿教师的在职培训和专业进修，不断提高保教水平。新入职教师应获得教师资格证。对没有教师资格证的在岗教师，要组织他们进行系统专业进修，尽快提高专业知识，取得资格证书，成为合格教师。进入职场的教师应根据《幼儿园教师专业标准》努力修炼师德，主动丰富专业知识，自觉提高专业能力。要健全学前教育的教研指导网络，建立省市、区县和乡村三级教研指导网络，教研部门协同所在地高等院校学前教育专业的人员，组成强有力的教研和实践指导力量，采用分层划片、以点带面的方式形成全覆盖的教研指导网络，建立经常性、常规化的教研制度，积极开展不同层面的热点难点问题研究、园本教学研究，探索不同形式的园际学习共同体建设。

（三）政府责任应进一步加大

学前教育"国十条"中强调：发展学前教育，必须坚持公益性和普惠性，努力构建覆盖城乡、布局合理的学前教育公共服务体系，保障适龄儿童接受基本的、有质量的学前教育。

1. 政府是学前教育公共服务体系中的应然主体

学前教育公共服务体系的基本特征是普惠性、公益性和公平性。学前

教育对所有适龄儿童开放，具有社会福利性质，有利于处境不利儿童的最大利益。

普惠性学前教育是社会的基本公共服务，政府必然是资源配置的主导者、资源的主要提供者和普遍惠及广大人民群众的基本保障者。[①] 即政府是学前教育公共服务的责任主体。责任主体的责任通过建立和实施学前教育公共服务的供给机制得以实现。

（1）政府是学前教育公共服务体系中的供给主体

政府是教育公共服务的主要提供者。在学前教育阶段，发挥市场和政府的各自优势是教育公共服务供给的主要制度设计原则。政府应是学前教育经费的主要提供者。《中华人民共和国教育法》明确规定了非义务教育"以政府投入为主"的基本投入体制。学前教育作为一项重要的国民教育事业所具有的"公益普惠"的基本属性，决定了政府必然要承担起主要的投入责任。

国际经验表明，无论办园体制和管理体制如何变化，以政府财政投入为主发展学前教育是基本趋势和广泛共识。OECD 国家学前教育总支出中公共财政投入占到80%，芬兰、法国、荷兰、英国等国家的公共财政投入比例已经超过了学前教育总支出的90%。近年来，OECD 成员国中的欧洲国家普遍以公共财政支持3—6 岁儿童的免费教育。

《教育规划纲要》第五十七条提出：进一步明确各级政府提供公共教育服务职责，完善各级教育经费投入机制，保障学校办学经费的稳定来源和增长，各地根据国家办学条件基本标准和教育教学基本需要，制定区域内各级学校学生人均经费基本标准和学生人均财政拨款基本标准。非义务教育实行以政府为主、受教育者合理分担、其他多种渠道筹措经费的教育投入机制。

学前教育"国十条"提出：各级政府要将学前教育经费列入财政预算。学前教育财政投入大幅增加。2011 年中央投入学前教育经费116 亿元。各级财政普遍设立了学前教育专项经费，安排了工程项目，建立了学

---

① 李天顺. 以公益普惠的学前教育奠基未来［J］. 人民教育，2011（11）：25.

前教育资助制度。据初步统计，2011年地方财政新增学前教育财政投入约400亿元。

上海市学前教育三年行动计划的目标是：加大硬件和软件建设的投入，使公共财政投入在学前教育成本中的比例，在现有68%的基础上，继续有一定程度的提高。

可见，政府是学前教育公共服务体系中的供给主体，这是基本的国际共识和共同经验，我国也形成了基本的政策框架体系，已经积累了一些地方性经验。

（2）政府对学前教育公共服务应有确定的投入程度和适宜的支出方式

公共财政投入程度/公共教育支出额度关系一国教育公共服务供给规模与质量，是衡量公共服务供给的核心指标。公共教育支出的效果主要体现在三个方面：适宜的支出方式、投向需要的地区和投向处境不利的弱势人群。

从我国公共财政对学前教育的投入程度来看，学前教育"国十条"强调：各级政府要将学前教育经费列入财政预算。新增教育经费要向学前教育倾斜。财政性学前教育经费在同级财政性教育经费中要占合理比例，未来三年要有明显提高。例如，浙江省杭州市规定：各区学前教育事业经费要达到同级教育事业经费8%以上，县（市）达到5%以上；地方教育费附加中按20%比例安排学前教育专项经费；市本级和各区（县、市）每年按土地出让收入0.5%计提农村学前教育基础设施建设补助资金。并下发了《进城务工人员子女在杭入园管理暂行办法》、《杭州市幼儿园非事业编制教师管理办法》。

就支出方式而言，学前教育"国十条"强调：各地根据实际研究制定公办幼儿园生均经费标准和生均财政性拨款标准。中央财政全面实施学前教育重大项目，在"十二五"期间，中央财政投入500亿元，实施四大类、7个学前教育重大项目。一是校舍改建类项目，包括利用农村闲置校舍改扩建幼儿园，农村小学增设幼儿园，开展学前教育巡回支教试点等。二是综合奖补类项目，包括扶持城市集体、企事业单位办园和妥善解决进城务工人员子女入园问题，扶持普惠性民办园等。三是幼师培训类项目，包括农村幼儿教师短期集中培训、农村幼儿园转岗教师培训（120 学时，形式多样）、农村幼儿园骨干教师置换脱产研修 3 个月等。四是幼儿资助类项目，包括建立学前教育资助制度，按照"地方先行，中央补助"的原则，地方制定具体资助政策，中央奖补。2011 年共投入 97 亿元，2012 年计划投入 150 亿元。

从重点投入的地区和人群来看，主要是中西部农村地区和弱势群体。《教育规划纲要》第五十七条和第六十六条提出：进一步加大农村、边远贫困地区、民族地区教育投入。中央财政通过加大转移支付，支持农村欠发达地区和民族地区教育事业发展，加强关键领域和薄弱环节，解决突出问题。实施"推进农村学前教育"这一重大国家项目。支持办好现有的乡镇和村幼儿园；重点支持中西部贫困地区充分利用中小学富余校舍和社会资源，改扩建或新建乡镇和村幼儿园；对农村幼儿园园长和骨干教师进行培训。健全国家资助政策体系。各地根据学前教育普及程度和发展情况，逐步对农村家庭经济困难和城镇低保家庭子女接受学前教育给予资助。

学前教育"国十条"也强调：建立学前教育资助制度，资助家庭经济困难儿童、孤儿和残疾儿童接受普惠性学前教育。中央财政设立专项经费，支持中西部农村地区、少数民族地区和边疆地区发展学前教育和学前双语教育。地方政府要加大投入，重点支持边远贫困地区和少数民族地区发展学前教育。为此，国家设立了"中西部农村学前教育推进工程"，2010 年，国家投入 5 亿元，支持河北、内蒙古、安徽、河南、陕西、青海等 10 个中西部省份的 61 个县建设乡村幼儿园，配备必要的玩教具、图书等教育教学设备设施。2011 年，国家投入 15 亿元，扩大到所有中西部地区。两年新建乡村幼儿园 1307 多所。2012 年国家投入 35.5 亿元，地方配套投入 45 亿元，计划新建幼儿园 1842 所。中央财政支持在偏远地区开展学前教育巡回指导、巡回支教项目，已在贵州、陕西、湖北、河南、辽宁等省份试点。

从地方财政投入来看，各省区市根据不同的情况均有针对性地设立了农村学前教育推进项目。江苏省"十二五"期间将实施"学前教育普及与提高工程"、"农村幼儿园建设工程"和"优质幼儿园创建工程",省财政每年安排 2 亿元,对经济薄弱地区新建农村幼儿园给予奖补。例如,贵州省实施"乡镇中心幼儿园建设工程",到 2020 年省级财政支持新建 1000 余所乡镇、街道办事处公办幼儿园,实现全省所有乡镇、街道办事处至少有 1 所以上公办幼儿园的目标。省财政 2011 年投入 1.5 亿元,按每所 50 万元的标准对新建幼儿园进行补助。陕西省政府明确提出把学前教育纳入基本公共服务体系,率先实行学前一年免费教育,对每个 5—6 岁幼儿每年补助保教费 700 元,2011 年接受资助的幼儿达 33.66 万人;对家庭经济困难幼儿、残疾幼儿和低龄孤儿补助生活费,共有 6.73 万名幼儿受益。到 2015 年全省实现学前一年免费教育。省财政每年安排学前教育经费 2 亿元,支持 1200 所乡镇中心幼儿园建设和学前一年免费教育。江苏省南京市实行"幼儿助学券",对全市接受普惠性学前教育的幼儿每人每年资助 2000 元,2011 年共资助幼儿 13.3 万人;对低保家庭幼儿补贴伙食费和保教费,已有 3189 名幼儿受益。

（3）政府应主导学前教育公共服务并拓展供给方式

按教育服务的提供主体划分,公共教育的供给方式主要有两种:一种是政府直接生产或提供,另一种是公私部门合作生产或提供。公私部门合作主要指政府与私人部门达成协议,按照约定的价格在特定时段由私人部门按照政府数量和质量的要求提供服务,在这种服务中又可以包括多种形式,如授权协议、契约、转移支付、合同、补偿等。

政府应出资举办公办园,财政支持公办性质的幼儿园和普惠性民办园。《教育规划纲要》中提出了"公办民办共同发展"的办园体制与发展格局。公办园和普惠性民办园是提供学前教育公共服务的主要机构类型,是确保广大民众享受学前教育公共服务的主体机构。学前教育"国十条"强调要大力发展公办幼儿园,提供"广覆盖、保基本"的学前教育公共服务。主要采取四条措施:一是新建幼儿园,利用富余资源改建幼儿园,扩建幼儿园,支持街道和农村集体举办幼儿园;二是鼓励社会力量以多种形式举办幼儿园,创新支持方式,鼓励和引导民办园提供普惠性服务;三是落实城镇小区配套幼儿园,未建的要补建,新建小区要同步规划、同步建设、同步交付使用，作为公共教育资源由当地政府统筹安排，举办公办园或委托办成普惠性民办园；四是努力扩大农村学前教育资源，逐步完善县、乡、村三级学前教育服务网络。

为落实《教育规划纲要》和学前教育"国十条"，全国各地都在积极扩大公办学前教育资源，扶持发展普惠性民办园。如天津市率先出台了学前教育三年行动计划，新建和改扩建120所公办幼儿园，改造146所乡镇中心幼儿园，建设500所村办标准化幼儿园，扶持进城务工人员随迁子女接受学前教育。北京市未来五年计划投入50亿元，新建、改扩建600所幼儿园，使全市公办园比例达到70%以上。生均财政拨款标准从200元提高到1200元。杭州、大连实现公办园为主。宁波鄞州区近两年公办园从2所增加到59所。福建省学前教育三年行动计划安排财政投入4亿元，用于新建和改扩建一批公办幼儿园，对办园规范、质量合格、低收费的普惠性民办幼儿园按生均标准给予补助。普惠性民办园的发展探索主要是把城镇小区配套幼儿园办成普惠性幼儿园。如北京市未来三年计划接收147所小区配套幼儿园，辽宁省将接收小区配套幼儿园207所。此外，各地方政府财政还积极支持公办性质的幼儿园发展。2011年全国企事业单位办、集体办和民办幼儿园比2010年增加了1.4万所，增幅达12个百分点，并积极扩大面向社会提供普惠性学前教育的服务面。北京、天津、上海、福建、山东、海南、重庆等20多个省区市制定了具体措施。

2. 现实中的"主体缺位"及其表现形式

2010年11月，学前教育"国十条"把学前教育摆在国计民生的重要位置，突出强调了学前教育的教育属性和社会公益属性，明确指出：学前教育是国民教育体系的重要组成部分，是重要的社会公益事业。因此，发展学前教育，必须坚持公益性和普惠性，努力构建覆盖城乡、布局合理的学前教育公共服务体系，保障适龄儿童接受基本的、有质量的学前教育。可以说，学前教育"国十条"对学前教育进行了全方位的制度设计，构建了支持学前教育发展的政策体系——学前教育公共服务体系，是学前教育制度建设和体制机制建设的重大突破。

应该说，学前教育"国十条"在政策上已经勾画出学前教育公共服务体系的基本框架，但实践中仍然普遍存在着主体缺位的问题，突出地表现在两个方面：一是政府作为学前教育经费主要提供者的地位还没有确立；二是普惠性学前教育资源还不够丰富，还不能满足广大适龄儿童的入园需求。

（1）政府作为学前教育经费主要提供者的地位还没有确立

加大财政投入是构建学前教育公共服务体系的根本保障。学前教育"国十条"中要求"预算有科目"、"投入有比例"、"拨款有标准"、"资助有制度"，要将学前教育经费列入各级政府的财政预算，这是一个根本性的制度要求；财政性学前教育经费要在同级财政性教育经费中占合理的比例；各地要根据实际制定公办幼儿园生均经费标准和生均财政拨款标准；建立学前教育资助制度，资助家庭经济困难儿童、孤儿和残疾儿童接受普惠性学前教育。

但从2011年9月公布的各省份学前教育三年行动计划的文本来看，31个省份中，只有4个省份（占12.9%）列出了财政性学前教育经费在财政性教育经费中所占比，3个省份建立了财政性生均拨款，1个省份建立了家庭经济困难儿童的资助制度。从2011年底和2012年上半年公布的一些数据可见，又有少数省份确定了财政性学前教育经费的比例或财政性生均拨款标准，但总体上看仍然不够。

（2）普惠性学前教育资源还不够丰富，还不能满足广大适龄儿童的入园需求

2010年，普惠性学前教育资源的来源主要是公办园（教办园和其他部门办园）、公办性质的幼儿园（各种集体办幼儿园）和普惠性民办幼儿园，由于从国家到地方普惠性民办园的认定办法尚未明确，民办园仍沿用以往的相关政策。各省份主要依靠公办园（教办园和部门办园）和公办性质的幼儿园（各种集体办幼儿园）提供普惠性服务，因此普惠性资源仍然十分缺乏。

从2010年全国总体情况来看，民办园所占比例仍然很大，占68.0%。民办幼儿园比例最高的五个省份为江西、海南、广西、湖南、四川，分别为94.99%、90.75%、90.05%、89.17%和84.42%；此外，还有内蒙古、

辽宁、吉林、黑龙江、浙江、安徽、河南、湖北、广东、重庆、贵州、云南、陕西和宁夏等 14 个省份民办园的比例接近或超过 70%（67.83%—81.9%）。可见，有 61.29% 的省份民办园比例高，没有形成公办民办共同发展的格局，无法为广大适龄幼儿提供普惠性的学前教育。可以说，提供学前教育公共服务的主要机构类型还没有布局到位。

表 5 – 2　**2010 年全国和各省份民办学前教育资源的状况**

民办园比例	地　　区	小　计
68.0%	全国平均	
90% 以上	江西（94.99%）、海南（90.75%）、广西（90.05%）	3
80%—90%	湖南（89.17%）、四川（84.42%）、陕西（81.90%）、河南（80.64%）	4
70%—80%	黑龙江（79.76%）、浙江（79.59%）、湖北（79.32%）、广东（77.48%）、云南（76.68%）、重庆（75.79%）、安徽（72.65%）、贵州（71.40%）、宁夏（70.78%）、辽宁（70.16%）	10
60%—70%	吉林（69.66%）、内蒙古（67.83%）、福建（65.72%）	3
50%—60%	青海（56.93%）	1
40%—50%	甘肃（49.81%）、山东（44.26%）	2
30%—40%	江苏（36.51%）、北京（35.74%）、山西（33.69%）、新疆（33.24%）、上海（31.63%）、河北（30.65%）、天津（30.55%）	7
20%—30%	西藏（23.53%）	1

注：个别省份的数据有出入，可能是由统计口径不同造成的。

【数据来源】各省份学前教育三年行动计划中相关数据及各省份政府部门官方网站数据。

（3）公私合作的供给方式还缺乏有效的保障机制

在当前民办园在数量上占大多数的情况下，对公私合作的有效方式还缺乏理论和实践的探索。各地方政府对民办园的支持和引导方式差异很大，其适宜性也有待研究。如有些地区简单地给民办园发放平均补贴，而有些地区对享受政府财政补贴的民办园限制的最低收费标准仍然太高，没有体现"普惠性"的政策。

3. 尽快明确和落实政府在学前教育公共服务体系中的职责

学前教育公共服务体系的建立需要一个不断发展完善的过程。在国家社会经济发展具有基本支撑条件的前提下，还需要对学前教育公共服务体系进行理论的研究和实践的探索。当前，在《教育规划纲要》和学前教育"国十条"已经明确提出的学前教育公共服务体系的政策背景下，需要重点研究和探索以下几个方面的问题。

（1）进一步明确提供学前教育公共服务的主体及责任

尽管我国学前教育的政策框架已经明确了各级政府在学前教育公共服务体系中作为供给主体的角色和责任，但具体职责还需要尽快落实。

一是要在财政性教育经费中确定学前教育投入的比例。

从我国学前教育的财政性经费投入的总体水平来看，学前教育财政性经费占财政性教育经费的比例近10年来一直在0.75%—1.01%，处于较低水平。各省份之间差异也比较大。全国27个还没有在财政性教育经费中列出学前教育财政投入比例的省份，需要列出相应的比例。比例的大小可以根据各省份的社会经济和教育发展水平合理确定，起始水平比较低的省份可以逐年增长，逐步确立政府和财政性投入在学前教育体系中的主体地位。

早在2009年，上海市学前教育财政性经费占财政性教育经费的比例在全国就已处于最高水平，达到6.606%。"十二五"期间上海市政府将进一步加大投入，逐步提高政府财政在成本分担中的比例，在2010年已经达到7：3的水平基础上，还会逐步有所提高，切实体现政府的学前教育公共服务职能。

二是政府加大财政投入，加快扩大普惠性学前教育资源。

大力发展公办幼儿园。从2010年全国的数据看，公办民办共同发展的格局远没有形成。政府财政直接投入举办的教育部门办园数量逐年递减的势头仍然没有得到遏制；具有公办性质的集体办幼儿园和其他各个部门办园的数量不仅极少，而且近年来仍在小幅逐年递减，远远不能满足需求，因此需要进一步扩大办园数量。

积极探索和支持普惠性民办园。在民办园占大约70%以上的20个省份，应加快探索并研制出台普惠性民办园的认定标准和管理办法，尽快规范其办园行为，提高其办园质量，建立政府财政性投入对普惠性民办园的具有可持续性的保障制度和机制，使普惠性民办园能够成为为广大适龄幼儿提供学前教育服务的价格合理、有质量保证的幼儿园。

目前，全国的许多地区还没有建立学前教育资助制度，更缺乏各级政府分担的行之有效的具体措施。因此，各地应在国家政策的框架下，根据各地的经济发展水平和各方面的实际情况，创新体制机制，建立各级政府分担的学前教育资助制度，探索并形成切实可行的具体措施。

（2）建立健全公共服务体系的保障机制

就目前来看，我国学前教育公共服务还仅限于国家宏观的政策层面，理论研究和实践探索才刚刚开始，基础薄弱。各级政府财政资金的投向与方式、相关体制机制与保障体系都需要尽快研究和确立。

一是政府财政要将资金以适宜的方式投向更需要的地区。

在国家层面，"十二五"期间的500亿元主要用于支持中西部农村地区和东部困难地区发展农村学前教育。这是国家根据建立覆盖城乡的学前教育公共服务体系的需要而设立的中央财政专项资金，采用奖补的办法吸引和支持更多的地方财政资金支持学前教育的发展。

在省区市层面，政府作为学前教育公共服务的责任主体要根据各地的实际情况，找准找对加大财政投入的方向。如大多数中西部地区应加大对农村尤其是边远贫困的农村地区的财政投入，探索确保农村学前教育发展有稳定持续财政经费支持的投入体制，探索适宜畅通的投入机制，促进广大农村地区学前教育的快速和可持续发展。而东部地区可能需要对给予城乡结合部财政倾斜。如上海"十二五"期间将重点资助财政相对困难、基础设施条件相对较弱、人口大量导入的郊区，补充和配备必需的学前教育资源。

二是要建立各级政府分担的学前教育资助制度。

在学前教育公共服务体系中，应建立学前教育资助制度，资助家庭经济困难儿童、孤儿和残疾儿童接受普惠性学前教育。《教育规划纲要》和学前教育"国十条"都作了相关规定，然而目前还只是极少数地区启动了探索性工作。如福建省建立了对低保家庭的资助政策和制度；浙江省启动了重大行动计划，其中包括"贫困家庭子女入园教育费补助行动计划"，从2011年秋季开始，省级财政每年安排经费，对欠发达县（市）的城乡低保家庭子女和残疾儿童入园减免保教费给予转移支付补助。《宁波市学前教育三年提升行动计划》提出：建立学前教育资助制度，资助家庭经济困难儿童、孤儿和残疾儿童接受普惠性学前教育，继续实行户籍城乡低收入家庭子女、烈士子女不低于50%保育费财政资助和低保家庭子女三年学前教育免费政策。

三是要进行公私合作发展学前教育的制度创新。

目前，在政府财政投入有限的情况下，为加快学前教育的发展，尽快在实践层面初步建立学前教育公共服务体系，在中央政府和地方政府的政策文件中出现了"提供普惠性服务的民办园"的提法，一些地方政府已经采取或准备采取政府购买教育服务的策略，应该说这些都是对公私合作发展学前教育的制度创新和探索性实践。

认定和财政支持"普惠性民办园"是各地较为普遍采用的一种公私合作方式。如重庆市、四川省成都市等地对政府扶持的普惠性民办园在核定成本的基础上实行限价收费。青岛市教育局、财政局、物价局联合印发《关于做好青岛市普惠性民办幼儿园认定工作的通知》，明确了普惠性民办幼儿园范围和基本条件以及财政补助标准和办法。[1] 河南省郑州市也出台相关办法，决定启动学前教育政府购买服务的专项计划，自2011年开始，凡执行同等级公办幼儿园收费标准、招收本行政区户籍适龄幼儿的民办幼儿园，按招生人数及上年度属地公办园生均公用经费标准，由县（市）、区财政部门会同教育部门实行一定比例的生均公用经费补贴。

"学前教育券"是曾经在少数地区试行过的另一种政府购买公共服务的公私合作的方式。早在2004年，山东临淄辛店街道就率先尝试了这种方

---

① 相关政策详见本书第四章青岛市案例。

式，由街道办财政部门筹措经费，对所有户籍适龄幼儿发放，对特困家庭、孤儿和烈士子女还有特别的倾斜。郑州市 2012—2013 学年开始发放学前教育券。领取学前教育券的对象为：具有郑州市户籍年满 3 周岁适龄幼儿；外来人口中父母持有合法房屋居住证明、流动人口计划生育证明、居住证和就业证明的年满 3 周岁适龄幼儿。每个符合条件的幼儿最多只能使用学前教育券 300 元，其中补贴幼儿 200 元、所在幼儿园 100 元。

学前教育公共服务体系的愿景是：全国各地的大多数适龄儿童都能在幼儿园接受学前教育；城乡的大多数幼儿园都是为广大普通群众服务的普惠性幼儿园；接受普惠性学前教育的大多数成本都由政府的财政拨款来承担；家庭经济困难的大多数儿童入园时都能够得到及时的资助。

（四）公平问题成为长期目标

学前教育的公平是衡量国家学前教育水平的重要指标，也是社会文明和进步的重要标志。多年来，我国在缩小城乡差异、促进学前教育城乡均衡发展方面付出了巨大努力，但当前的城乡差异依然显著，东中西部区域间的差异日益突出，是制约学前教育公平的重要因素。随着民办幼儿园的增加，公办园和民办园之间的差异问题日益凸显，成为制约我们学前教育公平发展的新问题。在未来学前教育的发展道路上，只有确保源头公平即投入与政策的公平，才能使学前教育获得实效的公平。

1. 学前教育发展中多层面的"差异加大"问题

《教育规划纲要》颁布后，特别是实施学前教育三年行动计划以来，学前教育发展较快，一定程度上满足了民众期望。同时民间对发展学前教育的呼声仍很密集，集中体现在对学前教育公平的强烈需求上，使财政投入均等地惠及每一个入园幼儿等方面。学前教育"国十条"特别关注到学前教育的公平问题，提出"构建覆盖城乡、布局合理的学前教育公共服务体系"，"广覆盖、保基本"，"不得用政府投入建设超标准、高收费的幼儿园"，"要充分考虑进城务工人员随迁子女接受学前教育的需求"，"重点建设农村幼儿园"，2011 年 9 月，财政部、教育部下发的《关于加大财政投入支持学前教育发展的通知》，重点支持中西部地区和东部困难地区发展农村学前教育，这些都是在关注公平，是促进学前教育公平的重要举措。尽管如此，长期积累的问题和多种复杂原因造成的差异依然存在，实现学前教育公平任重而道远。

（1）城乡差距依然很大

学前教育公平是一个极为严峻的问题。在目前全国农村人口占60%的情况下，农村幼儿入园数在总数上少于城市幼儿入园数，而且在东、中、西部地区，农村幼儿入园数都明显少于城市幼儿入园数，具体情况如图5–1所示。

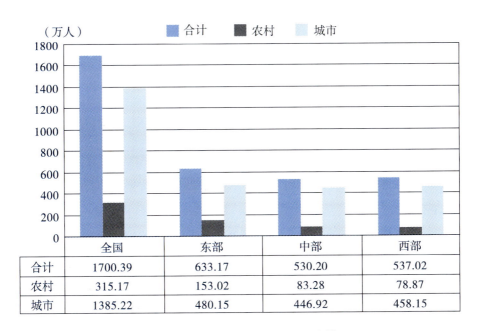

	全国	东部	中部	西部
合计	1700.39	633.17	530.20	537.02
农村	315.17	153.02	83.28	78.87
城市	1385.22	480.15	446.92	458.15

图5–1 2010年分区域学前教育招生情况

【资料来源】刘茜.让每个孩子上好学［N］.光明日报，2012–07–23.

不公平的典型表现是对农村幼儿园的发展一直重视不够。福利化办园时期，农村的幼儿园主要由人民公社举办，资金来源于人民公社，中央财政并未拨付任何资金；人民公社解体后农村幼儿园失去了经费来源，国家也没有为农村幼儿园提供资金，而是提倡社会化办园；1988年地方财政中给予城镇集体幼儿园适当补助，而对于农村的集体幼儿园，却没有要求财政给予支持；分税制改革使得乡镇政府的财政能力极其有限，根本无力为发展农村学前教育提供经费支持。对城市和农村的财政投入机制一直存在着严重的不平衡，导致了城乡学前教育发展的失衡。

城乡之间差异巨大，全国城市地区和农村地区的学前三年入园率相差20—30个百分点，农村地区的入园率明显低于城市。农村幼儿园在办园质量方面与城市幼儿园的差距更明显，在园长和专任教师的学历层次、人均校舍面积、人均图书数量等方面均存在巨大差异，城乡儿童接受学前教育机会的公平性更加堪忧。

（2）幼儿园之间的差距多方面存在

目前，学前教育公有资源的分配存在着严重的公平问题，尽管在实施学前教育三年行动计划后公办园、公办性质的幼儿园明显增加，但公办幼儿园"稀缺化"、民办幼儿园两极化、优质学前教育资源特权化等现象比较突出。

从质量和收费来看，总体而言，公办园质量较高，收费合理，但数量少进不去，有质量的民办园收费高进不起，这种情况依然存在。一些地区的教研活动和质量管理与教师培训未将民办园纳入其中，民办园质量提高无法保证。

另外，从师资待遇和专业水平来看，也是"公""私"分明。公办园与民办园幼儿教师的各方面待遇差距较大。相对而言，公办园教师待遇较好，工作稳定，在职进修机会较多。而多数民办园教师待遇和工作量极不成比例，医疗、养老等方面问题无着落；人事关系不清晰，未有相应的人事管理制度和人事档案。对此希望能由政府的人事机构代管人事档案，或者由政府出面的第三方管理部门对民办园教师进行人事管理，让这部分教师有组织，有归宿。公办园和民办园教师在各方面待遇上的巨大差距，也成为民办园教师流动快、不稳定的重要原因。

（3）弱势人群学前教育保障不够

目前国家出台的一系列相关文件已经确定了未来我国学前教育公益普惠的发展方向。但是对于什么是普惠性幼儿园，普惠性幼儿园将得到政府哪些方面的资助，符合什么条件的幼儿园才能申请普惠性幼儿园，普惠性民办幼儿园有什么政策优惠，家庭贫困的儿童上幼儿园获国家资助需要符合哪些条件等问题，虽然目前已有一些地方性探索，但还远远不够。这些公益性的政策没有具体化，对弱势人群的学前教育保障要落到实处还需要相当的努力。

另外，弱势人群想把孩子送进办得好的幼儿园，收费太高，而便宜的幼儿园，普遍存在大班额、师资差的问题，质量自然难以保障。

正因为如此，民众对学前教育发展的意见，随着入园率的不断提高会更多地集中指向学前教育的公平问题。2011 年 8 月，重庆市政府网站邀请市教委主任与广大网民就重庆大力促进学前教育健康发展进行在线交流，此后网民又有大量跟帖，这些跟帖的内容基本反映了各地共同存在的问题。对这些跟帖的内容和频次加以分析不难发现，大家除了关注孩子能不能上幼儿园，还关注政府对不同的孩子、不同的幼儿园、不同的幼儿教师、城乡不同地域的学前教育发展是否平等相待。简言之，公众的关注集中指向了学前教育公平问题。①

存在上述问题的根源，在于既有体制的惯性在学前教育发展中发挥着不可忽视的作用。建立公平的学前教育机制有三个关键点。

一是改变政府的定位。政府在学前教育发展中的定位就是保底，就是保障最缺乏入园条件的幼儿能够享受到公共学前教育，而非维持优质公办园。政府应更多地关注和支持提供普惠性服务的公办园和民办园，确保它们为广大民众提供有质量、保基本、收费低的学前教育。

二是统一幼儿园管理。要将不同性质、不同类型的幼儿园都统一纳入教育部门的行政管理和业务指导范围之内，消除民办园管理和业务指导的盲点。尤其是要将提供普惠性服务的民办幼儿园纳入教育行政与业务部门的管理和指导体系，保证其教师队伍的稳定，探索派驻公办教师的具体操作办法，保证教师不断地在职提高。

---

① 重庆市政府网站邀请市教委主任周旭与广大网民就重庆大力促进学前教育健康发展进行在线交流［EB/OL］.［2011 - 08 - 04］. http://www. cq. gov. cn/zxft/Details. aspx? intDialogueID = 112.

三是破除"高岗填土"的不公平教育投资理念。重点向农村倾斜、向弱势群体倾斜，以"雪中送炭"取代"锦上添花"，增加农村公办幼儿园，并以平等方式实现对民办幼儿园的资助。

2. 确保源头公平，才能获得实效公平

学前教育发展中，政府发挥着强有力的作用，应从规划、投入、机制等方面重视公平，促进学前教育科学、理性、可持续发展。现有体制的惯性客观上导致学前教育公平遭遇障碍，实现学前教育的公平必须对现有体制加以改革；若短期内不能完全改变现有体制，也需要改变政府在学前教育发展中的定位，才能有效推进学前教育公平。

在学前教育发展上，充分利用财政杠杆才是保障学前教育发展的公平性的关键。在公共服务领域，政府的政策目标应该是"保底"或称"底线均等"，即保障所有国民都享有一定标准的基本公共服务。同理，公办园也应该是底线均等的保障者，公办园的招收对象首先应该是低收入家庭和普通家庭的幼儿，为他们提供基准服务，因为他们缺少条件通过市场获得合格的早期学前教育服务。如果政府不提供保障措施来保护处于不利境地的儿童，学校体系则会成为不公平的源头。

公共投资是支持和促进学前教育发展必不可少的手段，世界各国的公共投资机制并没有统一、固定的模式，而且往往采用多种投资机制的组合。无论何种公共投资机制，对弱势群体的关注都是公共投资的一项重要内容。对于经济落后地区、中低收入家庭或弱势群体，各国政府都会提供不同程度的财政支持，力图保证所有儿童都能够接受学前教育。面对现状，为确保学前教育的公平性，财政投入必须坚持以下原则。

（1）让有限的投入发挥更大效益

在政府对学前教育投入有限，不能包办的情况下，应将保障最大程度的公平，实现最大程度的效率作为投入的目标。实现这一目标的路径是将有限的投入公平、公正地分配到全体学前三年适龄儿童身上。

在既有的不均衡状态下，政府财政投入首先要解决的是雪中送炭的问题，而不应锦上添花。从发展现状、对事业发展的贡献度（投入的效益）、家长负担比例和负担能力等角度而言，农村学前教育应该是学前教育事业

投入中的最优先选择。城镇公办园应将接收低收入家庭幼儿作为硬性政策要求。因此，当前对农村地区的重点投入应继续保持且不断增长，对城镇公办园的服务对象应进一步调整，逐步强化其保底功能，尤其是对新建的公办园应直接规定其保底服务。

（2）完善对民办园的扶持政策

解决市场失灵和增加公平是政府当然的职责，政府在处理市场和社会公平的关系问题上，其方式、方法、力度可以不同。对于民办学前教育发展与扶持，重点在于实行"管办分离"的治理方式，形成规范的学校法人治理制度，开放非营利组织的注册和运营。同时，采用公办教育和"幼儿园法人化"相结合的办学体制，调动社会力量办学积极性，体现政府的指导、管理、帮助和监管功能，政府完全可以作为监管者、购买者以及补缺者的角色出现。这些都已为许多国家的经验所证明。

（3）投入向弱势群体进一步倾斜

建立覆盖全体适龄幼儿的学前教育经费补助体系。对家庭经济困难的幼儿实施定额学前教育补助，可以根据该幼儿自愿选择入园的情况，将经费补助给他们所受教育的幼儿园，将财政资金支付给供给方，可增强目的性和针对性。如可以通过进入公办园和获得补助两种方式，保障学前教育的公平最大化，保障学前教育的效率最大化。既然进公办园本身就是一种享受政府学前教育公共资源的方式，那么进公办园的幼儿就不应再享受政府提供的其他学前教育经费补助。凡进不了公办园的幼儿，政府均应给予适当的定额补助，对符合低收入家庭条件的，通过家庭直补的方式（额度稍高），对不符合低收入家庭条件的，通过对合格民办园给予补助的方式按入园幼儿数直接补助幼儿园，额度较低收入家庭标准稍低。当前，在国家的政策框架下，尽管各地对弱势群体幼儿入园资助已有一些探索，但还不够，还需要加大探索实践的力度。

（4）采取切实有力的措施缩小城乡差距

城乡的幼儿能够有共同的幸福起点是未来社会和谐的前提，如果从幼儿阶段开始个体就有一个不同的起点，未来社会就很难是一个和谐的社会。中国公共学前教育事业的重点、难点和突破点主要在农村，如果没有农村学前教育事业的发展，就没有真正意义上的中国学前教育事业的发展。没有农村学前教育，城乡儿童就没有共同的人生幸福起点，中国城镇化进程就不可能和谐。

必须明确政府是农村学前教育的责任主体。各级政府在投入上应大力向农村倾斜，在规划上就近入园、全面覆盖。首先，在管理体制上，要真正确立在乡村以公办园为主体，以民办园为补充的办园格局。其次，要探索适合农村学前教育发展的模式，要充分利用农村的资源，灵活多样，通过多种方式办园，要发挥学前教育工作者的创造性，不能简单地照搬城市的模式。最后，教师最为关键，一定要有一支合格的农村幼儿教师队伍，小学教师经转岗培训后充实到幼儿园任教，这只是一种暂时的办法，大量的实际调查说明，这种办法有可能造成农村学前教育与城市的距离越拉越大，问题越来越多。因此，应建立起农村幼儿园教师稳定的来源和供给机制。

实现学前教育的公平是在确保教育起点的公平，是在保证社会平等的开端。最终实现学前教育的公平还有很长的路要走，但毕竟已经开始。

总之，扩大普惠性资源、着力缓解"入园难"问题仍是当前和今后一段时期内学前教育改革发展的重要任务，政府应加大财政投入，努力解决好幼儿园"保工资、保运转、保安全、保发展"的问题，逐步建立合理的成本分担机制，逐步解决"入园贵"问题。本着"边普及，边提高"的原则，在加快推进学前教育发展的同时，要遵循幼儿身心发展规律和保教规律，防止和纠正"小学化"现象，以贯彻落实《3—6岁儿童学习与发展指南》为契机，全面提高幼儿园保育教育质量。要构建和完善学前教育公共服务体系。中西部地区的重点是加快发展农村学前教育，提高入园率；东部地区的重点是促进公平，着力解决进城务工人员子女入园问题。

后 记

　　本研究报告为中国教育科学研究院 2012 年度基本科研业务费专项基金"国情系列"项目（课题批准号：GY2012002）的研究成果，由中国教育科学研究院基础教育研究中心主持完成。本报告是团队合作的成果，是集体智慧的结晶。刘占兰承担了课题研究的设计策划、组织协调和研究实施工作，负责研究报告的框架形成、内容撰写、修改和统稿。本研究报告各章节具体分工如下：前言由刘占兰执笔；第一章由易凌云、高丙成执笔；第二章由高丙成、刘占兰执笔；第三章由霍力岩执笔；第四章由刘占兰、易凌云、吕苹、姜勇、李少梅、李世霞执笔；第五章由刘占兰、储朝晖执笔。高丙成负责全书相关数据库的建设、数据统计分析和所有图表的设计制作。

　　本报告得到了教育部基础教育二司有关领导的指导、支持和帮助，得到了中国教育科学研究院领导的引领、指导与帮助，得到了基础教育研究中心主任陈如平的大力支持和帮助。在此，课题组全体成员对各位领导的支持表示衷心的感谢和诚挚的敬意。课题组还要特别感谢相关省区市教育部门负责人、有关单位专家的鼎力相助和大力支持。正是由于多方的支持和课题组全体成员的共同努力，课题研究和报告撰写得以如期完成。然而，由于时间和水平所限，疏漏在所难免，敬请各位读者批评指正。

出 版 人　所广一

责任编辑　何　艺

版式设计　孙欢欢

责任校对　贾静芳

责任印制　曲凤玲

图书在版编目（CIP）数据

中国学前教育发展报告 . 2012／刘占兰等著. —北京：
教育科学出版社，2013.1
　（国情教育研究书系）
　ISBN 978 - 7 - 5041 - 7232 - 7

Ⅰ．①中… Ⅱ．①刘… Ⅲ．①学前教育—发展—研究
报告—中国—2012　Ⅳ．①G619.2

中国版本图书馆 CIP 数据核字（2012）第 313145 号

中国学前教育发展报告 2012
ZHONGGUO XUEQIAN JIAOYU FAZHAN BAOGAO 2012

出版发行	**教育科学出版社**			
社　　址	北京·朝阳区安慧北里安园甲 9 号	市场部电话	010 - 64989009
邮　　编	100101	编辑部电话	010 - 64981167
传　　真	010 - 64891796	网　　址	http://www.esph.com.cn
经　　销	各地新华书店		
制　　作	北京金奥都图文制作中心		
印　　刷	保定市中画美凯印刷有限公司		
开　　本	169 毫米×239 毫米　16 开	版　　次	2013 年 1 月第 1 版
印　　张	21.5	印　　次	2013 年 1 月第 1 次印刷
字　　数	302 千	定　　价	65.00 元